Janet Gleeson
Der Mann, der das Geld erfand

Janet Gleeson

Der Mann,
der das Geld erfand

Aus dem Englischen von
Michael Müller

Kremayr & Scheriau

Die Originalausgabe ist 1999 unter dem Titel
»The Moneymaker« bei Bantam Press,
London, erschienen.

1. Auflage
© 1999 by Janet Gleeson
© der deutschsprachigen Ausgabe 2001 by Kremayr & Scheriau, Wien,
einem Unternehmen der Verlagsgruppe Random House GmbH
Umschlaggestaltung: Design Team München
Satz: Uhl + Massopust, Aalen
Druck: GGP Media, Pößneck
Printed in Germany
ISBN 3-218-00691-0
www.kremayr-und-scheriau.at

Für meine Eltern Jill und Michael

*Ein Kupferstich von W. Greatbach
nach einem Druck von Leon Schenk (1720) zeigt
John Law auf der Höhe seines Ruhmes als
Generalkontrolleur der Finanzen Frankreichs.*

DIE ILLUSTRATION an den jeweiligen Kapitalanfängen zeigt die Gipsnachbildung einer Silber-Zinn-Münze (1720) mit einer Spottinschrift zu John Law. Die Übersetzung des lateinischen Textes lautet: »Mélac ist wieder zum Leben erwacht und plündert, ohne Feuer und Holz, die Geldbörsen Europas, welche, von innen nach außen gestülpt, vollkommen leer sind. Daher, John Law, steht hier nichts zu erwarten.« John Law wird hier mit dem berüchtigten Comte de Mélac verglichen, einem französischen General und Feldmarschall, der sich während des Pfälzischen Krieges (1689) durch die Verwüstung der von ihm besetzten Gebiete und das Abschlachten der Bevölkerung unrühmlich auszeichnete (aus *Medallic Illustrations of the History of Great Britain und Ireland*, 1909).

DIE VORSATZILLUSTRATIONEN zeigen ein französisches Flugblatt, auf dem John Law nach dem Zusammenbruch der Mississippi-Kompanie verspottet wird. »Ein lebensechtes Porträt des berühmten Mr. Quinquenpoix« – John Law sitzt in einem Kessel, der mit Banknoten und Aktienscheinen angeheizt wird. Umgeben ist er von Allegorien der Eitelkeit, des Neids und der Torheit; ein törichter Investor, getrieben von der Aussicht auf Reichtum, wirft Goldmünzen in den Kessel und erhält dafür nur Papier (mit freundlicher Genehmigung der *National Portrait Gallery*, London).

INHALT

Einführung

In den letzten zwanzig Jahren ist der Handel in Frankreich besser verstan-
den worden als jemals zuvor, von der Regierungszeit Pharamonds bis zu
jener von Louis XIV. Vor diesen beiden Jahrzehnten war er eine geheime
Fertigkeit, eine Art von Alchimistenkunst, die in den Händen von drei, vier
Leuten lag, die tatsächlich Gold machten, doch ohne das Geheimnis weiter-
zugeben, durch das sie reich geworden waren. ... Es war vom Schicksal be-
stimmt, dass ein Schotte namens John Law nach Frankreich kommen und
die ganze Wirtschaft unserer Regierung auf den Kopf stellen sollte, um uns
zu unterweisen.

VOLTAIRE, *»Essay über Handel und Luxus«*

Seit jeher hat Geld den Menschen Probleme bereitet. Gladstone
meinte, dass noch nicht einmal die Liebe aus so vielen Männern
Narren gemacht habe wie das Geld. Durch alle Zeiten hindurch
hat das banale, aber universelle Dilemma, nie genug davon zu
haben, jedermann in Bedrängnis gebracht – Bettler ebenso wie
Monarchen und deren Minister.

Selten jedoch war das Problem dringlicher erschienen als im
späten siebzehnten Jahrhundert. Geld war damals das, was die

11

meisten Menschen immer darunter verstanden hatten: Münzen aus Silber oder Gold, das heißt aus einem Edelmetall, dessen Wert in seiner Seltenheit begründet lag. Doch der Umstand, dass die Versorgung mit Münzen limitiert war durch die Metallmenge, die man aus dem Boden schürfen konnte, erwies sich als ein ernsthaftes Hindernis. In ganz Europa hatten Kriege, die nicht nur gewaltige Ausmaße angenommen, sondern auch gewaltige Summen verschlungen hatten, zusammen mit dem extravaganten Lebensstil vieler Herrscher die Staatskassen geleert. Während man gleichzeitig auf Grund der anwachsenden Bevölkerung, der Expansion des Handels und der Kolonisierung fremder Länder mehr Geld in Form von harten Münzen benötigte, sollte der Fortschritt anhalten. Indes die Machthaber weiter Invasionen planten, Friedensverträge studierten, neue Gewerbezweige unterstützten, neue Paläste errichteten und ihre Besitzungen in Übersee ausweiten wollten, wurde Geld – oder vielmehr das Problem, wie man mehr davon erzeugen könnte – zu einer ausgesprochenen Obsession. In jenem Zeitalter, in dem die Aufklärung im Kampf mit dem Aberglauben lag, wurde es Mode, sich mit dem Fachgebiet, das man bald Volkswirtschaft nennen würde, zu beschäftigen, so wie man es auch mit Philosophie, Mathematik und den anderen Naturwissenschaften tat. Während sich einerseits Alchimisten vergeblich darum bemühten, wertloses Metall in Gold zu verwandeln, stellten andererseits Männer mit unternehmerischem Mut eine Reihe von genialen Plänen vor, wie man der Münzknappheit Herr werden könne. Was nun das gewöhnliche Volk betraf, so trugen Münzen von geringem Nennwert, die aus unedlem Metall geprägt waren, dazu bei, die alltäglichen Geschäfte zu ermöglichen. Auf höherer Ebene setzten Banken und Aktiengesellschaften das Zaubermittel des Kredits ein, um Staatsschulden zu tilgen oder die koloniale Erschließung weiterer Regionen zu finanzieren, indem sie Banknoten oder Anteilscheine ausgaben, die zwar einen nominellen Wert besaßen, was das Material betraf, aus dem sie bestanden, aber an sich wertlos waren. Durch eine Vielzahl neuer Zahlungsmittel löste sich das Dilemma des beschränkten Vorhandenseins von Gold und Silber gleichsam in Luft auf.

Gleichzeitig jedoch tat sich ein neues Problem auf, die Frage nämlich, wie man das Vertrauen der Öffentlichkeit in an sich wertloses Papier aufrechterhalten sollte.

Unter den Denkern und Innovatoren, die sich mit dem Problem des Geldes befassten, ist John Law der umstrittenste, zugleich aber auch derjenige, der am meisten Weitblick besaß. Er war groß in jedem Sinn des Wortes, er maß über 1 Meter 80, und er steckte voller Ambitionen, die größer und kühner waren als die irgendeines anderen Menschen. Auf einer Ebene könnte die Geschichte seines Lebens den Stoff für Romane oder Legenden abgeben. Er widmete sich dem Finanzwesen, nachdem er in einem Duell wegen einer unglückseligen Liaison einen Mann getötet hatte und aus dem Gefängnis geflohen war, um seinen Kopf zu retten. Er war ein Glücksritter, der jederzeit dazu bereit war, alles auf eine Karte zu setzen, gleichzeitig aber über eine glänzende mathematische Begabung verfügte. Zudem ging von ihm eine bezaubernd-gefährliche Anziehungskraft aus. Frauen waren von seinem untadeligen Äußeren fasziniert, von seinem charmanten Auftreten sowie seiner erotischen Ausstrahlung; Männer schätzten die Leichtigkeit, mit der er komplexe Sachverhalte zu erhellen vermochte, seinen nonchalanten Witz und seine Bereitschaft, lange Stunden beim Karten- oder Würfelspiel zu verbringen. Doch seine Ideen und Taten verleihen seinem Leben weit mehr Bedeutung, als das Dasein eines faszinierenden und ehrgeizigen Playboys jemals haben könnte: Die Entwicklung, die Law einst in Bewegung setzte, findet noch heute ihren Widerhall.

Die Alchimisten suchten nach dem Stein der Weisen, mit dem sie aus wertlosem Material Gold machen konnten. In einer Art ironischer Umkehrung dieses Bemühens gründete Law in Frankreich die erste staatliche Notenbank, die in einem bis dahin noch nie da gewesenen Umfang Zahlungsmittel aus Papier herstellte, um die kränkelnde Wirtschaft wieder zu beleben. Er schuf den mächtigsten Konzern, den die Welt bis dahin gekannt hatte – die Mississippi-Kompanie –, und ermunterte eine riesige Schar von privaten Investoren dazu, sich Aktien dieser Gesellschaft zuzulegen. Nach anfänglichem Zögern strömten Investoren aus England, Deutschland, Holland, Italien und der Schweiz nach Paris, um zu spekulieren, und der Aktienkurs stieg in wenigen Monaten von 150 auf 10 000 Livre. Im Vergleich dazu wirkt die größte Hausse des zwanzigsten Jahrhunderts, zu der es zwischen 1981 und 1987 kam, als der Aktienkurs in Großbritannien um 366 Prozent zulegte, geradezu kläglich. Law löste den ersten größeren Börsenboom der Welt aus, durch den viele Menschen ein so gewaltiges Vermögen machten, dass man ein Wort prägte, um sie zu bezeichnen: das Wort »Millionär«. Beinahe über Nacht war er selbst reicher geworden, als er es sich jemals erträumt hatte, ein Held, der überall in Europa gefeiert wurde und den man in Anerkennung seiner Verdienste zum Generalkontrolleur der Finanzen Frankreichs beförderte – das wichtigste öffentliche Amt, das die damals mächtigste Nation der Welt zu vergeben hatte.

Pioniere, so heißt es, kommen am Ende immer dadurch um, dass ihnen von hinten Pfeile in den Rücken gejagt werden. In Laws Fall verschworen sich Feinde, Unerfahrenheit, Habgier und das Schicksal gegen sein unkonventionelles Genie. Die Vorstellung, dass man zu Geld auch durch Spekulation und nicht nur durch mühsame Plackerei kommen kann, wurde im Bewusstsein der Öffentlichkeit unauslöschlich verankert. Doch nachdem sie ein Vermögen gewonnen hatten, begannen viele sich nach alternativen Anlagemöglichkeiten umzusehen, oder sie entwickelten das Gefühl, dass Papier auf lange Sicht keinen Ersatz für traditionellere, »greifbarere« Werte darstellen könnte. Als die Spekulanten anfingen, ihre Aktien einzulösen und ihre Vermögen an Papiergeld von der Bank abzuheben, um Ländereien, Juwelen oder Gold zu kaufen oder an ausländischen Aktienmärkten zu spekulieren, war Law, bekämpft von neidischen Rivalen, nicht mehr in der Lage, die Flut einzudämmen, und die Aktien seiner Gesellschaft fielen ebenso rasch, wie sie zuvor gestiegen waren. Die vielen, die in die Bank stürzten, um sich ihre Banknoten wieder gegen Münzen einwechseln zu lassen, mussten feststellen, dass die Münzreserven nicht ausreichten, und blieben auf einem Schein oder genauer einer Bescheinigung sitzen, die so gut wie wertlos war.

Über eine halbe Million Menschen, was zwei Dritteln der damaligen Einwohnerzahl von London entsprach, behauptete, durch John Law Verluste erlitten zu haben. Nachdem er den ersten internationalen Börsenboom in Gang gesetzt hatte, löste er auch den ersten internationalen Börsenkrach aus. Genauso laut wie man ihn wenige Monate zuvor als Retter gefeiert hatte, verfemte man ihn nun als Gauner und jagte ihn in Schimpf und Schande aus seinem Amt. Ernüchtert, viel klüger und unendlich viel ärmer verbrachte er den Rest seines Lebens mit dem vergeblichen Versuch, die Welt von seiner Integrität zu überzeugen sowie davon, dass die Idee, die seinen Plänen zu Grunde lag, vernünftig war. Sein Sturz warf weit reichende Schatten in die Zukunft. Es dauerte achtzig Jahre, bevor man es in Frankreich erneut wagte, Papiergeld einzuführen. Nach seinem fehlgeschlagenen Experiment wurde Law noch lange Jahre scharf verurteilt. In der Geschichte des Geldes führt einem das Kapitel über sein Leben die Gefahren des Papiergeldes vor Augen, und die Voraussicht in wirtschaftlichen Dingen, die er ohne Zweifel besaß, wird durch das Scheitern seiner Pläne verdeckt.

Wenn John Law und seine Kritiker heute miterleben könnten, wie in jeder Einkaufsstraße mithilfe von Geldscheinen, Schecks und Kreditkarten Geschäfte abgewickelt werden – und nirgendwo mehr eine Gold- oder Silbermünze aufblinkt –, dann würden sie erkennen, dass seine Vision zweifellos in Erfüllung gegangen ist, aber auch feststellen, dass die dem System inhärente Schwäche dieselbe ist wie damals. Im Gegensatz zu einem auf Gold basierenden Finanzsystem hängt das auf Kredit gründende sehr stark vom Vertrauen der Bevölkerung ab. Seit der Einführung von Papiergeld ist es immer wieder zu spektakulären finanziellen Debakeln gekommen.

Drei Jahrhunderte nach Law leben wir in einer Zeit vielfältiger und ambitionierter finanzieller Innovationen – Beispiele dafür sind die Einführung des Euro, die Möglichkeit, Aktien über das Internet zu kaufen oder zu verkaufen, Hypotheken in fremder Währung und eine ganze Palette erfindungsreicher neuer monetärer Mittel und Einrichtungen, die den Kapital-, Renten- und

Devisenmarkt betreffen. Aus dieser Perspektive gesehen, ist Laws Geschichte immer noch von außergewöhnlicher Relevanz.

Während der in diesem Buch beschriebenen Epoche wiesen die französische und die englische Währung einen ähnlichen Aufbau auf: 240 französische *deniers* oder englische *pennys* ergaben 20 *sous* beziehungsweise 20 *shilling*, die wiederum einem *livre tournois* respektive einem *pound* entsprachen. Zu den damals in Frankreich gebräuchlichen Münzen zählten der – wie der Namen schon sagt – goldene *louis d'or* und der silberne *écu*, die abgemessen und gewogen wurden und deren Wert – auf den *livre* bezogen – stark schwankte. Häufig verwendet wurde auch ein spanisches Silberstück, das *pistole* hieß und ungefähr zehn *livre* wert war. Auch die Wechselkurse schwankten sehr stark: Ein *livre* brachte zwischen einem Schilling und einem Schilling und sechs Pence. Laut Auskunft der Bank of England hatte ein Pfund im Jahr 1720 ungefähr die Kaufkraft, die heute 73 Pfund (etwa 110 Euro) haben. Die im Folgenden in *Livre* angegebenen Summen können daher leicht auf heutige Verhältnisse umgerechnet werden, indem man sie halbiert und dann mit sieben multipliziert.

1 Ein Mann für sich

*Er kam nach Paris, wo er solch eine eindrucksvolle Figur abgab, dass man
ihn beim Farospiel die Bank halten ließ. Für gewöhnlich spielte er – unter
dem Einsatz hoher Summen – im Haus einer berühmten Schauspielerin, obwohl er bei Prinzen und Fürsten höchsten Ranges wie auch in den renom-
miertesten Akademien sehr begehrt war, wo sein nobles Gebaren und sein
ausgeglichenes Gemüt ihn von den anderen Spielern unterschieden.*

BARTHÉLEMY MARMONT DU HAUTCHAMP,
»Histoire du système de finances« (1739)

Ein Novemberabend des Jahres 1708 im Pariser Salon der Ma-
rie-Anne de Chateauneuf. Die Gastgeberin, eine gefeierte Schauspielerin der Comédie Française, die auch als »La Duclos« bekannt
ist, hat Mitglieder der erlauchtesten Pariser Gesellschaft um sich
versammelt, doch an diesem Abend ist die Konversation trotz der
glanzvollen Anwesenheit diverser *Ducs*, *Marquis* und *Comtes*
ungewöhnlich trivial. Frankreich befindet sich mitten in den Wir-
ren der ersten globalen militärischen Auseinandersetzung der
Geschichte, des Spanischen Erbfolgekriegs, der schon seit sieben
Jahren tobt und noch weitere sechs wüten wird. Die Nation, die

mächtigste und bevölkerungsreichste Europas, ist von den unaufhörlichen Auseinandersetzungen zu Grunde gerichtet worden. Doch dieser in einen Kokon eingesponnene *Cercle* von vornehmen Parisern ist sich dessen kaum bewusst: Das Gespräch dreht sich nicht um die verheerenden Niederlagen, die Frankreich in den Schlachten von Oudenaarde, Turin, Ramillies und Blenheim erlitten hat, sondern vor allem um den Umzug des ältlichen Louis XIV., des Sonnenkönigs, und seines Hofstaats von Versailles nach Marly und um die Liebesaffären des ebenso faszinierenden wie gefährlichen Duc d'Orléans.

Diejenigen, die diese Themen nicht so sehr interessieren, ziehen es vor, das Grüppchen von Spielern zu beobachten, die sich in eine Partie Faro versenkt haben. Die meisten von ihnen sind Habitués der Spieltische, und auf dieser Stufe der Gesellschaft kennt jeder jeden. Doch ein Mann scheint nicht dazuzugehören: Er ist, wie nicht anders zu erwarten, modisch gekleidet, in einen Samtrock mit weiten Schößen, den er aufgeknöpft trägt, damit die Weste aus Damast und die Halsbinde aus Brüsseler Spitze zu sehen sind, und die schwarzen Locken seiner Perücke ergießen sich bis auf seine Schultern herab. Mit einer Größe von mehr als 1 Meter 80 – eine bemerkenswerte Statur in jenen kleinwüchsigen Zeiten – ist er ein Mann von »großartigem und imposantem Aussehen«, auf Grund dessen man ihn, wie ein Zeitgenosse es formulierte, »ohne ihm damit zu schmeicheln, unter die wohlgestaltetsten Männer einreihen« kann. Im Kreis der hektischen Spieler fällt er auch durch seine »sanften und einnehmenden Manieren« auf und durch die Ausgeglichenheit seines Gemüts, die seine äußere Erscheinung, wie Beobachter sagen, in reichem Maß widerspiegelt.

Während einer kurzen Unterbrechung des Spiels stellt die Duclos den Fremden stolz als John Law, einen Gentleman aus Schottland, vor, der zu Besuch in Paris weilt. Ihre Gäste bemerken aber bald, dass Law, wenn er auch genauso charmant und witzig wie körperlich attraktiv ist, eine merkwürdige Verschlossenheit an den Tag legt, wenn man ihn nach seinen persönlichen Verhältnissen befragt. Und zudem müssen sie im weiteren Verlauf des Abends feststellen, dass er ein meisterhafter Kartenspieler ist.

Die Faro-Regeln verlangen, dass die Spieler einen einzelnen Gegner, den Tallière oder Bankhalter, schlagen müssen, um die Partie für sich zu gewinnen. An diesem Abend hat man es Law gestattet, seine Geistesfähigkeiten gegen die aller anderen aufzubieten und die einsame Rolle des Tallière zu übernehmen. Er ist die Bank. Als die Einsätze immer höher werden, schlägt die Stimmung der Teilnehmer von geübter Gelassenheit in offene Nervosität um; mit wachsender Lautstärke und Leichtfertigkeit setzen sie immer höhere Beträge. Doch gleichgültig, um wie viel Geld es geht, Law weiß stets den Eindruck äußerster Gelassenheit aufrechtzuerhalten.

Jeder Spieler lässt sich eine, zwei oder auch drei Karten von einem Pack geben, der vor ihm auf dem Tisch liegt; die Einsätze erfolgen in Louis d'or. Langsam greift der Croupier nach seinem Pack, legt die oberste Karte zur Seite, dreht die nächsten beiden – die »Verliererin« und die »Gewinnerin« – um und legt sie vor sich hin. Ein Spieler gewinnt, wenn er eine Karte gezogen hat, die denselben Wert hat (die Farbe ist irrelevant) wie die zweite, die vor dem Croupier liegt, es sei denn, dass der Bankhalter zwei gleich hohe Karten aufgedeckt hat: In diesem Fall gewinnt er, gleichgültig, welche Karten der andere in der Hand hält. Die Karten werden weiter ausgeteilt, und die Spieler machen Runde für Runde ihre Einsätze, bis nur noch drei Karten übrig sind. Wie versteinert verfolgen alle im Raum Anwesenden dann die letzte Runde, bei der die Teilnehmer erraten müssen, in welcher Reihenfolge diese drei Karten liegen. Es ist unvermeidlich, dass Law über die meisten anderen triumphiert. Er schiebt die Goldmünzen, die er vor sich aufgehäuft hat, in die ledernen Geldbeutel, die er vorsorglich mitgebracht hat, und überlässt es den Verlierern, reumütig über ihr geschrumpftes Vermögen nachzusinnen. Wieder einmal scheint der Schotte den Gesetzen des Zufalls getrotzt und einen spektakulären Sieg über sie davongetragen zu haben.

Wenige der Anwesenden erkennen, dass mehr als außergewöhnliches Glück Law zum Sieg verholfen hat. Auch Jahre später vermochten seine engsten Bekannten, wie zum Beispiel der Duc de Saint-Simon, seine Erfolge im Glücksspiel immer noch nicht ganz zu begreifen, und schilderten ihn als »Mann, der ohne jemals zu betrügen, am Kartentisch durch die vollendete Meisterschaft seines Spiels (die einem ganz unglaublich vorkam) ständig gewann«. Tatsächlich jedoch hat Erfolg von solchem Ausmaß kaum etwas mit Glück, aber auch nur wenig mit vollendeter Meisterschaft zu tun, sondern einfach damit, dass man dafür sorgt, dass die Vorteile ganz klar auf der eigenen Seite liegen. Selbst wenn er nicht die lukrative Rolle des Bankhalters innehatte, bestand für Law kaum ein Zweifel daran, wie der Abend enden würde. Mithilfe seines bemerkenswerten Verständnisses für Mathematik und Wahrscheinlichkeitstheorien – eine Gabe, die nur wenige an ihm bemerkten – gelang es ihm mit erstaunlicher Genauigkeit abzuschätzen, wie groß die Chance war, dass eine bestimmte Karte ausgeteilt wurde.

Nicht weit vom Salon der Duclos mit seinem üppigen Interieur entfernt saß in den einfach, aber komfortabel eingerichteten Wohngemächern der Benediktinerabtei im Faubourg St. Antoine ein Mann, dem die Erfolge John Laws ein gewaltiger Dorn im Auge waren. Marc René de Voyer de Paulmy, Marquis d'Argenson, der Superintendent der Polizei von Paris, war mit seinem fahlen Gesicht und seinen tief liegenden Augen so unattraktiv, wie Law anziehend wirkte. Er war vor allem für seinen »scharfen Verstand« und seine »natürliche Intelligenz« bekannt, und sein Metier – die Geheimnisse anderer auszuspionieren – beherrschte er ganz hervorragend. Oder wie der scharfsichtige Duc de Saint-Simon es formulierte: »Es gab keinen Einwohner [von Paris], dessen tägliches Handeln und dessen Gewohnheiten er nicht kannte.«

D'Argenson hielt sich gern in kultivierter Gesellschaft auf und fühlte sich in jenen Elitekreisen zu Hause, zu denen John Law sich mit seinem Geschick im Spiel Zugang verschafft hatte. D'Argenson hatte sein Amt bereits seit einem Jahrzehnt inne, und Laws sporadische Auftritte in der Stadt sowie seine außergewöhnlichen Erfolge während jener Zeit hatten ihn in wachsendem Maß beunruhigt. Der Polizeichef war überzeugt, dass der Schotte in irgendeiner geheimen Mission für England tätig war oder vielleicht sogar auf irgendeine andere Weise eine noch heimtückischere Bedrohung darstellte. Sein Unbehagen verstärkte sich noch, als sich, obwohl jeder erdenkliche Versuch angestellt wurde, mehr über den Fremden herauszufinden, beunruhigend wenig in Erfahrung bringen ließ. Es gab einige, die behaupteten, er sei vor der britischen Justiz geflohen: Er sei aus einem Gefängnis entkommen, nachdem man ihn wegen der Ermordung eines Mannes zum Tod durch den Strang verurteilt hatte. Was die Herkunft seines Vermögens betraf, waren mannigfaltige Gerüchte in Umlauf: Einigen zufolge hatte er es an den Spieltischen von Wien, Rom, Venedig, Genua, Brüssel und Den Haag gewonnen, während andere erzählten, er habe in Schottland eine große Besitzung geerbt. Das alles aber war nur Gerede und reine Spekulation. Ein Jahr zuvor, als d'Argenson Law als den führenden Kopf enttarnt hatte, der sich hinter einem gefährlichen Plan verbarg, welcher die französische Wirtschaft sehr gut hätte unterminieren können – einen Plan zur Einführung von Papiergeld –, hatte er ihn aus Paris ausgewiesen. Nun war er durch den Außenminister des Königs, den Marquis de Torcy, informiert worden, dass Law sich nicht nur wieder in der Hauptstadt aufhalte, ohne einen entsprechenden Pass zu besitzen, sondern dass überdies noch »seine Absichten nicht gut« seien und er »unseren Feinden als Spion dient«. De Torcy war besorgt und wollte mehr erfahren. D'Argenson hatte bereits seit einigen Wochen versucht, Law aufzuspüren, doch seine Beute hatte sich als schwer zu fassen erwiesen.

2 Jeunesse dorée

*Auf einer Insel in der Nähe der Orkaden wurde ein Knabe geboren, der
Aeolus, den Gott der Winde, zum Vater und zur Mutter eine Nymphe Kale-
doniens hatte. Man sagte von ihm, er habe ganz allein mit seinen Fingern
das Zählen gelernt, und schon mit vier Jahren habe er so vollkommen Metalle unterscheiden können, dass er, als seine Mutter ihm einen Ring aus
Messing statt aus Gold geben wollte, den Betrug durchschaute und ihn
zu Boden schleuderte.*
*Als er groß wurde, lehrte ihn sein Vater das Geheimnis, Winde in Schläuche
einzuschließen, die er dann allen Reisenden verkaufte. Da aber die Ware
in seiner Heimat nicht sehr begehrt war, verließ er sie und machte sich
in Gesellschaft des blinden Gottes Zufall auf die Wanderschaft
durch die weite Welt.*

BARON SECONDAT DE MONTESQUIEU, *»Persische Briefe« (1721)*

In John Laws familiärem Hintergrund findet sich kaum etwas,
das auf den Berufsspieler, Beau, Mörder, Abenteurer und international berühmten Financier hinweist, der er eines Tages sein
würde. Die Familie stammte ursprünglich aus Lithrie im schottischen Fifeshire, und über Generationen hinweg hatten ihre Mitglieder Karrieren im Dienst der Kirche verfolgt. John Laws Ur-

großvater Andrew und sein Großvater John Law of Waterfut, nach dem er selbst getauft wurde, waren beide Pfarrer von Neilston, einem kleinen, unbedeutenden Dorf in der Grafschaft Renfrewshire. Der Erzbischof von Glasgow, James Law, war vermutlich ebenfalls ein Verwandter.

Doch auch wenn die klerikale Tradition der Laws schon seit langem bestand, so war sie doch keineswegs unverletzlich. Während des Bürgerkriegs und in der Zeit des *Commonwealth*, der Republik, wurde in der schottischen Kirche ein presbyterianischer Extremismus mit größter Rücksichtslosigkeit durchgesetzt. John Law of Waterfut war für die damals vorherrschende Stimmung als Geistlicher zu tolerant, und er wurde 1649 »wegen Ineffizienz« seines Postens enthoben. Seines Heims und seines Einkommens beraubt und ohne ein Gewerbe, das er an seine zwei jungen Söhne weiterreichen könnte, hatte er kaum eine andere Alternative, als in Edinburgh irgendeine Anstellung zu suchen.

Als der englische Kaplan Thomas Morer diese Stadt gegen Ende des siebzehnten Jahrhunderts besuchte, schrieb er, die Straßen seien »sehr steil und abschüssig und unangenehm sowie überall derart voller Unrat (wegen des Fehlens von Schweineställen, welche die Einwohner nur äußerst selten besitzen), dass man Edinburgh mit einem elfenbeinernen Kamm vergleicht, dessen Zinken auf beiden Seiten sehr verrottet sind«. Daniel Defoe schilderte die Stadt als einen Ort voll »unendlicher Nachteile, auf dem solch skandalöse Unannehmlichkeiten lasten, dass seine Feinde diese zum Gegenstand von Spott und Tadel machen; es ist beinahe so, als ob die Bevölkerung nicht willens wäre, in sauberer Luft und reinlicher Umgebung zu leben wie die Einwohner anderer Städte, sondern an Gestank und Dreck Entzücken findet«. Mit anderen Worten: Edinburgh war genauso wie die meisten anderen großen Städte der damaligen Zeit eine schmutzige, übel riechende Metropole, die in einem scharfen Gegensatz zu dem unverdorbenen, wenn auch öden Neilston mit seiner Landpfarrei stand.

Die Übersiedlung in die neue Umgebung muss für Pfarrer Law und seine Familie schmerzlich und bedrückend gewesen sein. Die

Stadt erholte sich gerade von den Verwüstungen, die eine der schlimmsten Pestepidemien in ihrer Geschichte angerichtet hatte; die Seuche hatte die Einwohner in »einer Lage, die noch nie so elend und niedergedrückt wie gegenwärtig« gewesen war, zurückgelassen. Im Verein mit dem drakonischen Regiment der Republikaner hatte die Seuche die Bevölkerung dezimiert sowie zu anwachsender Armut und einem Rückgang des Handels geführt. In dem folgenden Jahrzehnt nach ihrem Umzug fristete die Familie Law ein karges Dasein; sie lebten von der Hand in den Mund, während der Vater sich bemühte, eine Rente von der Kirche zu erwirken und für seine beiden Söhne, John und William, einen passenden Beruf ausfindig zu machen. Was Zweiteres betraf, bot sich vor allem eine Lösung an: Mitglieder der Familie, die nicht im Dienst der Kirche tätig gewesen waren, hatten schon seit dem frühen sechzehnten Jahrhundert als Goldschmiede ihren Lebensunterhalt verdient, und bald nach ihrem Eintreffen in Edinburgh erhielten die beiden jungen Laws mithilfe von Kontakten der Familie Lehrstellen bei bekannten Goldschmiedemeistern. Im späten siebzehnten Jahrhundert genoss dieser Beruf ein hohes Ansehen, der die, die ihn ausübten, über alle anderen Handwerker erhob. Viele Goldschmiede stellten nicht nur Schmuck, Trophäen der verschiedensten Art und wertvolle Haushaltsgegenstände her, sondern gingen nebenher noch dem lukrativeren und einflussreicheren Gewerbe des Geldverleihers nach.

Geld verfügt, vielleicht mehr als jedes andere von Menschen geschaffene Artefakt, über eine Vielfalt an Bedeutungen. Für den Laien kann es heutzutage zum Beispiel für Sicherheit, Macht, Luxus, Freiheit, Versuchung stehen. Wirtschaftswissenschaftler erklären uns jedoch, dass seine primäre Funktion die eines Mediums des Austausches ist. Ohne Geld wären wir gezwungen, wegen jeder Sache, die wir uns nicht selbst verschaffen können, mit einem Überschuss an etwas anderem, den wir herzugeben vermögen, Tauschhandel zu treiben. Geld erlaubt es uns, das Kaufen einer Sache vom Verkaufen einer anderen zu trennen. Es bedeutet, dass wir nicht Eier gegen Apfelsinen, Teppiche gegen Bausteine oder ein Buch gegen eine Schüssel Reis einzutauschen brauchen. Beinahe alles kann als Geld dienen und hat es auch getan: eine Herde Kühe, eine Frau oder auch zwei, ein Büschel Tabakblätter, ein Säckchen voller Muscheln. Die äußere Form spielt kaum eine Rolle; was zählt, ist, dass Käufer und Verkäufer darauf vertrauen, dass das Geld seinen Wert behalten wird, und der Verkäufer, welche Waren oder Dienste auch immer er dafür liefert, zu einem späteren Zeitpunkt in der Lage sein wird, etwas anderes dafür zu kaufen.

Von all den verschiedenen Maskierungen, in denen das Geld chamäleonartig auftreten kann, sind die goldene und die silberne am leichtesten zu erkennen, zudem am verbreitetsten und am dauerhaftesten. Die alten Mesopotamier verwendeten wertvolle Metalle genauen Regeln entsprechend, die vom König und vom Tempel aufgestellt worden waren, und erfanden die älteste uns bekannte Form der Schrift, um über Einnahmen und Ausgaben Buch führen zu können. Die Ägypter berechneten das Vermögen ihres Pharaos oder den Wert eines Sklaven in nubischen Gold-, Silber- oder Kupferbarren und Kupferspänen. Im antiken Griechenland wurden Gold und Silber ähnlich hoch geschätzt. Herodot behauptete, dass die ersten Münzen – Plättchen aus Metall von einem bestimmten festgesetzten Gewicht und Reinheitsgrad – im sechsten Jahrhundert v. Chr. im alten Lydien erfunden worden seien, dem Reich von König Krösus, dessen Name heute noch für unvorstellbar großen Besitz steht. Tatsächlich haben Archäologen aber mittlerweile Münzen entdeckt, die aus dem siebten vorchristlichen Jahrhundert stammen und von den Ephesern benutzt wurden, und dabei herausgefunden, dass dieses Zahlungsmittel auch in anderen Städten Ioniens bekannt war.

Auch das Bankwesen reicht bis in die Antike zurück. Die ersten Bankiers lebten vor drei Jahrtausenden in Babylon, das im Gebiet des heutigen Irak lag. Im Athen des fünften Jahrhunderts v. Chr. gab es Leute, die ausländischen Besuchern Geld wechselten und Pfänder annahmen, und im antiken Rom verfügten Geldverleiher bereits über großen politischen Einfluss. Die ersten Bankinstitute der Moderne entstanden in den großen italienischen Handelsstädten, in Genua, Turin, Pisa und Mailand. Das

Wort »Bank« leitet sich vom italienischen »banco« her, womit das hölzerne Gestell bezeichnet wurde, das Geldverleiher für ihre Geschäfte benutzten. In einer Welt, in der Münzen aus edlen Metallen gefertigt wurden, bestand der Hauptnachteil des gesamten Systems jedoch darin, dass die Förderung der benötigten Erze limitiert war, die Habgier und die Sehnsüchte der Menschen hingegen nicht.

Ein Durchbruch wurde mit dem erzielt, was der herausragende Wirtschaftswissenschaftler J. K. Galbraith als »Wunder des Bankwesens« bezeichnet hat: mit der Entdeckung des Kredits. Wenn jemand Geld in einem Bankgewölbe zur sicheren Aufbewahrung deponierte, konnte er mit einem Blatt Papier davonspazieren, auf dem ihm der Besitz der hinterlegten Summe bestätigt wurde, und dieses Papier konnte er dann als eine Art von Zahlungsmittel benutzen. Der Treuhänder konnte währenddessen einen Teil des Vermögens, über das er wachte, an andere verleihen (wobei er eine Reserve zurückbehielt, um diejenigen ausbezahlen zu können, die ihre Einlagen aus irgendeinem Grund wieder zurückerstattet bekommen wollten) sowie selbst Gewinn erzielen, indem er Zinsen für den von ihm geleisteten Dienst forderte. Auf diese Art und Weise konnte man den vorhandenen Geldbetrag vervielfältigen und zugleich das Problem des begrenzten Gold- und Silbervorrats lösen. Den einzig möglichen Stolperstein stellte ein äußeres Ereignis dar, das bei allen den Wunsch weckte, ihre Einlagen sofort wieder zurückzuziehen. In einem solchen Fall würde der Treuhänder des Vermögens sich außer Stande sehen, allen Einlegern gleichzeitig ihr Geld zurückzuzahlen, weil die Reserven bald erschöpft sein würden – ein großer Teil des Gesamtkapitals würde ja noch an andere verliehen und damit nicht zugänglich sein –, und er würde Bankrott gehen. Daher war klar, dass politische Stabilität und solide Reserven den Schlüssel zu einem erfolgreichen Geldgeschäft bedeuteten.

In Großbritannien war man alles andere als aufgeklärt, was das Kreditwesen anbelangte. Geld um des Profits willen zu verleihen wurde als Wucher angesehen, als ein Verbrechen gegen Gott. Alle, die sich dieses Vergehens schuldig machten, wurden gehängt, gerädert und geviertelt. Im Mittelalter hatten daher Fremde das Monopol auf dieses Gewerbe, und zwar erst Juden und dann Goldhändler mit Unternehmergeist aus Italien, die als Lombarden bekannt waren. In London erhielten diese frühen italienischen Finanziers die Erlaubnis, Geld zu verleihen und anderweitig mit ihm Geschäfte zu treiben, solange sie sich, was ihren Aufenthalt und ihr Gewerbe betraf, auf eine einzige Straße der Stadt beschränkten. Diese Straße trägt noch heute ihren Namen: Lombard Street. Sie bildet nach wie vor ein Zentrum des internationalen Finanzwesens. Viele der Lombarden, die sich im mittelalterlichen London niederließen, waren gleichzeitig Goldschmiede und verwendeten überschüssiges ungemünztes Gold und Silber, um verschiedene Gegenstände herzustellen, die ihnen einen zusätzlichen Gewinn einbrachten. Nachdem die Gesetze gegen Wucher um die Mitte des sechzehnten Jahrhunderts entschärft worden waren, begannen auch englische Goldschmiede in das lukrative Geldgeschäft einzusteigen. Der so genannte »Vater des englischen Bankwesens«, Sir Thomas Gresham, erschloss mit einem ausgeklügelten Geldverleihgeschäft Neuland; er operierte von seinem Ladenlokal »Unter dem Zeichen des Grashüpfers« in der Lombard Street aus und bot sowohl Privatleuten als auch der Krone Kredite zu festen Zinssätzen an, zahlte selbst Zinsen auf Einlagen, vermittelte Wechsel und handelte ebenso mit Münzen wie mit ungemünztem Edelmetall. Vor allem wegen dieser Dienstleistungen stieg er zu einem der mächtigsten Höflinge von Henry VIII., Edward VI., Mary I. sowie Elizabeth I. auf. Einen Großteil des riesigen Vermögens, das er im Lauf der Zeit anhäufte, trug er in Form von Goldketten, die er sich um den Leib gewickelt hatte, mit sich herum; wenn er »Bares« brauchte, zwackte er einfach ein, zwei Glieder von ihnen ab.

Im späten siebzehnten Jahrhundert verbanden sich verschiedene Faktoren wie Kriege, zu zahlende Arbeitslöhne, eine aufblühende Wirtschaft, eine wachsende Bevölkerung und ein expandierender Überseehandel miteinander, um einen großen Bedarf nach Krediten zu schaffen. In England wurde der Geldmarkt weiterhin von Goldschmieden beherrscht. Sie liehen der Krone zehntausende von Pfund und vermerkten diese Transaktionen, indem sie Kerben in hölzerne Stecken (gewöhnlich aus Haselnuss) schnitzten, die als »Tallies« bekannt waren. Diese Form der Buchführung mit dem »Kerbholz« war von der Antike bis ins neunzehnte Jahrhundert hinein gebräuchlich. Ein solches Holz konnte weniger als zehn Zentimeter, aber auch mehr als anderthalb Meter lang sein, und die eingeschnitzten Kerben unterschieden sich von der Breite her, womit angegeben wurde, wie groß die Summe war, die man jemandem vorgestreckt hatte. Ein handbreiter Einschnitt konnte einem Darlehen von eintausend Pfund entsprechen, ein daumenbreiter einhundert Pfund und einer, der nicht breiter als ein Gerstenhalm war, einem Pfund. Der Stab wurde dann in zwei Hälften gespalten, eine Hälfte wurde von dem Geldverleiher, die andere von seinem Kunden aufbewahrt, und auf diese Weise wurde für beide genau festgehalten, wie hoch die Summe war, die Letzterer sich geliehen hatte.

Das Leben eines Bankiers war jedoch in solch politisch unbeständigen Zeitläuften wie dem siebzehnten Jahrhundert voller Gefahren, und eine besondere Bedrohung stellte ein durch ein bestimmtes Ereignis ausgelöster plötzlicher Ansturm auf seine Geldreserven dar. Als 1667 eine holländische Flotille die Themse hinaufsegelte und Sheerness unter Feuer nahm, fürchteten viele erschreckte Einleger, dass eine Invasion unmittelbar bevorstünde, und belagerten das Haus von Edward Backwell, einem der berühmten Londoner Bankiers und Goldschmiede. Der Tagebuchautor Samuel Pepys war einer von denen, die sich ihr Gold in aller Eile wieder aushändigen ließen. Pepys übergab die Münzen seiner Frau, damit sie sie aus der Stadt schaffe, und sie vergrub es an einem Sonntagmorgen im Garten ihres Schwiegervaters. Sie meinte, das sei die sicherste Zeit, weil dann alle anderen in der Kirche wären. Pepys geriet fast »außer sich«, als er erfuhr, was sie getan hatte. Als er später das Geld wieder an sich nehmen wollte, wählte er die tiefen Nachtstunden dafür. Er musste aber feststellen, dass seine Frau und sein Schwiegervater vergessen hatten, wo genau sie es verscharrt hatten. Indem sie mit einem Spieß im Boden herumstocherten, machten sie den Geldsack schließlich ausfindig. Dieser riss jedoch während der im Laternenschein vorgenommenen Ausgrabungsarbeiten, und fast einhundert Goldstücke gingen verloren. Pepys konnte sie erst am darauf folgenden Morgen wieder an sich bringen, indem er mehrere Stunden lang Erde siebte.

Eine angeblich sichere Bastion, der sowohl Goldschmiede wie auch private Investoren ihr Vermögen anvertrauten, war die Royal Mint, die königliche Münzanstalt, die damals im Tower von London untergebracht war. Diese Institution erwies sich aber als noch unsicherer als der Garten von Pepys' Vater, als sich im Jahr 1640 Charles I. im Privatbesitz befindliches ungemünztes Edelmetall im Wert von 130 000 Pfund aneignete, um seine Schulden zu begleichen. Drei Jahrzehnte später, 1671, als Charles II. ähnlich knapp bei Kasse war und die Zinsen für die Darlehen, die er aufgenommen hatte, nicht mehr bezahlen konnte, konfiszierte er aus heiterem Himmel über 13 Millionen Pfund, die der königlichen Staatskasse für einen Zinssatz von acht Prozent überlassen worden waren. Eine widerrechtliche Aneignung fremden Guts von solchem Ausmaß hatte natürlich ihre Auswirkungen: Zahlreiche Goldschmiede, aber auch viele der Kunden, deren Geld sie investiert hatten, wurden über Nacht in den Ruin getrieben.

Zu jener Zeit, als John Law of Waterfut seine Söhne bei Edinburgher Goldschmieden in die Lehre gab, war der Geldverleih bereits zu einem gehobenen Gewerbe geworden, und viele erfolgreiche Goldschmiede-Bankiers verfügten über beträchtliche Macht und beträchtlichen Einfluss. Sie stolzierten mit auffallenden scharlachroten Umhängen und Dreispitzen ausstaffiert durch die zugigen, übel riechenden Gassen Edinburghs. Für Vater Law, der gerade erst in Armut gestürzt worden war, schien der Beruf des Goldschmieds seinen Söhnen finanzielle Sicherheit und einen hohen sozialen Status zu verheißen. William, der jüngere der beiden, wurde bei George Cleghorne in die Lehre gegeben, und er scheint rasch das Beste aus dieser Chance gemacht zu haben; als sich 1661 seine Ausbildungszeit ihrem Ende zuneigte, wurde das enge Verhältnis zwischen dem Meister und seinem Lieblingsschüler formal bestätigt, indem Cleghorne nämlich dem jungen

Law seine neunzehnjährige Tochter Violet zur Frau gab. Ein paar Monate später bestand William seine Meisterprüfung und eröffnete seinen eigenen Betrieb.

William Laws neuer Laden war von ähnlichen Einrichtungen umgeben und befand sich in der Nähe von der Goldsmith's Hall, im Süden von St. Giles, dem Platz, der den Mittelpunkt von Edinburghs Geschäftsviertel bildete. Grund und Boden, auf dem man leben und arbeiten konnte, war sehr knapp und teuer. »In keiner Stadt der Welt«, schrieb Defoe, »leben so viele Menschen auf so engem Raum zusammen wie in Edinburgh.« Die Läden der Goldschmiede auf der Nordseite des Platzes waren kaum mehr als hohe, schmale hölzerne Buden mit vorspringenden Aufbauten, die die darunter liegende Straße verfinsterten. Der Laden von Law war größer als die meisten, bot aber immer noch wenig Platz. Die Grundfläche betrug etwas mehr als zweieinhalb mal zweieinhalb Meter, doch dieses Gebäude ragte – wie die angrenzenden – mehrere Stockwerke hoch auf. Das Familienleben fand in den oberen Räumen statt, während in dem unteren der Ehrenplatz den Werkzeugen vorbehalten war: dem Schmiedeofen, den Blasebälgen und den Tiegeln, mit denen man das wertvolle Metall schmolz und dann zu Löffeln, Bierhumpen, Ringen, sakralen Gefäßen oder raffinierten Kelchen – zum Beispiel einer Nautilusmuschel in einer silbernen Fassung – verarbeitete.

Das Eheglück der Laws währte nur kurz. Knapp ein Jahr nach ihrer Hochzeit starb Violet, als sie einen Sohn zur Welt brachte, der ebenfalls kurz darauf starb – vielleicht war das ein tödliches Vermächtnis der verheerenden hygienischen Verhältnisse, die in Edinburgh herrschten. Ein Jahr später gelang es Jean Campbell, der überaus intelligenten und robusten dreiundzwanzigjährigen Tochter eines wohlhabenden Kaufmanns aus Ayrshire, sich die Zuneigung des verwitweten William Law zu erobern; sie wurde seine zweite Ehefrau. Die Mitgift, die sie mit in die Ehe brachte, ermöglichte es William, sein Geschäft zu erweitern und einen zweiten Laden zu eröffnen. Er und Jean sollten zwölf Kinder haben – sieben Söhne und fünf Töchter –, von denen aber nur vier die Kinderjahre überlebten. John Law, der Sohn, dem es bestimmt

31

war, der größte Finanzjongleur seiner Zeit zu werden, war ihr fünftes Kind und der älteste überlebende männliche Nachkomme. Er wurde im April 1671 geboren – höchstwahrscheinlich in einem der winzigen Räume, die sich auf den Goldschmiedeladen im Erdgeschoss türmten – und schien ein kräftiges, großes und hübsches Baby gewesen zu sein.

Seinem Vater muss die Ankunft eines gesunden Stammhalters als ein krönender Moment innerhalb seiner steil nach oben führenden Karriere erschienen sein. Ein Jahr vor Johns Geburt war William Laws herausragende Stellung innerhalb der Zunft der Goldschmiede offiziell bestätigt worden, indem man ihn zum Münzprüfer von Edinburgh ernannt hatte. Als solcher war er dafür verantwortlich, eine Untersuchung von Gold- und Silberobjekten, die innerhalb der Grenzen der Stadt gefertigt worden waren, durchzuführen und sie mit dem »Hallmark«, dem Feingehaltsstempel der Edinburgher Innung, zu versehen. Als das schottische Parlament 1674 eine Kommission damit beauftragte, einen Bericht über das Königliche Münzamt zu erstellen, wurde William Law als Berater herangezogen – ein weiterer Beweis für die Hochachtung, die man ihm in der Stadt entgegenbrachte. Im Jahr darauf wurde er zum Innungsmeister der Edinburgher Goldschmiede gewählt.

William Law entwickelte in Bezug auf seine Kinder einen ebenso großen Ehrgeiz, wie er ihn sich selbst gegenüber besaß. Er war felsenfest entschlossen, John alle jene Möglichkeiten zu erschließen, die ihm selbst verwehrt gewesen waren, und sorgte daher dafür, dass sein Sohn die Erziehung und Ausbildung eines Gentlemans erhielt. Seinen ersten Unterricht empfing der Junge an der High-School von Edinburgh, wo man ihm wahrscheinlich die üblichen Grundkenntnisse in Religion, Mathematik und Latein vermittelte, die es den Schülern ermöglichten, später eine Universität zu besuchen. Möglicherweise wurde ihm auch etwas Griechisch und Französisch beigebracht, allerdings wurden in Schottland diese Fächer erst im darauf folgenden Jahrhundert dem Lehrplan relativ häufig hinzugefügt. Seinen ersten Biografen zufolge – die aber vielleicht nur mit der Mode gingen, indem sie einem berühmten Menschen sich schon in frühester Kindheit zeigende Talente zuschrieben –, fiel John schon sehr bald wegen seiner Intelligenz und seiner Begabung für Zahlen auf.

Er verbrachte seine Kindheit in einer sich rasch wandelnden Stadt. Vor seinem achten Geburtstag hatte John Law wohl die pompöse Zeremonie miterlebt, mit der der Bruder des Königs, James, der Duke of York, zum schottischen Vizekönig ernannt worden war. Nachdem James in Edinburgh eingezogen war, kam die Stadt in den Genuss einer – allerdings zeitlich begrenzten – Periode der Neubelebung. Hollyrood Castle wurde zum Zentrum großartiger gesellschaftlicher Veranstaltungen: »…eine große Zahl von Adeligen und Landadeligen … scharte sich um den Duke und erfüllte die Stadt mit Frohsinn und Pracht«, so hielt es der Historiker Robert Chambers fest. Als der junge Law zu lesen und grundlegende mathematische Aufgaben zu lösen lernte, steuerte der Herzog die Stadt in Richtung Modernität: die Merchant Company, eine wichtige Handelsorganisation, wurde gegründet, der botanische Garten erweitert, Kaffeehäuser eröffnet und ein erster Versuch unternommen, eine Straßenbeleuchtung einzuführen. In den sich anschließenden Jahren wurde zudem am Parliament Square eine neue Börse errichtet.

Im Zuge all dieser Entwicklungen florierte auch William Laws Geldverleih. Aufgeweckt und gescheit, wie er war, muss John von dem einträglichen Finanzgeschäft, das sein Vater immer weiter ausbaute, fasziniert gewesen sein. Er war sicherlich öfter dabei, wenn über einem Ale, das man in den dämmrigen Räumen von John's Coffee-Shop oder dem uralten Baijen Hole, einer ehemaligen Bäckerei, aus großen Humpen schlürfte, handelseinig wurde. Seine Neugier muss aber auch durch das Geschick der Handwerker angeregt worden sein, die sein Vater angestellt hatte, und vermutlich wurde die Liebe zur Kunst und auch zum Handwerk, die er später zeigte, dadurch geweckt, dass er schon in jungen Jahren mitverfolgte, wie metallene Bleche zu Werken von größter Schönheit geformt wurden.

1683, als John zwölf wurde, war das Vermögen seines Vaters groß genug, um ihn zu einem Mann von Einfluss und Ansehen zu machen. Er erwarb Lauriston Castle, ein dreistöckiges Gebäude mit zwei von Kragsteinen gestützten Wehrtürmchen, das im späten sechzehnten Jahrhundert von Archibald Napier erbaut worden war. Dazu gehörten etwa 70 Hektar Grund am Südufer des Firth of Forth. Bevor jedoch die Familie ihre beengte Behausung am Parliament Square verlassen und sich auf ihrer neuen Besitzung niederlassen konnte, brach die Tragödie über sie herein.

Die Jahre harter Arbeit hatten ihren Tribut gefordert und Williams Gesundheit zugesetzt. In der Mitte seines Lebens und auf dem Höhepunkt des Erfolgs wurde er mit zunehmender Regelmäßigkeit von schrecklichen Schmerzen im Unterleib heimgesucht. Man diagnostizierte Blasensteine, ein im siebzehnten Jahrhundert verbreitetes Leiden. Kurze Zeit nachdem er Lauriston Castle gekauft hatte, machte William Law sich daher nach Paris auf, das damals berühmt war für medizinische Pionierleistungen auf diesem Gebiet und für »Männer, die sehr darin geübt waren, das Übel herauszuschneiden«; in mehreren führenden Krankenhäusern der Stadt waren Kisten voller Harnsteine ausgestellt, welche die Pariser Spezialisten entfernt hatten – eine dieser Trophäen war angeblich so groß wie der Kopf eines Kindes. Der französische Chirurg empfahl Law eine Lithotomie, einen »Steinschnitt«, einen der ältesten chirurgischen Eingriffe, die dem Menschen bekannt sind und die Dr. Martin Lister – ein Zoologe und späterer Leibarzt Königin Annes – sehr anschaulich und lebendig beschrieben hat. Lister sah einem erfahrenen Chirurgen bei der Durchführung der Operation zu und berichtete: »[Der Chirurg] sticht kühn eine breite Lanzette oder ein Skalpell in die Mitte des Oberschenkelmuskels neben dem Anus, bis er den Katheter oder die Röhre oder den Stein zwischen seinen Fingern spürt; dann weitet er den Einschnitt in die Blase der Größe des Steins entsprechend mit einem silbernen ovalen Reif... und zieht dann den Stein mit einem Entenschnabel [einem chirurgischen Instrument] heraus.« Lister fügte hinzu, dass neun solcher Operationen »sehr geschickt innerhalb einer Dreiviertelstunde vorgenommen wurden«.

Die Geschwindigkeit, mit der Fachleute die Prozedur auszuführen verstanden, trug jedoch wenig dazu bei, das Risiko der Operation zu vermindern. Samuel Pepys, dem man in London »den Stein schnitt«, beging seine Genesung von dem Eingriff jedes Jahr mit einem kleinen Fest. Im Fall von William Law verlief die Operation verhängnisvoll. Er starb, ohne seine Familie oder sein Heimatland wiedergesehen zu haben, und wurde im Schottischen Kolleg in Paris beigesetzt, im Herzen jener Stadt, die sein Sohn eines Tages in Atem halten würde.

Es blieb Jean Law nichts anderes übrig, als sich durch die verwirrend komplexen Bestimmungen im Testament ihres Mannes zu arbeiten. Das Dokument offenbarte den ganzen Umfang seiner Finanzgeschäfte: Es gab ausstehende Forderungen, das heißt Darlehen, die noch nicht zurückbezahlt worden waren, in Höhe von über 25 000 Pfund. Die Namen der Schuldner füllten viele Seiten, und unter ihnen fand man die der nobelsten schottischen Familien. Es lag auf der Hand, dass dieses verschlungene Netz von Verbindlichkeiten sich nicht so leicht entwirren ließ, und noch Jahre nach dem Tod ihres Mannes wechselte Jean Briefe mit dessen Schuldnern.

Den Bestimmungen von William Laws Testament zufolge gingen die gerade erst erworbene Besitzung von Lauriston Castle und die Pachteinnahmen aus ihr an seinen zwölfjährigen Sohn John. Er bestimmte auch eine mehr als reichliche Summe dafür, dass seine Kinder so erzogen wurden, wie es nach Dafürhalten der Mutter ihrem gesellschaftlichen Status entsprach. Vielleicht weil John neben seiner herausragenden mathematischen Begabung schon früh eine beunruhigende Launenhaftigkeit an den Tag legte, nahm Jean ihn von der Schule, die er in Edinburgh besuchte, und schickte ihn an einen Ort, wo er »weit entfernt von den Versuchungen der großen Stadt« war, nämlich nach Eagleham in Renfrewshire, einem Internat, das von einem Verwandten geleitet wurde. In dieser abgelegenen, aber angenehmen Gegend schloss John Law seine formelle Ausbildung ab. Er legte nicht nur eine außerordentliche Befähigung für die Mathematik an den Tag, sondern erwies sich auch als sehr geschickt in dem, was man

»männliche Betätigungen« nannte. Dazu müssen Fechten, das wenig später seiner Laufbahn eine entscheidende Wende geben sollte, und Tennis gehört haben, ein Spiel, das damals in ganz Europa und vor allem in Schottland populär war. Er war inzwischen zu einem auffallend attraktiven jungen Mann herangereift, und seine Zeitgenossen charakterisierten ihn euphemistisch als Menschen von »ausgeprägter Individualität«. Ein späterer Bekannter erwähnte in der Beschreibung von Laws Äußerem sein »ovales Gesicht, die hohe Stirn, die schön angeordneten Augen, seinen sanftmütigen Ausdruck, die Adlernase und einen angenehmen Mund«. Er legte so großen Wert auf seine Kleidung und seine ganze Erscheinung, dass seine Freunde ihm den Spitznamen »Beau Law« oder »Jessamy John« – was so viel wie Dandy Law oder Stutzer John bedeutete – verliehen.

Da er keinen Vater mehr hatte, der ihn hätte anleiten können, besuchte John Law, der später zugab, die »Arbeit immer gehasst« zu haben, nicht die Universität, sondern ließ sich von einer für einen Heranwachsenden wohl typischen Trägheit treiben und verbrachte seine Tage ganz vergnügt mit angenehmen Beschäftigungen; vor allem frönte er dem Glücksspiel und stellte den Frauen nach. Ein Hauch von Verwegenheit hatte ihn stets umgeben, und das Risiko, das man beim Glücksspiel einging, übte vielleicht einen ebenso starken, wenn nicht sogar stärkeren Reiz auf ihn aus als das Geld, das man dabei gewinnen konnte. Das kaltblütige Taktieren, das notwendig ist, um beim Glücksspiel Erfolg zu haben, muss ihm zur zweiten Natur geworden sein. Vielleicht eignete er sich schon in diesen frühen Tagen das Geschick an, seine Karten nach logischen Erwägungen auszuspielen und seine Emotionen zu verbergen, und wahrscheinlich erwarb er sich schon damals das Selbstvertrauen, einer Eingebung zu folgen. Was die Frauen betraf, so verbanden sich sein hübsches Gesicht, seine elegante Kleidung und sein nonchalanter Charme offenbar in einer Weise, die ihm ohne Mühe zu zahllosen Eroberungen verhalf. Einer seiner Freunde aus den Edinburgher Tagen, George Lockhart von Carnwarth, sagte, nicht ohne unterschwelligen Neid und voll widerstrebender Bewunderung, dass Law schon damals »wohl erfahren in allen Arten von Ausschweifungen« gewesen sei.

Es dauerte jedoch nicht lange, bis dieses Leben des hemmungslosen Vergnügens schal wurde und John Law sich nach neuen Herausforderungen und der Welt jenseits der Mauern von Edinburgh zu sehnen begann. London – das eine mühselige zehntägige Fahrt mit der Kutsche entfernt lag – zog ihn unwiderstehlich an. Seine Mutter erhob wahrscheinlich keine Einwände, als er sie von seinem Wunsch zu reisen in Kenntnis setzte, vielleicht auch weil sie hoffte, ein solcher Wechsel der Umgebung könne ihren Sohn dazu bringen, sich noch anderem als einem hedonistischen Zeitvertreib hinzugeben. Es kann gut sein, dass sie ihn einerseits mit einem kleinen Seufzer der Erleichterung verabschiedete und andererseits von dunklen Vorahnungen beschlichen wurde, als er sich auf die lange, nicht ungefährliche Reise in Richtung Süden begab.

3 London

Manche heimlich zu Gesellschaften sich zusammentun,
Mit neuen Aktien jenseits des Erlaubten zu handeln
Täuschen jeden mit gewicht'ger Miene und hohlen Namen
Verschaffen neue Kredite sich, um sie nicht zurückzuzahlen.
Stückeln das leere Nichts in Anteile auf,
Um alle Bürger an der Nase herumzuführen.
Die heuchlerischen Schwindler und die Makler verbinden sich,
Nehmen gemeinsam den Kameraden Kaufmann aus;
Hineingezogen wird er erst und dann betrogen,
Worauf sie den gerade geschaffenen Apparat zerschlagen:
So speien Alchimisten-Zauberer mit Magie und Kunst
Eine wunderlich Gebräu ganz sonderbar aus sich heraus;
Doch wenn der staunend Pöbel erst sein Geld bezahlt,
Löst sich das Trugbild auf, das wie ein Dunst entschwebt.

DANIEL DEFOE, »*Reformation of Manners*« *(1702)*

London war eine Offenbarung. Die Stadt war größer als jede andere westeuropäische Kapitale, nur Paris kam an sie heran. In ihr lebten beinahe 750 000 Menschen, von denen es viele, ebenso wie Law, von andernorts hierher gezogen hatte. Es wimmelte nur so von Marktbuden und Läden sowie von Straßenhändlern, die lautstark Austern, Apfelsinen, Korsettstangen aus Fischbein, Döschen mit Schönheitspflastern, Zähne aus Elfenbein, Glasaugen und Alraunentinkturen anpriesen. Inmitten des geschäftigen Treibens auf den Straßen arbeiteten Handwerker, um die großen Bauprogramme abzuschließen, die nach dem Großen Brand von 1666 begonnen worden waren. Eine prächtige Royal Exchange, eine Königliche Börse, war bereits an die Stelle der alten getreten, die von Sir Thomas Gresham gegründet worden war, ein neues Zollhaus im holländischen Stil stand am Ufer der Themse, während fünfundvierzig Gildenhäuser, einundfünfzig Kirchen und zahllose Privathäuser nach und nach Gestalt annahmen und die bei der Brandkatastrophe zerstörten Gebäude ersetzten. Es war ein betriebsames und erregendes Umfeld, in dem sich aber auch die Kluft zwischen Arm und Reich mehr als deutlich bemerkbar machte. Die Manufakturen und Werkstätten im Norden und Osten der Stadt zogen von überallher Arbeiter an, die in Armenvierteln in stinkenden, vor Dreck strotzenden Schuppen dahinvegetieren mussten. Im Westen hingegen erstreckten sich, von grünen Feldern und Wiesen eingerahmt, die St. James's Street, The Strand und Piccadilly Street, wo die Aristokraten residierten sowie die Unternehmer, die ehemals ländliche Flecken in elegante Plätze, Geschäftsarkaden und von herrschaftlichen Wohnhäusern gesäumte Prachtstraßen verwandelten.

Man kann sich vorstellen, dass der scharfsinnige, lebenshungrige Law die Stadt so begrüßt hat, wie James Boswell, Schotte wie er, es fast ein Jahrhundert später beim ersten Anblick tat: »Als wir auf Highgate Hill anlangten und London vor uns sahen, war ich eitel Leben und Freude..., meine Seele hüpfte auf in mir bei einer gewissen Aussicht auf eine glückliche Zukunft. Ich sang alle möglichen Lieder, und machte mich daran, selbst eins über ein amouröses Treffen mit einem hübschen Mädel zu schreiben...«

Law nahm sich eine Wohnung in Londons seit kurzem in Mode gekommenen Vorort St. Giles. Mitten in unbebaute Landschaft eingebettet, war St. Giles im Grunde ein Dorf, es war etwas höher gelegen als die Innenstadt und die angrenzenden Vororte Holborn,

Covent Garden, Seven Dials und Bloomsbury. Der ganze Bezirk war für seine grüne Umgebung bekannt, den weiten prachtvollen Bloomsbury Square, den betriebsamen, von Blumen überquellenden Markt von Covent Garden mit seiner Kirche – die als Treffpunkt untreuer Ehefrauen mit ihren Liebhabern bekannt war – und seinem »Schwitzhaus«, dem Hummums Bagnio, wo man es für eine geringe Summe so »warm haben konnte wie ein Heimchen vor der Herdklappe«.

Von Anfang an war Law entschlossen, in gesellschaftlicher Hinsicht Eindruck zu schinden, aber sich auch als Intellektueller einen Namen zu machen. Untadelig gekleidet präsentierte er sich als Lebemann, der die Stadt mit seiner Anwesenheit beehrte. Er besuchte Schauspielhäuser wie das Drury Lane Theater, um sich genießerisch das neueste Stück anzuschauen und die berühmtesten Aktricen zu bewundern, schlenderte über die eleganten Spazierwege des St. James's Park und der Vauxhall Gardens und tätigte seine Einkäufe in der mondänen New Exchange, die bei Beaus sehr beliebt war, die Ned Ward, einem Chronisten der weniger bekannten Londoner Bräuche, zufolge nur zu glücklich waren, »den allerhübschesten Mädels den doppelten Preis für Linnen, Handschuhe oder Degenquasten zu zahlen, damit sie dann von dannen ziehen und vor ihren Stutzerbrüdern damit prahlen konnten, welch einzigartige Gunstbezeigungen ihnen zuteil geworden waren und welch große Ermunterung sie erhalten hatten«. Er aß in Tavernen wie dem Half Moon oder Locket's, die berüchtigt dafür waren, so teuer zu sein, dass bei ihnen »viele Narren ihren Besitz verschleuderten«. Zum Frühstück nahm er vielleicht Ale, Röstbrot und Käse zu sich, zum Dinner geschmorte Tauben, Gänsebraten oder gedünsteten Kalbskopf mit Klößen. Oder wenn er nicht in eine der Speisegaststätten ging, suchte er vielleicht eines der berühmten Kaffeehäuser auf, wie Will's in Covent Garden, The Royal in der Nähe von Charing Cross oder The British in der Cockspur Street, das bei Schotten, die sich in der Stadt aufhielten, besonders beliebt war und wo er sich über die neuesten Geschehnisse im Ausland informieren, Ideen austauschen und sich – sofern er entsprechend aufgelegt war – der Dienste einer Prostituierten versichern konnte.

Das Leben in London aber war nicht frei von Gefahren. Weder seine Neigung zum weiblichen Geschlecht noch sein Hang zum Glücksspiel hatten John Law auf der Reise gen Süden verlassen. Das Glücksspiel lieferte ihm die Eintrittskarte in die Gesellschaft, Frauen boten ihm ein Refugium vor den Strapazen und Enttäuschungen, die diese Gesellschaft einem bereiten konnte. Die Karten wie die Frauen sollten ihn schnell auf Abwege bringen. Nicht lange nach seiner Ankunft in London zog eine Geliebte zu ihm, eine gewisse Mrs. Lawrence. Über diese Frau, die eine entscheidende Rolle für sein zukünftiges Leben spielen sollte, ist wenig bekannt. In welchen Verhältnissen lebte sie? Wer von den beiden unterhielt wen? Vielleicht begegneten sie sich im St. James's Park auf dem Duke Humphrey's Walk, einem »erlesenen Ort für eine Frau, die reich genug ist, um sich mit einem Galan zu versorgen, der bei ihr bleibt, wenn sie ihm nette Kleider gewährt, drei Mahlzeiten am Tag und ein bisschen Geld für *Usquebaugh* [gälisch für Whisky]«. Vermutlich sorgte sie für Law, der, obwohl nicht unvermögend, dennoch nicht über die Mittel verfügte, eine kostspielige Geliebte zu unterhalten.

Law muss auch vielen von Londons illustren Einwohnern begegnet sein. Es gibt nur wenige durch Dokumente belegte Informationen über diese Periode seines Lebens, doch ist es wahrscheinlich, dass Thomas Neale, der zwielichtige königliche Münzmeister und Kammerherr, der ein eifriger Immobilienspekulant war, zu seinen Bekannten zählte. Zu Neales Aufgaben als königlicher Beamter gehörte es, die Karten, Würfel und anderes Spielzubehör für die verschiedenen königlichen Paläste bereitzustellen, Streitigkeiten am Kartentisch zu schlichten, Lizenzen für Glücksspieletablissements zu erteilen und diese Salons zu beaufsichtigen. Er eignete sich nicht besonders gut für diese Rolle, weil er selbst ein zwanghafter Spieler war, von dem man sagte, dass er beim Kartenspiel bereits zwei Vermögen verschleudert habe. Wie Neale es bereits getan hatte, lernte auch Law schnell die Schattenseiten Londons kennen. Die damals herrschende Passion für das Glücksspiel hatte eine eigene soziale Gruppe entstehen lassen, die der Hasardeure, deren ganzes Schicksal davon abhing, wie die Würfel fielen oder welche Karte aus einem Pack gezogen wurde. Ihr Leben war »mehr Wendungen unterworfen als ein Wetterhahn«, und Ward zufolge starben die meisten von ihnen, ohne irgendetwas zu hinterlassen, sondern »gingen von dieser Welt so arm, wie sie sie betreten hatten«. Zur Weihnachtszeit durfte Neale einen öffentlichen Spieltisch betreiben, an dem ein chaotisches und hemmungsloses Gedränge herrschte. Dort waren »Flüche so häufig zu hören wie Lügen bei Reisenden..., mit Geld wurde herumgeworfen, als ob es ein nutzloser Gegenstand sei, ...das Antlitz eines jeden Mannes änderte sich, dem Glück entsprechend, das er mit seinen Würfeln gehabt hatte, ... und im Gesicht von einigen zeichneten sich im Lauf einer halben Stunde alle leidenschaftlichen Gefühle ab, die zur menschlichen Natur gehören«. Law, den es ja schon in Edinburgh zu den Kartentischen hingezogen hatte, war von dieser hektischen, riskanten Lebensweise wie hypnotisiert. Er mischte sich unter Aristokraten und Glücksritter und nahm an Hasardspielen wie »Brag«, »Primero« und »Basset« teil – und sah sich, wie vorauszusehen gewesen war, vom Pech verfolgt. Sein Missgeschick beim Spiel und sein Missgriff, was die Gesellschaft anbelangte, in der er sich aufhielt, forderten rasch ihren Tribut. Anfang 1692, noch vor seinem einundzwanzigsten Geburtstag, hatte Law sein ererbtes Vermögen ausgegeben und einen Berg von Schulden aufgetürmt. Er musste fürchten, in den Schuldturm geworfen zu werden, wenn es ihm nicht gelang, genügend Geld aufzutreiben. Es blieb keine andere Wahl, als seine Mutter darum zu bitten, die Besitzung von Lauriston zu veräußern.

Jean Law wusste nun, dass ihr Sohn sein ausschweifendes Leben fortgeführt hatte, verzweifelte aber dennoch nicht darüber. Mit großartiger Selbstbeherrschung und ausgeprägtem Geschäftssinn verwendete sie das Geld, das sie selbst von ihrem Gatten geerbt und gut angelegt hatte, um ihrem Sohn seinen Anteil an den Besitzungen abzukaufen, und so konnte sie sich bald dazu beglückwünschen, dass sie seinen Ruf gerettet und ihm das Schuldgefängnis erspart hatte. Zudem war das Geld ihres Mannes erhalten geblieben.

Dieser Vorfall wirkte entscheidend auf die Art und Weise ein, in der Law in Zukunft das Glücksspiel betrieb. Er war immer ungeheuer stolz und auf Eigenständigkeit bedacht gewesen, und er wird es gehasst haben, seine Mutter um Hilfe bitten zu müssen. Ihm wurde allmählich bewusst, wie leicht er – ähnlich wie Neale – alles, was er besaß, am Spieltisch verlieren konnte. Aber anders als Neale hatte er keine lukrative Stellung im Dienst des Königs inne, die es ihm gestatten würde, ein neues Vermögen zusammenzutragen. Dennoch war es ihm unmöglich, sich vom Spieltisch fern zu halten. Dieser Zeitvertreib war in gehobener Gesellschaft geradezu ein Muss und stellte für einen geselligen Lebemann wie Law eine einfache Gelegenheit dar, in die glanzvollen oder auch schillernden Kreise vorzudringen, zu denen er sich hingezogen fühlte. Um das Risiko zu vermindern, ohne dabei jedoch die Spannung völlig auszuschalten, begann er nach Methoden zu suchen, mit denen er die Erfolgschancen zu seinen Gunsten verlagern konnte.

Er gewöhnte sich eine umsichtige, ja beinahe akademische Spielweise an und studierte verschiedene, gerade erst publizierte Druckschriften, in denen Wahrscheinlichkeitstheorien ausführlich dargelegt wurden. Untersuchungen auf diesem Gebiet hatten die Wissenschaftler seit langem stark beschäftigt: Gerolamo Cardano hatte sich bereits im sechzehnten Jahrhundert wissenschaftlich mit dem Würfelspiel auseinander gesetzt. Dabei hatte er herausgefunden, dass es einfacher war, mit zwei Würfeln eine Neun zu erzielen als eine Zehn: Es hatte mit der Wahrscheinlichkeit zu tun, die – was die Neun betraf – bei 1 zu 9 lag, was die Zehn anbelangte, hingegen bei 1 zu 12. Galileo Galilei hatte sich, wenn auch widerstrebend, für seinen Arbeitgeber ebenfalls mit solchen Problemen befasst, und ein Jahrhundert später war in Frankreich neues Terrain erschlossen worden, als der Mathematiker Pascal seinem Freund, dem Chevalier de Mère, hatte erklären können, dass er, um eine marginal höher als ausgeglichene Chance zu haben, mit zwei Würfeln einen Sechserpasch zu werfen, fünfundzwanzigmal würde würfeln müssen. Eines der ersten Bücher über das Thema wurde zunächst anonym 1662 in einem Kloster veröffentlicht, dem Pascal einige Jahre zuvor beigetreten war: »Die Logik oder die Kunst des Denkens« von Antoine Arnauld enthielt vier Kapitel zum Thema Wahrscheinlichkeit, wurde in zahlreiche Sprachen übersetzt und fand in ganz Europa Verbreitung. Der Schweizer Mathematiker Jakob Bernoulli, dessen »Wahrscheinlichkeitsrechnung«, eine bahnbrechende Studie über Zusammenfügungen und richtungsweisende Analyse der Gewinnaussichten bei verschiedenen Glücksspielen, 1713 posthum veröffentlicht wurde, hatte London besucht, und es ist gut möglich, dass Law etwas von seinen Forschungen erfahren hat.

Laws überragende mathematische Begabung muss es ihm leicht gemacht haben, die »Wissenschaft« vom Zufall nachzuvollziehen, und so begann er seine neue Fähigkeit in den Spielsalons zu erproben. Beim Würfel- und Kartenspiel brachte er es sich selbst bei zu errechnen – und zwar oft mit erstaunlicher Geschwindigkeit –, wie groß die Wahrscheinlichkeit war, dass eine bestimmte Zahlenfolge erschien oder dass eine bestimmte Karte aus einem Pack ausgeteilt wurde. »Kein Mensch verstand sich besser aufs Rechnen und auf Zahlen als er, er war der erste Mann in ganz England, der sich herauszufinden bemühte, warum sieben zu vier oder sieben zu zehn beim Hasardspiel gleich zwei zu eins war, sieben zu acht sechs zu fünf entsprach und so fort, und so ergründete er alle Wahrscheinlichkeiten beim Würfeln, was, als er es zur Vorführung gelangen ließ, von den herausragendsten Spielern mit Hochachtung aufgenommen wurde und ihn zu einem bekannten Mann machte«, erinnerte sich Gray, ein Bekannter Laws und sein erster Biograf. Laws neue Vorgehensweise zahlte sich schnell aus, und sein Glück wendete sich zum Positiven. Er war nicht mehr der stereotype zwanghafte Spieler, der süchtig nach dem Glücksschauer gierte, den ein Gewinn ihm bereitete, aber unweigerlich verlor. Vielmehr beherrschte er die Kunst, das Risiko zu kalkulieren, ähnlich wie ein Buchmacher Quoten zu berechnen vermag. Geld zu wetten wurde für ihn zu einem ernsthaften Geschäft.

Dennoch: Auch ein Meister des Kalküls hat nicht die Garantie, so viel zu gewinnen, wie Law es anscheinend tat, ohne zu betrügen oder sich irgendeinen Vorteil zu verschaffen. Laws Freunde und andere, die ihn kannten, beschrieben ihn gleich bleibend als einen Hasardeur, und entweder verdächtigten sie ihn, mit gezinkten Karten zu spielen, oder sie äußerten sich einfach erstaunt über sein Glück. Wie hat er es wirklich bewerkstelligt, so oft und so große Summen zu gewinnen? Im Rückblick kommen die meisten Biografien zu der Ansicht, dass seine Spielerfolge nicht das Ergebnis von Glück, sondern von Gerissenheit waren. Seine großen Gewinne strich er dann ein, wenn es ihm gelang, die Rolle des Bankhalters zu übernehmen – wenn also die Gewinnchancen massiv auf seiner Seite lagen – und nicht, wenn er *pointeur* war, das heißt gegen den Bankhalter spielte. Wenn er nicht die Bank hielt, dann war er vermutlich zumeist gewieft genug, keine übertrieben hohen Summen zu setzen. Man weiß auch, dass er seine eigenen Glücksspiele erfunden hat – bei denen er ebenfalls sicherstellen konnte, dass er die besseren Gewinnchancen hatte.

Routinemäßig gespielte »Schaupartien« für die Reichen waren in finanzieller Hinsicht äußerst lohnend, forderten ihn aber nicht genug heraus, um ihn auf längere Sicht befriedigen zu können. Laws Erforschung der Wahrscheinlichkeit muss seine ihm von Natur aus verliehene mathematische Begabung erneut angeregt haben, und der Wunsch, sie in der Praxis anzuwenden, führte ihn zu einer der neuen Obsessionen seiner Zeit: der Nationalökonomie.

London stand damals an der Schwelle zu einer Revolution des Wirtschafts- und Finanzwesens. In jüngster Vergangenheit hatte es eine regelrechte Flut an Schriften gegeben, in denen über monetäre Theorien, über Waren und Währungen diskutiert wurde. Sie stammten aus der Feder von Männern wie Sir William Petty, Nicholas Barbon und Hugh Chamberlen, und es zeichneten sich zwei Richtungen ab: Einige Autoren konzentrierten sich darauf zu untersuchen, wie man den Warenhandel fördern könnte, und zwar für gewöhnlich um ihres eigenen Profits willen; die anderen verbanden Reflexionen über das Thema Geld mit solchen über die Rolle des Staates und mit moralischen Überlegungen. Alle waren sie aber bestrebt, den gewaltigen Mangel an Bargeld, an dem die Nation litt, zu beheben oder zumindest zu erklären und Methoden vorzuschlagen, wie man dem Land zu größerer wirtschaftlicher Blüte verhelfen könne.

William III. war verzweifelt darum bemüht, Geld aufzutreiben, um seinen Krieg in Europa fortsetzen zu können, da aber die englischen Könige im Ruf standen, ihre Darlehen nicht zurückzuzahlen, bestand bei den Goldschmieden und Geldverleihern Londons ein gewisser Widerwille, ihm zu helfen. Die Unzuverlässigkeit von Charles I. war ihnen noch allzu gut in Erinnerung. Und es gab einen solch akuten Mangel an Münzen, dass nur sehr schwer an Geld heranzukommen war. Das Schatzamt hatte es mit Drohungen und Bestechungen versucht, jedoch nur jämmerliche 70 000 Pfund aufzubringen vermocht, was nicht annähernd genug war, um dem angeschlagenen Monarchen wieder auf die Beine zu helfen.

1694 rettete Neale die Situation zumindest teilweise, indem er eine Staatliche Lotterie einführte, die die Krone für die nächsten sechzehn Jahre mit einem Darlehen versorgen würde. Sein System ähnelte dem heutigen der »Premium Bonds«*. Man verkaufte Anteilscheine im Wert von je zehn Pfund und zahlte einen Jahreszins von zehn Prozent, außerdem berechtigte man den Inhaber, an einer jährlichen Ziehung teilzunehmen, die ihm die Chance gab, etwas von dem Gesamtpreisgeld von 40 000 Pfund zu gewinnen. Diese Idee, die man aus Venedig übernommen hatte, beflügelte die Fantasie der Londoner – es gingen Geschichten von großen Gewinnen um –, man vermochte aber dennoch nicht die anvisierte Summe von 1 Million Pfund zusammenzubringen. Der Kutscher des Tagebuchschreibers John Evelyn gehörte übrigens zu den Glücklichen: Er gewann 40 Pfund.

Es überrascht vielleicht, dass Law der Einführung von Lotterien zu dem Zweck, Geld aufzubringen, ablehnend gegenüberstand. Ein paar Jahre später, als Vittorio Amadeo di Savoia ihn zu diesem Thema um Rat fragte, hielt er mit seiner Missbilligung nicht zurück: »Öffentliche Lotterien sind weniger schlimm als private, aber sie sind dennoch nachteilig für einen Staat. Sie schädigen die Leute, indem sie ihnen die armseligen Beträge wegnehmen, die sie durch ihre Arbeit verdienen, sie unzufrieden mit ihrem Schicksal werden lassen und in ihnen das Verlangen wachrufen, durch Spiel und pures Glück reich zu werden. Bedienstete, denen das Geld

---

* Losanleihen, Staatsobligationen, die jede Woche an einer Ziehung teilnehmen (Anm. d. Ü.).

fehlt, geraten in Versuchung, es ihren Herren zu stehlen, damit sie an der Lotterie teilnehmen können.«Was löste in Law eine so entschieden vorgetragene Verurteilung von »Spiel und purem Glück« aus? Kann es die Erniedrigung gewesen sein, die er erfahren hatte, als er seine Mutter darum bitten musste, ihm aus der Not zu helfen und seine Spielschulden zu begleichen? Oder vielleicht die Abscheu, die in ihm wachgerufen wurde, als er an sein zwielichtiges Leben als Glücksritter in London erinnert wurde?

Die Faszination, die Geld auf Law ausübte, lehrte ihn andere äußerst wichtige Lektionen: Dass die Krone eine äußerst bunte Geschichte aufwies, was die Rückzahlung von Schulden betraf, war nur ein Grund dafür, dass es William so schwer fiel, Geld aufzutreiben. In gleichem Maße war der unglaubliche Zustand des Münzgeldes schuld daran. In seiner Funktion als Königlicher Münzmeister wachte Neale von seinem Amtssitz im Tower von London aus über eine massive Umwälzung, die gerade in Gang gebracht worden war. Das Prägeverfahren war seit dem Mittelalter so gut wie unverändert geblieben, und viel von dem Münzgeld, das sich im Umlauf befand, war über ein Jahrhundert alt. Die Münzen variierten stark von ihrem Gewicht und von ihrer Größe her, weil Silber- oder Goldspäne von ihren Rändern abgeraspelt oder auch aus der Mitte herausgefeilt worden waren – ein kriminelles Verfahren, das als »Stutzen« bekannt war. Diese Metallspäne waren dazu benutzt worden, Falschgeld herzustellen, oder einfach so verkauft worden. John Evelyn schätzte, dass im späten sechzehnten Jahrhundert Englands Münzen alles in allem weniger als die Hälfte des Silbers oder Goldes enthielten, das sie ihrem Nennwert nach eigentlich hätten enthalten müssen. Auf das Fälschen oder Stutzen von Münzen stand die Todesstrafe, aber viele Menschen waren verzweifelt genug, um es dennoch zu wagen.

Das wenig vertrauenswürdige Münzgeld schuf für jedermann Probleme: Ned Ward geriet in Wut, als sein Bankier versuchte, ihm »winzig kleine Geldstücke auszuzahlen, von denen ich geglaubt hatte, dass niemand anderer als ein Schuft sie zur Bezahlung anbieten würde oder ein Narr willens wäre, sie entgegenzunehmen«. Zeitweise war die Situation so ernst, dass die Händler zum Tauschhandel zurückkehrten oder übertrieben hohe Preise forderten, um den zweifelhaften Wert der verfügbaren Münzen aufzuwiegen, und es kam daher häufig zu Aufruhr in der Bevölkerung. Abhilfe konnte man schaffen, indem man neue Geldstücke einführte, deren Metallgehalt ihrem Nennwert mehr entsprach und die »gerändelt« waren, also einen mit kleinen Kerben oder Einschnitten versehenen Rand aufwiesen, sodass sich nichts von ihm abfeilen ließ. Zuerst brachte das Schatzamt neue Münzen in Umlauf, ohne die alten einzuziehen, wodurch die Lage nur noch schlimmer wurde, da Geldhändler sich auf die alten stürzten, um sie einzuschmelzen und das Metall auf den europäischen Markt zu schmuggeln, wo es einen höheren Preis erzielte als in England. Dadurch wurde die Richtigkeit einer Theorie bewiesen, die ein Jahrhundert zuvor von Gresham aufgestellt worden war und als »Greshamsches Gesetz« in die Geschichte eingegangen ist, dass nämlich minderwertiges Geld das wertvollere aus dem Umlauf vertreibt. Das monetäre Pandämonium machte Law etwas äußerst Wichtiges bewusst: Er begriff, dass »gesundes« Geld essenziell dafür war, wenn ein Land gedeihen und seinen politischen Status bewahren sollte.

Während die Theoretiker und »Projektoren«, das heißt Unternehmer, die neue Finanzsysteme vorschlugen, noch mit dem Problem rangen, wie man eine adäquate Versorgung mit Münzgeld sicherstellen und aufrechterhalten sollte, brauchte König William immer dringender Geld, um seine Soldaten bezahlen, mit Lebensmitteln versorgen und für den Kampf gegen die Franzosen ausrüsten zu können sowie um neue Schiffe zu bauen. Doch wurde zu seinem großen Zorn jedes Ansuchen um ein Darlehen abgelehnt. Der einzige Ausweg aus dem Dilemma bestand darin, eines der vielen originellen Projekte zur Geldbeschaffung zu genehmigen. Viele von ihnen waren völlig verrückt oder auch schlichtweg Betrug, doch einige wenige schienen wirklich viel versprechend.

Der geniale Plan, den der Monarch schließlich guthieß, war von William Paterson, einem Schotten, ersonnen worden. Er war sehr einfach, so einfach, wie es im Laufe der Geschichte viele der effektivsten Neuerungen gewesen sind. Paterson ließ sich von den höchst erfolgreichen Nationalbanken von Amsterdam und Venedig inspirieren und schlug vor, dass man das Geld für den König durch die Gründung einer Bank, deren Stammkapital von einer großen Zahl privater Investoren aufgebracht wurde, beschaffen solle. Jeder Investor sollte Anteilscheine für einen bestimmten Geldbetrag zeichnen, bis die Gesamtsumme von 1 200 000 Pfund zusammen war, und dieser Betrag sollte dann dem König zu acht Prozent Zinsen für einen Zeitraum von acht Jahren geliehen werden. Um die Angst davor einzudämmen, dass sich eine ähnliche unberechenbare Aktion wie die Charles' II. wiederholen könnte, würde die Regierung die Garantie für die Rückzahlung der Darlehen übernehmen. Den Einlegern würde man handgeschriebene Banknoten aushändigen, die von einem der Kassierer der Bank unterzeichnet waren und auf denen das Versprechen festgehalten war, dem Überbringer des Papiers auf dessen Forderung hin den Betrag, auf den es ausgestellt war, auszuzahlen. Mit anderen Worten, die Banknote konnte jederzeit von jedermann, der sie vorlegte, gegen Gold- oder Silbermünzen rückgetauscht werden. Damit begannen Banknoten in beschränktem Umfang als eine Art von Papiergeld zu zirkulieren.

Die Zeichnungsliste der Institution, die seit jener Zeit als Bank of England bekannt ist, wurde am 21. Juni 1694 eröffnet. Innerhalb von zwölf Tagen hatten sich so viele Investoren eintragen lassen, dass die avisierte Gesamtsumme zusammengekommen war. Der König hatte genug Geld, um seinen Krieg fortzusetzen – fürs Erste zumindest –, und die limitierte Ausgabe von Banknoten als einem neuen Tauschmittel trug dazu bei, den Mangel an Münzen zu reduzieren.

Auch wenn er die Mittel dazu besessen hätte, so hätte John Law dennoch nicht in jenes Unternehmen investieren können, das sich als Meilenstein in der Entwicklung des Finanzwesens erweisen sollte und durch das die raschen Fortschritte jener Epoche untermauert wurden. Er saß inzwischen im Gefängnis – wegen Mordes zum Tode verurteilt.

4 Das Duell

Vergeblich wird es sein, lang dich zu verteid'gen,
Vergeblich, deine Unschuld zu beteuern.
Sein Atem besiegelt des Tages Urteil,
Er tötet prompt: Das ist der schnellste Weg.

DANIEL DEFOE, »*More Reformation*« (1703)

Als ihre Kutsche auf den Bloomsbury Square rollte, müssen die beiden Männer John Law erblickt haben, der bereits auf sie wartete. Vielleicht drehte er sich erwartungsvoll um, als er das Klappern von Wagenrädern hörte, und beobachtete, wie der eine von ihnen aus dem Schlag stieg und entschlossen auf ihn zuschritt. Es war der 9. April 1694, kurz nach Mittag.

Der Bloomsbury Square war ein berühmtes architektonisches Wahrzeichen am Rand der sich schnell entwickelnden Stadt. Auf drei Seiten war er von Häusern mit anmutigen Ziegelfassaden begrenzt, den vor kurzem fertig gestellten Wohnsitzen der Wohlhabenden, die dem Gestank der Stadt entkommen wollten und die es auf der Suche nach »guter Luft« in diesen Bezirk verschlagen hatte. An der Nordseite erstreckte sich das vielgiebelige Southampton House. Hinter diesem imponierenden Gebäude gingen sorgfältig angelegte Gärten, durch die breite, von Linden gesäumte Wege führten, in offene Felder über, die den Bloomsbury Square vom nahe gelegenen St. Giles trennten.

In den Frühjahrs- und Sommermonaten war das zwischen den beiden Wohngebieten liegende Gelände voll blühender Gräser und mit Schlüsselblumen, Fingerhut und wilden Stiefmütterchen übersät. Liebespaare schlenderten unter den Pfirsichbäumen umher, die, wie Thomas Macaulay, der große Historiker des neunzehnten Jahrhunderts berichtete, aller Wahrscheinlichkeit zum Trotz hier blühten. Schnepfen nisteten in aller Sicherheit zwischen Grasbüscheln und feuchtem Gestrüpp. Doch ein bestimmter Brauch warf einen drohenden Schatten auf dieses urbane Arkadien: Die unbebaute Fläche war im London des siebzehnten Jahrhunderts bekannt dafür, dass dort Duelle ausgetragen wurden.

Auf diesem Terrain schritt John Law angespannt auf und ab, während sich der Mann näherte, der aus der Kutsche gestiegen war. Wie mehrere Zeugen später angaben, schien es so, als ob die beiden ein Treffen verabredet hatten. Als er Law von Angesicht zu Angesicht gegenüberstand, zog der Mann – vielleicht mit einem Anflug alkoholseligen Selbstvertrauens – seinen Degen. Law reagierte prompt und – wie er später sagte – ohne eine Sekunde nachzudenken. Er zückte ebenfalls seinen Degen, »eine Waffe aus Eisen und Stahl, die fünf Schillinge gekostet hatte«, und machte mit unerwarteter Geschwindigkeit einen einzigen Ausfallschritt vorwärts zu seiner Verteidigung. Mit einem schmerzvollen kurzen Aufschrei stürzte sein Gegner tödlich verwundet zu Boden.

Was danach genau geschah, wurde nirgendwo festgehalten. Man kann jedoch davon ausgehen, dass wie in jeder großen Stadt eine Menschenmenge zusammenlief und dass sich unter den sensationslüsternen Zuschauern auch irgendein Ordnungshüter befand. John Law scheint keinerlei Fluchtversuch unternommen zu haben. Er antwortete bereitwillig auf die Fragen des Konstablers und erklärte, dass er dreiundzwanzig Jahre alt sei und in dem nahe gelegenen Sprengel von St. Giles-in-the-Fields wohne, wo er sich vor mehreren Jahren, nachdem er von Edinburgh nach London gezogen war, niedergelassen habe. Der Konstabler wandte dann seine Aufmerksamkeit dem Opfer und dem Mann zu, der den Getöteten begleitet hatte und der sich jetzt als ein Captain Wightman vorstellte. Der Beamte stellte fest, dass der Tote ungefähr im gleichen Alter wie der Mann war, der ihn erstochen hatte, und aufwändige Kleidung trug. Als er den Toten genauer in Augenschein nahm oder der von ihm dazu aufgeforderte Wightman ihn identifizierte, muss er vor Überraschung zusammengefahren sein: Vor ihm lag die Leiche von Edward Wilson, eines der rätselhaftesten und berüchtigtsten Lebemänner Londons, der seit einiger Zeit im Mittelpunkt des allgemeinen Geredes stand. Vielleicht kam dem wackeren Konstabler als Erstes in den Sinn, dass Wilsons Tod den um seine Person kursierenden Klatsch nur noch weiter anfachen würde.

Seit Law sich in London niedergelassen hatte, hatte er nicht nur über mathematische Probleme nachgedacht und sich nicht nur mit Fragen des Finanzwesens beschäftigt. In seinen Mußestunden hatte er weitergespielt und den Frauen nachgestellt. Aber er hatte nicht nur viele neue Freundschaften mit vornehmen Leuten geschlossen, reizvolle amouröse Abenteuer gehabt und glanzvolle Siege beim Glücksspiel erzielt, sondern sich auch zahlreiche Feinde gemacht. Zu irgendeinem Zeitpunkt muss sich sein Weg mit dem von Edward Wilson gekreuzt haben, dem fünften Sohn eines verarmten Landedelmanns aus Heythorpe in Leicester, auf dessen Besitz große Hypotheken lasteten. Es hieß, dass Wilson in seiner Jugend als einfacher Fähnrich in Flandern gedient habe, in London hatte er aber in den Monaten vor seinem Tod ein derart extravagantes Leben geführt, dass er den Mitgliedern der Gesellschaft aufgefallen war. John Evelyn hielt in seinem Tagebuch fest, dass Wilson »in einer Aufmachung und mit einer Ausstattung wie der reichste Edelmann« lebe, was »Haus, Möbel, Kutschen, Reitpferde« anbelangte. Ein anderer Zeitgenosse erinnerte sich, dass Wilson »sich ein großes Haus nahm und es üppig einrichtete, sich eine sechsspännige Kutsche leistete, Pferde im Überfluss besaß wie auch Kleider sowie Dienstboten im Überfluss beschäftigte«, dass kein Mann »seine Gäste nobler bewirtete noch für alles besser zahlte« als er. Doch woher hatte Wilson das Geld für dies alles? Sogar in den klatschsüchtigen Kreisen, in denen sowohl er als auch Law verkehrten, vermochte niemand die Quelle seines Reichtums in Erfahrung zu bringen, wenn man auch noch so viele Stunden damit vergeudete, darüber zu spekulieren.

Wilson beglich die Schulden seines Vaters und kümmerte sich um seine Schwestern, indem er sie, in der Hoffnung, dass sie einmal eine gute Partie machen würden, in die gehobene Gesellschaft einführte. Eine der Misses Wilson zog in dasselbe Haus, in dem Law und seine Geliebte, Mrs. Lawrence, wohnten. Irgendwann einmal gerieten Wilson und Law aneinander. Wilson meinte, die Art und Weise, in der Law sein Leben eingerichtet habe, sei unziemlich für einen Gentleman, und es kam zu einem wütenden Briefwechsel. Die Emotionen schlugen noch höher, als Miss Wilson – ohne Zweifel durch ihren Bruder dazu ermutigt – ihre Wohnung in aller Hast räumte und an einen anderen Ort zog. Law wurde von seiner Vermieterin gründlich abgekanzelt, die biedere Frau machte – von Wilson zusätzlich angestachelt – großes Aufheben um Laws freizügigen Lebensstil, der, wie sie behauptete, den Ruf ihres bislang achtbaren Hauses schädigen könne. Sie wolle keine Skandale. Law schlug zurück, indem er Wilson weitere wütende Briefe schrieb, und, als das nichts half, dem Kontrahenten einen Besuch in seinem herrschaftlichen Haus abstattete. Über einem Glas Sherry warnte er Wilson mit unmissverständlichen Worten davor, weiter Gerüchte über ihn zu verbreiten.

Doch es brodelte weiter zwischen ihnen. Am Morgen des 9. April 1694, des Tags des Duells, erreichte der Konflikt seinen Höhepunkt. Als Law die in The Strand gelegene Fountain Tavern betrat, sah er sich unvermutet Wilson und dessen Freund Captain Wightman gegenüber. Bezeichnenderweise gab Wightman nie genau an, was bei dem Wortwechsel, der zu dem für beide so fatal endenden Duell führte, eigentlich gesagt wurde. Von ihm erfuhr man nur, dass »Mr. Lawe*, nachdem sie sich alle dort eine Weile lang aufgehalten hatten, wegging, worauf Mr. Wilson und Captain Wightman sich eine Kutsche nahmen und sich nach Bloomsbury fahren ließen«. Das lässt darauf schließen, dass Wilson der Aggressor war. Wenn er es nicht gewesen wäre, hätte Wightman das, als sein Freund, bestimmt ausgesagt.

John Law wurde festgenommen und in das Gefängnis von Newgate gebracht; er sollte dort inhaftiert bleiben, bis der Prozess gegen ihn eröffnet wurde. Bedrohlichste Ausdünstungen schlugen den Insassen in den Gefängnissen des späten sechzehnten Jahrhunderts entgegen. »Die Mixtur der Gerüche, die vom Tabak, von den dreckigen Betttüchern, dem fauligen Atem und den ungewaschenen Leibern aufstiegen, stach viel giftiger in unseren Nasen als der Gestank aus einem Abwassergraben in Southwark, dem Hof eines Gerbers oder die Kammer, in der ein Kerzenmacher seinen Talg schmilzt, es getan hätte. Das krank aussehende Geschmeiß mit den langen verfilzten Bärten… umringte uns, die Männer wirkten wie Kannibalen und hatten einen so verschlingenden Gesichtsausdruck, als ob ein Mensch nur ein Bissen zum Essen sei…«, so erinnerte sich ein Zeitzeuge an eine fürchterliche Nacht, die er in einem typischen Londoner Gefängnis verbrachte. Newgate, wo die Zellen mit Gefangenen voll gestopft waren, die auf ihre Verurteilung oder Hinrichtung warteten, war das schrecklichste von allen Londoner Gefängnissen. Daniel Defoe wurde dort später eingesperrt, weil er angeklagt war, aufrührerische Schmähschriften verfasst zu haben. Eine Ahnung von den Gräueln, denen die Insassen damals ausgesetzt waren, erhält man, wenn man seinen Roman »Moll Flanders« liest. »Es ist unmöglich, den Schrecken zu beschreiben, der mich befiel, als ich hineingesteckt wurde,… der höllische Lärm, das Fluchen und Jammern, der Gestank und der Schmutz und die ganze fürchterliche Flut

---

* Der Name Law wird in Texten des siebzehnten und achtzehnten Jahrhunderts unterschiedlich geschrieben, in englischen trifft man oft auch auf die Formen »Lawe« und »Lawes«, während in Frankreich auch die Form »Lass« gängig war.

peinigender Dinge, die dort meine Augen bedrängte, verbanden sich, um den Ort wie ein Abbild der Hölle aussehen zu lassen«, erinnert sich Moll.

Law blieben die schlimmsten Auswüchse des Gefängnisdaseins mit größter Sicherheit erspart, weil er über zwei sehr schlagkräftige Waffen verfügte, die Moll nicht besaß: Geld und hoch gestellte Freunde. Obwohl er weit weniger berühmt war als sein Opfer, bewegte auch er sich mittlerweile in gehobenen Kreisen, und als sich die Nachricht von seiner Verhaftung verbreitete, eilten wohlhabende Freunde ihm unverzüglich zu Hilfe: Sie boten ihren Rat und, noch wichtiger, Geld an, damit sein Aufenthalt im Gefängnis erträglicher wurde. Für eine beträchtliche Gebühr konnte er den relativen Luxus einer Kammer im »King's Block« genießen, das heißt weit weg von dem Elend und der Korruption, die in den gewöhnlichen Zellenblocks herrschten. Doch wenn er auch dankbar die Erleichterungen genoss, die Wohlstand und Einfluss ihm verschafften, begriff Law nicht, dass er aus beidem einen viel fundamentaleren Nutzen hätte schlagen können. Im London des siebzehnten Jahrhunderts boten Geld und Beziehungen einem Häftling nicht nur größeren »Komfort«, sondern sie wirkten auch wie Puffer gegen die korrupten Mühlen der Justiz. Entgegen dem Rat seiner Freunde versuchte Law nie, seine Beteiligung an Wilsons Ableben einfach zu leugnen. Er blieb immer bei derselben Geschichte: Wilson habe als Erster seinen Degen gezogen, er, Law, habe in Notwehr gehandelt. Er war, wie er immer wieder beteuerte, nicht des Mordes schuldig, sondern lediglich des Totschlags.

Doch für die Justiz der damaligen Zeit war der Fall keineswegs so klar. Die Frage, wer den Kampf begonnen hatte, war irrelevant. Was zählte, war, ob dieser geplant worden war, das heißt, ob Law Wilson »vorsätzlich und heimtückisch« getötet hatte. Wilsons Verwandte behaupteten, dass es eine Reihe von Indizien gebe, die eine solche Vermutung bestätigten. Captain Wightman hatte ausgesagt, die beiden Männer hätten vor dem Duell am selben Tag einen heftigen Streit gehabt. Dann hatte Wilsons Diener über die schon seit einiger Zeit wegen Mrs. Lawrence bestehenden Differenzen berichtet, und man hatte unter den Besitztümern des Toten Briefe gefunden, die bewiesen, dass es seit langem immer wieder zu erbitterten Auseinandersetzungen zwischen ihm und Law gekommen war. So wurde Law, nachdem er mehrere Tage in Newgate gesessen hatte, davon in Kenntnis gesetzt, dass man ihn nicht wegen Totschlags, sondern wegen des Kapitalverbrechens Mord anklagen werde.

Der Fall wurde einige Tage später bei der Routinesitzung der *King and Queen's Commission* im Gerichtsgebäude, dem Old Bailey verhandelt. Bei dieser Sitzung wurde ein typisches Kunterbunt von Fällen zu Gehör gebracht. Zumeist ging es um die üblichen Anklagen wegen Diebstahls – von Schmuck, Gold, Silber, seidenen Kleidern und Unterröcken, Pelzkragen, Halstüchern und Strümpfen (Textilien kamen damals sehr häufig in den Listen der von Einbrechern erbeuteten Gegenstände vor). Außer Law mussten sich noch fünf weitere Gefangene wegen eines Kapitalverbrechens verantworten, nämlich Münzen gefälscht und gestutzt zu haben. Dann waren da noch zwei Männer, die der Vergewaltigung angeklagt wurden, und, merkwürdig genug, einer, der eines Vergehens bezichtigt wurde, das man normalerweise mit dem zwanzigsten Jahrhundert in Zusammenhang bringt: nämlich des Verkehrsrowdytums. Ein gewisser Matthew Pryor war angezeigt worden, weil er mit einem Rad seiner Kutsche gegen das Bein einer Dame geprallt war, die später ihren Verletzungen erlag. Er wurde freigesprochen, weil man ihm nicht nachweisen konnte, dass er leichtsinnig gehandelt hatte.

Law muss erschrocken sein, als er erfuhr, dass sein Fall von dem alternden Sir Salthiel Lovell angehört werden würde, der sich etwas auf seine hohe Verurteilungsrate zugute hielt und der wegen seines fürchterlich schlechten Gedächtnisses, seiner fragwürdigen Integrität und des sadistischen Vergnügens, das es ihm bereitete, diejenigen zu quälen, die vor ihm erscheinen mussten, bekannt geworden war. Angeklagte, die Bestechungsgelder zahlten, kamen bei ihm mit einem milden Urteil weg, und wenn es nicht anders ging, gab er sich auch mit einem Anteil an der Beute eines Kriminellen zufrieden. Diejenigen, die nicht zu zahlen vermochten, erlebten eine Brutalität, die nur von der des notorischen Richters Jeffreys übertroffen wurde. Daniel Defoe musste ebenfalls vor Lovell treten und verspottete ihn später in seinem »Reformation of Manners«:

L***, der Gewinner auf dem Richterthron
hat weder Manieren, Ehrbarkeit noch Witz,
Stattdessen ist reichlich angefüllt er
Mit Dummheit, Gedröhn, Impertinenz und Stolz…
Doch immer der Hand er dient, die gut bezahlt;
Er handelt mit Gerechtigkeit und der Menschen Seelen
Und gibt beides für Gewinn gern preis.

Law, gerade erst dreiundzwanzig Jahre alt, war ein Opportunist mit einer idealistischen Ader, der, soweit bekannt, nie zuvor mit der Justiz zu tun gehabt hatte. Mit der ganzen Naivität, Halsstarrigkeit und Unbesorgtheit der Jugend weigerte er sich, an einem System zu zweifeln, mit dem er keine persönlichen Erfahrungen gehabt hatte. Als er jetzt mit Richter Lovells Käuflichkeit konfrontiert wurde, waren seine Illusionen schlagartig zerstört.

Lovell belehrte die Geschworenen, dass alles davon abhing, ob die beiden Männer das Duell vorher verabredet hatten: »Wenn sie zu dem Schluss kämen, dass Mr. Lawe und Mr. Wilson verabredet hätten, sich zu schlagen, dann wäre, auch wenn Wilson als Erster gezogen hätte, Lawe, indem er ihn tötete [der korrekten Auslegung des Gesetzes nach] des Mordes schuldig.« Wie es damals bei Strafprozessen Usus war, hatte Law als Angeklagter keinen Anspruch auf einen Verteidiger und auch nicht darauf, selbst auszusagen oder Zeugen aufzurufen. Zu seiner Verteidigung konnte er nur die nicht beeidigte Mitschrift seiner eigenen Aussage ins Feld führen, die vor Gericht verlesen wurde. Darin behauptete er, das Zusammentreffen in Bloomsbury sei »eine zufällige Sache gewesen, Mr. Wilson habe als Erster den Degen gegen ihn gezückt, worauf er gezwungen gewesen sei, ihm zu seiner eigenen Verteidigung Paroli zu bieten«. Er argumentierte daher, dass »das Unheil sich nur aus einem plötzlichen Aufwallen der Emotionen ergeben habe und nicht aus irgendeinem bösen Vorsatz heraus«. Zahlreiche Leumundszeugen »von achtbarem Stand« bescheinigten Law danach in aller Ausführlichkeit eine friedliebende Natur und einen ganz allgemein guten Charakter.

Doch das alles vermochte nichts gegen Lovells Einfluss auszurichten. »Es gab einen beständigen Streit, der seit einiger Zeit zwischen den beiden ausgetragen wurde, daher muss von einer böswilligen Auseinandersetzung ausgegangen werden und von einem Plan, ihn [Wilson] zu ermorden, von Seiten jener Person, die ihn dann auch tötete«, verkündete Lovell in seiner Zusammenfassung am Ende des Verfahrens. Später behaupteten Laws Freunde, dass sowohl der Richter als auch die Geschworenen von Wilsons einflussreichen und auf Rache sinnenden Verwandten gekauft worden seien – und das ist auch mehr als wahrscheinlich, wenn man an Lovells Ruf denkt. Wie auch immer: Law verlor den Prozess. Nachdem sie »ihr Votum sehr ernsthaft bedacht hatten«, erklärten die Geschworenen, dass sie ihn des Mordes, dessen man ihn angeklagt hatte, für schuldig befanden.

Insgesamt siebenundzwanzig Angeklagte wurden im Lauf der dreitägigen Anhörung abgeurteilt. Bei einundzwanzig von ihnen, zumeist Einbrechern und Dieben, bestand die Strafe darin, dass sie gebrandmarkt oder, wie es damals hieß, »in der Hand gezeichnet« werden sollten. Einer sollte deportiert werden. Die übrigen fünf wurden zum Tod durch den Strang verurteilt. Drei von diesen waren Fälscher oder Stutzer von Münzen. Der vierte war einer der Vergewaltiger und der fünfte der dreiundzwanzigjährige Duellant John Law.

5 Auf der Flucht

*Mr. Laws weiß selbst am besten, wie er seine Flucht bewerkstelligte. Damals
wurden viele merkwürdige Geschichten erzählt; so insbesondere, dass er, als
der Wachposten etliche Stunden vor seiner Zellentür schlief, dies für eine
List hielt und dass er einen Unteraufseher bestach...*

JAMES JOHNSTON »*Earl of Warriston*« (1719)

Nachdem er erst durch das Duell, dann durch den Prozess und
schließlich durch seine Verurteilung wegen Mordes eine seelische
Erschütterung nach der anderen erfahren hatte, konnte Law anschließend kaum etwas anderes tun, als abzuwarten, wie sich die
Dinge entwickeln würden. Er war in überraschend zuversicht-
licher Stimmung. Im siebzehnten Jahrhundert ging aber ein Herr,
der eine einigermaßen gehobene gesellschaftliche Position innehatte, ganz selbstverständlich davon aus, dass die Justiz leicht zu
beeinflussen war und gnädig mit ihm verfahren würde; vor allem
wenn das Verbrechen, das er begangen hatte, von vielen keineswegs als unehrenhafte Tat betrachtet wurde.

In den privilegierten Kreisen, denen Wilson ebenso wie Law

angehört hatte, stellte das Duellieren so etwas wie eine unge-
schriebene Mitgliedsregel dar – ein solcher Zweikampf war die
Art und Weise, in der ein Ehrenmann eine Auseinandersetzung
beilegte, und dieses Ritual verlieh daher in gewisser Weise den
Beteiligten eine Art Rangabzeichen. Von einem Gentleman erwartete man einfach, dass er seinen Gegner forderte, wenn seine
Ehre auf irgendeine Weise angetastet wurde. Wenn er das nicht
tat oder wenn er eine solche Forderung nicht annahm, dann kam
das einem Eingeständnis gleich, dass man kein Gentleman war,
und so etwas hätte der schneidige John Law niemals ertragen können. Seit der Wiederherstellung der Monarchie waren Duelle erneut in Mode gekommen. In Tagebüchern aus der damaligen Zeit
gibt es zahlreiche Erwähnungen tödlich endender Zweikämpfe,
denen die allerbanalsten »Beleidigungen« zu Grunde lagen. Einen
Anklang an Laws Eskapade meint man in John Evelyns Tagebuch-
eintragung über ein Duell zu vernehmen, in das ein junger Lebemann namens Conyers Seymour verwickelt war, »welcher ein eit-
ler und geckenhafter junger Mann war und im St. James's Park
eine leichte Verletzung seines Stolzes durch jemanden erfuhr, der
neidisch auf seine Liebeleien war«.

Dass Duelle insgeheim als etwas durchaus Respektables angesehen wurden, spiegelte sich in der Art und Weise wider, wie
Überlebende behandelt wurden. Charles II. hatte eine Proklama-
tion gegen solche Zweikämpfe erlassen, begnadigte aber unfehl-
bar all jene, die man eines Verstoßes gegen dieses Verbot über-
führte, und auch unter Williams Herrschaft drückte man beide
Augen zu. Zwar mussten die Beteiligten häufig vor Gericht erscheinen, sie wurden aber nie wegen ihres Verbrechens hingerichtet. »Ich hatte weder zuvor noch später jemals davon gehört, dass
es als Mord angesehen wurde, wenn man einen Mann in einem
fairen Duell tötete«, bekannte Laws Freund James Johnston, der
Earl of Warriston. Law wird daher wohl ganz sorglos in seiner
Zelle in Newgate gesessen haben und davon ausgegangen sein,
dass es keinen Grund zur Beunruhigung gab. Eine Begnadigung
schien ihm sicher zu sein. In den folgenden Wochen und Monaten begann es dann aber immer mehr so auszusehen, als ob sein

Optimismus unangebracht war. Wilsons Verwandte – die Townsends, Ashs und Windhams – brannten darauf, den Tod eines der Ihren zu rächen. Allesamt waren sie einflussreiche Höflinge, und als solche »nahmen sie König William seltsamerweise [gegen Law] ein«. Sie gingen zu Recht davon aus, dass die Fürstreiter Laws versuchen würden, einen königlichen Pardon zu erwirken, und bedrängten daher den Monarchen mit Gegenanträgen. In diesem besonders brutalen Duell, so brachten sie beharrlich vor, habe Law sich als ein Mann ohne Ehre offenbart. Es sei bewiesen, dass er mit Vorsatz gehandelt habe, daher dürfe man keine Gnade zeigen. Schon wenige Tage nach dem Prozess zog ein Ruch von Intrige durch jedes Kabinett und jeden Korridor von Whitehall Palace. König William, der sich inmitten dieses Ränkespiels gefangen sah, wurde nervös und dann zunehmend gereizt, wenn man das Gespräch auf das Duell brachte.

Laws wackerster Fürstreiter war der Earl of Warriston, Schotte wie er und ein intelligenter, ehrenhafter Mann und brillanter Anwalt. Warriston war in Holland erzogen worden und hatte in Utrecht Jura studiert. Zwischen ihm und William bestand schon lange eine enge Verbindung. Er hatte vor der Glorreichen Revolution von 1688, die William auf den Thron verholfen hatte, dabei assistiert, ein Geheimdienstnetz aufzubauen. In der Zeit, als Law im Kerker saß, hatte Warriston die Stelle des Scottish Secretary (des Ministers für Schottland im englischen Parlament) inne, die er von dem Earl of Stair übernommen hatte, der nach dem Massaker von Glencoe* in Ungnade gefallen war.

Wie oder wo Law und Warriston sich kennen lernten, ist nicht bekannt, aber es muss ein recht enges Band zwischen ihnen bestanden haben, denn Warriston bot mehr als einmal den Wutan-

---

* 1692 wurde der schottische Clan MacDonald für vogelfrei erklärt, da sein Führer es versäumt hatte, König William III. rechtzeitig den Treueid zu schwören. Angehörige des Clans Campbell, der traditionell mit dem Clan MacDonald verfeindet war, überfielen daraufhin bei Glencoe ihre alten Gegner und töteten zahlreiche von ihnen. Mehrere hochrangige Politiker, unter ihnen auch John Dalrymple, II. Earl of Stair, der damalige Scottish Secretary, wurden für dieses Massaker verantwortlich gemacht. (Anm. d. Ü.)

fällen des Monarchen die Stirn, um seinem Freund zu helfen. Zuerst trat er bei dessen Lever an William heran und behauptete, dass die Anhänger Wilsons die Geschworenen gekauft hätten und dass man Law ungerechterweise »für seine Naivität leiden« lasse. Seine Erfahrung als Jurist sage ihm, dass man »Mr. Law die Tat ohne sein Geständnis nie hätte nachweisen können, da diejenigen, die sie mit ansahen, ihn nicht kannten und, als man sie ins Gefängnis holte, um ihn anzuschauen, nur bezeugen konnten, dass es jemand gewesen war, der ähnlich aussah«. Mit anderen Worten: Wenn Law abgestritten hätte, dass er an jenem Tag auf dem Bloomsbury Square gewesen war, wäre er vermutlich der Verurteilung zum Tode entgangen.

Die Antipathie, die der König gegenüber seinen schottischen Untertanen empfand, zeigte sich umgehend in seiner bissigen Entgegnung auf Warristons Worte. »Was ... Schotten leiden wegen ... Naivität? Hat man jemals so etwas gehört?« Je mehr Warriston versuchte, mit ihm zu argumentieren, desto stärker entflammte der königliche Ärger: »Als ich mit ihm über die Angelegenheit argumentierte, ... wurden ich und unsere ganze Nation unhöflicher von ihm behandelt, als es uns bei einer früheren Gelegenheit jemals geschehen war.« Der König schien überzeugt, dass Geld der eigentliche Grund für die Auseinandersetzung gewesen war. »Er könne sich einfach nicht des Glaubens erwehren ..., dass Mr. Laws mit Wilson, der, wie Seine Majestät sagte, ein bekannter Feigling gewesen sei, gestritten habe, um ihn dazu zu bringen, ihm Geld zu geben.« Dies gebe der ganzen Angelegenheit einen schmutzigen Anstrich, und er sehe keinen Grund dafür, dass das Todesurteil aufgehoben werden sollte.

Warriston begriff, dass er Hilfe brauchen würde, um die Feindseligkeit des Königs zu überwinden, und versicherte sich der Unterstützung des energischen Duke of Shrewsbury, der damals »mehr Einfluss beim König besaß als jeder andere Mensch auf Erden« und – zum Glück für Law – Warriston einen Gefallen schuldete. Shrewsbury gab Warriston den klugen Rat, er solle erst einmal nur versuchen, Zeit zu gewinnen, und abwarten, bis sich der Zorn des Königs wieder gelegt habe. Er versprach, dass er den Fall »eine Woche lang aus den Kabinettsitzungen heraushalten werde«. Währenddessen solle Warriston versuchen, Beweise dafür ausfindig zu machen, dass »es nicht um Geld gegangen war«.

Irgendwie stellte Warriston den Kontakt mit einem der Männer her, über die Law seine Geldgeschäfte abwickelte, und dieser bestätigte ihm, dass Law »kurz vor« dem Duell »400 Pfund per Anweisung aus Schottland bekommen habe, was auch aus seinen Büchern hervorgehe«. Law hatte also Geld im Überfluss besessen und keinen Anlass gehabt, sich welches durch Erpressung zu beschaffen. Shrewsbury ließ sich durch diesen Beweis dafür, dass Law nicht aus Profitgründen gehandelt hatte, ganz und gar überzeugen und leitete die Information mit der Versicherung, »in diesem Fall habe Geld keine Rolle gespielt«, an den König weiter. Da Williams ursprünglicher Einwand gegen eine Begnadigung Laws außer Kraft gesetzt war, bedrängten Warriston und Shrewsbury ihn jetzt, die Freilassung des Gefangenen anzuordnen. Dieser hatte jedoch den Verwandten Wilsons versprochen, dass er Law niemals ohne ihre Einwilligung begnadigen werde, und er konnte es einfach nicht riskieren, sie gegen sich aufzubringen. Er wählte daher schließlich einen Mittelweg: Das Todesurteil sollte aufgehoben werden, Law aber weiterhin inhaftiert bleiben, solange man nicht wusste, wie seine Gegner reagieren würden.

Diese reagierten auf äußerst drastische Weise, indem sie nämlich einen *appeal of murder*, einen »Einspruch wegen Mord«, einlegten; das war ein uraltes Rechtsmittel, das es dem Hinterbliebenen eines Mordopfers ermöglichte, sich gegen eine königliche Begnadigung zur Wehr zu setzen. Wenn die Angehörigen des Toten mit diesem Einspruch Erfolg haben würden, könnte der König nicht weiter auf den Ausgang des Verfahrens einwirken. Sie würden Laws Hinrichtung verlangen, und sogar ein königlicher Gnadenerlass könnte ihn dann nicht mehr retten.

Da es sich nun um einen Zivilrechtsfall handelte, oblag die Rechtsprechung dem *Court of the King's Bench*, einem Gericht, das in der Westminster Hall zusammenkam. Ohne dass man ihn auch nur für kurze Zeit wieder die Freiheit hätte schmecken lassen, wurde Law von Newgate in das King's-Bench-Gefängnis in Southwark verlegt – von einem an die Hölle gemahnenden Loch ins andere –, um dort die Eröffnung seines zweiten Prozesses abzuwarten. Die öffentliche Meinung war deutlich zu Gunsten der Verwandten Wilsons umgeschwenkt. Sogar Warriston fürchtete nun insgeheim das Schlimmste:»Mr. Laws Fall steht wirklich auf der Kippe, alle bisher Unentschiedenen sind nun gegen ihn, und man hat mich, seitdem ich England kennen lernte, noch nie so oft getadelt wie jetzt, da ich mich für ihn verwende: Der Lordoberrichter ist ernsthaft auf sein Leben aus, der Erzbischof gestand mir, dass er in höchsteigener Person den König bedrängte, ihn nicht zu begnadigen, da es sich um eine widerliche Angelegenheit handele und eine solche Begnadigung großen Anstoß erregen würde«, schrieb er trübselig.

Am 22. Juni, beinahe zwei Monate nach seinem ersten Prozess, musste Law vor der »königlichen Richterbank« erscheinen. Zu seiner Erleichterung stellte er fest, dass Oberrichter Sir John Holt den Vorsitz führte. Im Gegensatz zu Lovell war Holt bekannt für seinen Gerechtigkeitssinn, seine Menschlichkeit – er schaffte den Brauch ab, Angeklagte in Ketten vorzuführen –, aber auch für die äußerst lasterhaften und verschwenderischen Freunde, die er während seines Studiums in Oxford fand. Jahre später wurde ihm einer von diesen wegen eines Schwerverbrechens vorgeführt. Holt erkundigte sich danach, wie es dem restlichen Kreis von damals erging, und bekam zur Antwort:»Leider, Mylord, sind alle aufgeknüpft worden – mit meiner Ausnahme und der Eurer Ehren.«

Da es sich jetzt um eine Zivilsache handelte, war Law dazu berechtigt, sich verteidigen zu lassen, und er versicherte sich der Dienste einiger der herausragendsten Anwälte der damaligen Zeit, von Sir William Thompson und Creswell Levinz sowie dem Juniorpartner der beiden, Thomas Carthew. Doch sofort nach Eröffnung des Verfahrens wurde deutlich, dass trotz dieses kompetenten Beistands Laws Aussichten auf Freispruch noch schlechter waren, als man befürchtet hatte. Die juristischen Berater der Wilson-Fraktion hatten alles für ein erneutes Todesurteil vorbereitet, sie versuchten nachzuweisen, dass Law »brutal, schurkisch, arglistig und vorsätzlich« einen Mord begangen und überdies sich feige seiner Verhaftung zu entziehen versucht hatte. Einer der Verwandten des Toten, Robert Wilson, gab an, dass er gezwungen gewesen sei, dem Täter »von Gemeinde zu Gemeinde bis in die nächsten vier Dorfschaften hinein und darüber hinaus hinterherzujagen…«. Wenn man bedenkt, dass dies die einzige Aussage ist, derzufolge Law versuchte, sich dem Zugriff des Gesetzes zu entziehen, dann klingt sie wenig überzeugend, und vermutlich handelte es sich nur um einen weiteren heimtückischen Versuch, den Angeklagten zu verunglimpfen und das Gericht gegen ihn einzunehmen.

Die Verteidiger des Schotten entschieden sich, kleinere formale Unstimmigkeiten auszunützen, um den Einspruch der Wilson-Fraktion abzuwehren. Sie erhoben den Einwand, dass es gravierende Diskrepanzen in der Verfügung gegen ihren Klienten gebe. Zeitpunkt und Schauplatz des Vorfalls seien nicht genau angegeben; die Anklage gegen Law sei indirekter Art, und es gebe daher »keine Notwendigkeit, noch sei er [Law] durch das Gesetz des Landes gebunden«, auf den Einspruch der Wilsons in irgendeiner Weise einzugehen. Das war mit Sicherheit ein schwerwiegendes Argument, sodass Holt und seine gelehrten Kollegen Zeit brauchten, um sich mit diesen Problemen zu beschäftigen, und so setzten sie die Entscheidung für eine Woche aus. Ende Juni jedoch näherte sich die Sommersitzungsperiode des Gerichts schon ihrem Ende, und daher wurde die weitere Anhörung bis in den Herbst verschoben.

Law sah sich jetzt mit der wenig angenehmen Aussicht konfrontiert, mehrere Monate im King's-Bench-Gefängnis, einem grässlichen Kerker, verbringen zu müssen. Anders als das festungsähnliche Newgate-Gefängnis jedoch, wo der Schließer abends die Tore zusperrte und erst am nächsten Morgen wiederkehrte, war das King's-Bench-Gefängnis wegen seiner mangelnden Sicherheit bekannt. Seitdem er dorthin verlegt worden war, hatten Laws Freunde ihn zu einem Fluchtversuch gedrängt. Sogar Warriston, der doch eine Säule der Gesellschaft und der bestehenden Ordnung war, flüsterte Law zu, dass er »ein Dummkopf sei,

67

wenn er nicht die Flucht ergreife, was angesichts der Beschaffenheit des Gefängnisses leicht zu bewerkstelligen sei«. Bislang hatte Law solchen Einflüsterungen widerstanden, weil er hoffte, dass er ganz legal freigelassen werden würde. Jetzt jedoch, da er eine lange Wartezeit vor sich zu haben schien und der Ausgang des Ganzen alles andere als sicher war, schenkte er seinen Freunden mehr Gehör. Sie erboten sich, Werkzeuge in seine Zelle zu schmuggeln, und gegen Mitte des Monats Oktober feilte er heimlich an den Gitterstäben vor der Fensterluke seiner Zelle herum und träumte schon von der Freiheit.

Dieser Traum war nur von kurzer Dauer. Tagebuchschreiber Narcissus Luttrell notierte am 20. Oktober 1694 in sein Tagebuch, dass die durchgefeilten Gitterstäbe in Laws Zelle von einem der Aufseher entdeckt worden waren. Um weitere Ausbruchsversuche zu verhindern, legte man dem Gefangenen jetzt eiserne Handschellen an. Sogar der standhafte Warriston war kurz davor aufzugeben. »Ich fürchte, dass Mr. Law am Ende doch gehängt werden wird, denn ich bin mehr oder weniger entschlossen, mich nicht mehr in die Angelegenheit einzumischen. Wäre er bei Vernunft gewesen, wäre er schon seit langem außer Gefahr«, schrieb er niedergeschlagen. Ein tragisches Ende des Verfahrens gegen Law schien sogar noch gewisser zu sein, als Richter Holt entschied, dass die im Namen von Law vorgebrachten juristischen Einwände nicht stichhaltig seien. Der Angeklagte würde sich dem von den Verwandten Wilsons eingelegten Einspruch im neuen Jahr stellen müssen.

Soweit die erhaltenen Aufzeichnungen. Von diesem Punkt an deckt sich das, was die Legende erzählt, nicht mehr mit dem, was wohl in Wirklichkeit geschah. So wie es für gewöhnlich erzählt und von Law auch nicht abgestritten wurde, gelang es ihm, sich auf irgendeine Weise starke Opiate sowie Werkzeuge zu verschaffen. Kurz vor Beginn des neuen Prozesses befreite er sich von seinen Handschellen, betäubte seine Wächter, feilte die Gitterstäbe seiner Zelle durch, kletterte über die Gefängnismauer – und trug bei dem ganzen Unternehmen keine größere Verletzung als einen verstauchten Knöchel davon. Eine auf ihn wartende Kutsche beförderte ihn dann in aller Eile zur Küste, von wo aus er unbehelligt auf den Kontinent gelangte. In Wirklichkeit war alles wahrscheinlich weitaus komplexer, und deshalb war es wohl auch viel erstaunlicher, dass ihm tatsächlich die Flucht gelang. Im Herbst 1694 hatte Law die Hoffnung aufgegeben, dem Todesurteil auf legalem Weg zu entgehen, doch seine Freunde hatten ihn nicht vergessen, und sein Fall wurde in Hofkreisen immer noch debattiert. Der König war nach wie vor unentschieden, doch schließlich durfte Shrewsbury, mit Segen von oben, Warriston verkünden, die einzig zufrieden stellende Lösung bestände darin, dass Law gerettet würde, »vorausgesetzt, es kann so bewerkstelligt werden, dass seine Majestät nicht darin verwickelt wird und ich auch nicht«.

Warriston reagierte unverzüglich. Nachdem er versichert hatte, »dass nichts einfacher sei, als dem Aufseher den mündlichen Befehl zu erteilen, [Law] entfliehen zu lassen, wie es schon in vielen tausend Fällen geschehen war«, machte er sich selbst daran, die Flucht zu planen. Verschwiegenheit war von allergrößter Bedeutung. Wenn durchgesickert wäre, dass der König, Shrewsbury oder Warriston den Ausbruch eines schon überführten Schwerverbrechers unterstützt hatten, hätte das einen riesigen öffentlichen Skandal auslösen können. Diesmal glückte alles. Warriston, der sich noch gut an den fehlgeschlagenen ersten Ausbruchsversuch erinnerte, war es klar, dass Law die Hilfe anderer brauchen würde, um unbemerkt aus seiner Zelle entweichen zu können. Er machte zwei Unteraufseher ausfindig, die »Mr. Laws ihre Dienste... anboten«. In einer Nacht nicht lange nach Neujahr betäubten diese beiden Männer die Wachposten am Tor, feilten, wobei sie sich abwechselten, Laws Handschellen durch und ließen ihn aus seiner Zelle. Ein paar Tage später begegnete Warriston dem Duke of Shrewsbury, der »mir inmitten einer Menge zuflüsterte, mein Freund sei in Freiheit... und mich beschwor, das Geheimnis zu wahren«. Warriston stand zu seinem Wort und sprach nie über die Angelegenheit »bis zum Tod König Williams, oder zumindest bis der Duke keinerlei offizielle Ämter mehr innehatte«.

Für Law kam die Freiheit, von der er erst geträumt und dann schon gedacht hatte, dass er sie auf ewig verloren habe, wie ein Schock. Er hatte nicht erwartet, dass man ihn gewissermaßen in sie hineindrängen würde, und gefürchtet, dass die offene Zellentür und die schlafenden Wachen nur ein übler Trick waren, mit dem die Wilsons ihn noch zusätzlich quälen wollten; daher war er wie betäubt, als er sich dann tatsächlich vor den Toren des Gefängnisses wieder fand. Jahre später gab er an, dass er, »wenn er auch die Wahrheit nicht gekannt hatte und immer noch nicht kannte … in jedem Fall über den Eifer und die Dreistigkeit der Unteraufseher überrascht gewesen war, die einander abwechselten, um seine Eisen durchzusägen«. Law war es ganz recht, wenn man alles Mögliche über seine Flucht erzählte, weil sogar er selbst offensichtlich nicht genau wusste, wie sie eigentlich zu Stande gekommen war.

Als sein Ausbruch einige Tage später bei Hof bekannt gegeben wurde, waren die Verwandten Wilsons außer sich vor Empörung. Sie sorgten dafür, dass Law sofort zu einem flüchtigen Verbrecher erklärt und in der »London Gazette« von Montag, dem 7. Januar 1695, eine Belohnung für seine Ergreifung ausgesetzt wurde. Doch auch diese Versuche der Wilsons, Law wieder hinter Schloss und Riegel zu bringen, wurden vereitelt. Das Blatt wurde unter der Schirmherrschaft des Staatssekretärs herausgegeben – und das war kein anderer als der Duke of Shrewsbury. Zweifelsohne mit dessen stillschweigender Einwilligung wurde die Bekanntmachung folgendermaßen formuliert: »Captain John Law, ein Schotte, jüngst wegen Mordes im King's-Bench-Gefängnis in Arrest, ein sehr stattlicher, schwarzhaariger, schlanker Mann von 26 Jahren, wohlgestaltet und von mehr als sechs Fuß, mit großen Pockennarben im Gesicht, langer, nach oben gebogener Nase, sowie gedehnt und laut sprechend, ist aus dem genannten Gefängnis geflohen. Wer auch immer sich seiner bemächtigt, auf dass er wieder in das genannte Gefängnis verbracht werden kann, dem sollen ohne Verzug vom Marshall von King's Bench fünfzig Pfund ausgezahlt werden.«

Die unbekannte Person, die diese Bekanntmachung in die

»London Gazette« brachte, hatte dafür gesorgt, dass die Beschreibung des gut aussehenden Flüchtlings in höchstem Maße unzutreffend war. Law war weder Captain, noch war sein Gesicht pockennarbig oder seine Sprechweise »gedehnt und laut«. Es ist durchaus möglich, dass das wenig anziehende Bild, das hier von ihm gezeichnet wurde, dazu beitrug, dass seine Flucht gelang.

Das öffentliche Interesse, das schon zur Zeit des Prozesses groß gewesen war, wurde jetzt durch das Dramatische und Abenteuerliche seiner Flucht weiter erregt. Jedermann ging davon aus, dass Law sich ins heimatliche Schottland in Sicherheit bringen werde, und die ganze Aufmerksamkeit der Behörden konzentrierte sich auf die nach Norden führenden Straßen. Es gab mindestens einen Fehlalarm. Narcissus Luttrell hielt in seinem Tagebuch fest, dass eine gerichtliche Anordnung erlassen worden war, »Mr. Lawes hierher zu schaffen, welcher Mr. Wilson getötet hat und in Leicestershire ergriffen wurde, als er mit der Postkutsche nach Schottland eilte«. Ein paar Tage später, am 26. Januar, trug Luttrell dann ganz enttäuscht einen Nachsatz zu der ersten Notiz ein: »Die Nachricht, dass Lawes in Leicestershire gefasst worden sei, erweist sich als falsch; handelte sich um eine andere Person.«

Sogar Jahre später ging man noch die Einzelheiten des Duells und der Flucht durch. Die meisten stimmten dahingehend überein, dass an der Sache mehr dran gewesen war, als das vor Gericht vorgelegte Beweismaterial hatte deutlich werden lassen, und dass der Ursprung von Wilsons Reichtum mit all dem zu tun gehabt hatte. Viele bizarre Theorien wurden aufgestellt, um die spärlichen Fakten zu erklären. John Evelyn notierte: »Es schien nicht so, dass er von Frauen ausgehalten wurde oder vom Spiel, von Falschmünzerei, Straßenräuberei oder alchimistischen Künsten lebte; doch er pflegte bisweilen zu sagen, dass er, wenn er auch noch so alt werden sollte, immer die Mittel haben würde, sich in derselben Art und Weise zu erhalten.« In einer Sammlung fiktiver Briefe, »The Unknown Lady's Pacquet of Letters« (»Der unbekannten Dame Bündel von Briefen«), 1707 veröffentlicht, wurde eine Lösung des Rätsels angeboten. Dem Verfasser zufolge war Wilson zufällig in Kensington Gardens einer maskierten

Dame begegnet und hatte, ohne zu wissen, wer sie war, eine unerlaubte Affäre mit ihr begonnen. Die Dame habe Wilson das Versprechen abgerungen, dass er nie versuchen werde, ihre Identität herauszufinden, und ihm als Gegenleistung ein generöses Entgelt zukommen lassen. Die Versuchung, sie auszuspionieren, sei aber zu groß für Wilson gewesen, und als er herausgefunden habe, dass es sich bei seiner Gespielin um Elizabeth Villiers, die glubschäugige und auch sonst unattraktive Mätresse des Königs, handelte, sei diese in Wut über sein gebrochenes Versprechen geraten. Sie habe sich an ihren Freund Law gewandt, von dem sie wusste, dass er bereits im Streit mit Wilson lag, damit er sie beide rächte. Die Villiers habe Law versichert, dass er auf Grund ihrer Beziehungen zum König der üblichen Bestrafung entgehen würde.

Dieser extrem weit hergeholten Erklärung wurde ungefähr ein Jahrzehnt später eine andere ebenso exotische These entgegengestellt. In einer erst vor kurzem wieder entdeckten Broschüre, die vermutlich um 1723 veröffentlicht wurde und die den Titel trägt »Love Letters Between a Certain Late Nobleman and the Famous Mr. Wilson: Discovering the True History of the Rise and Surprising Grandeur of the Celebrated Beau« (»Liebesbriefe, gewechselt zwischen einem gewissen verstorbenen Edelmann und dem berühmten Mr. Wilson, so die wahre Geschichte des Aufstiegs und des überraschend prunkvollen Lebens dieses gefeierten Beaus enthüllen«), wird dem Leser weiszumachen versucht, dass Wilson sein Geld von einem unbekannten homosexuellen Geliebten bekommen habe. Law sei in seine Machenschaften involviert gewesen und habe sich ihretwegen mit Wilson entzweit. Zu der Zeit, als diese Darstellung der Ereignisse veröffentlicht wurde, war Law jedoch eine international bekannte Persönlichkeit: Er war derjenige, der die finanzielle Struktur der westlichen Welt ins Wanken gebracht hatte. In Europa grassierten unzählige satirische und verleumderische Schmähschriften über seinen Charakter und seinen biografischen Hintergrund, und höchstwahrscheinlich war dieses Pamphlet nur eine davon.

Die Wahrheit wird für immer ein Rätsel bleiben. Außer Zweifel steht allerdings, dass das Duell und die Ereignisse im Anschluss eine Art Schema bildeten, dem Law für den Rest seines Lebens immer wieder folgen würde. Seine hehren Prinzipien, die sich manchmal wie Scheuklappen auswirkten, und seine Weigerung, irgendwelche Kompromisse zu schließen, sowie seine Bereitschaft, alles – sogar das Leben – zu riskieren, wenn es um seine Ehre ging, stürzten ihn immer wieder in ähnliche Notlagen, und er musste sich immer wieder auf einflussreiche Freunde verlassen, damit sie ihm zu Hilfe kamen. Möglich ist jedoch, dass zwar zunächst die Konvention, man habe sich als Gentleman zu duellieren, ebenso wie sein an Verwegenheit grenzender Mut ihn dazu trieben, Wilsons Herausforderung anzunehmen, dass aber der blutige Ausgang des Treffens, die Tatsache, selbst dem Tod ins Auge geblickt zu haben, sowie die schrecklichen Erfahrungen, die er im Gefängnis machte, ihn mehr erschütterten, als er zugab. Die aufwühlenden Erinnerungen daran haben womöglich Jahre später jenen Verlust an Beherrschung ausgelöst, den er in ähnlich nervenaufreibenden Situationen immer wieder zu erkennen gab.

Mit Sicherheit hatte der unergründliche John Law den Entschluss gefasst, dass die ganze Geschichte des Duells unerzählt bleiben sollte. Als er auf dem Deck des Postschiffes stand, das den Ärmelkanal in Richtung Kontinent überquerte, und seine wiedergewonnene Freiheit genoss, ließ er seine Vergangenheit hinter sich und bereitete sich auf ein neues Leben vor.

6 Im Exil

Von seinem Erfolg und seinem Geschick in allen Arten von Glücksspiel be-
flügelt, begibt er sich von Genua nach Venedig, wo Fortuna ihm treu bleibt,
sodass er zwanzigtausend Pfund Sterling wert war.
So er diesen Grundstock hatte, begann er sich umzusehen und darüber nach-
zusinnen, wie er ihn mit solidem Handel vermehren könnte…, nachdem
er sich selbst diese Dinge ganz und gar beigebracht, schmiedet er einen
Plan mit Papiergeld und beschließt, sich damit in seinem eigenen Heimat-
land zu einem glücklichen und großen Mann zu machen.

W. GRAY, *»The Memoirs, Life and Character*
of the Great Mr. Law and his Brother at Paris« (1721)

Was genau Law tat, nachdem er London hinter sich gelassen
hatte, bleibt ein Geheimnis. So als ob er sich bewusst von seiner
Vergangenheit lösen wollte, hinterließ er in den folgenden zwei
Jahrzehnten nur wenige urkundliche Belege dafür, wie und wo er
lebte, und diese sind zudem noch in verwirrender Weise über halb
Europa verstreut. Er tauchte in Frankreich auf, wo ihn die Spielsalons von Paris – wie vorauszusehen gewesen war – magne-
tisch anzogen. Er wurde in Caen aktenkundig, wo man ihn, an-

scheinend weil seine Papiere nicht in Ordnung waren, ins Gefängnis steckte. Er hielt sich für längere Zeit in Holland auf und stattete verschiedenen italienischen Städten einen Besuch ab. Doch gleichgültig wo Law auch hinging, sein Leben folgte stets einem vertrauten Muster und wurde vom Glücksspiel sowie von riskanten Amouren bestimmt. Zugleich gab es aber auch Anzeichen dafür, dass die Verlockungen der Spielsalons und Boudoirs ihn nicht vollkommen vereinnahmten: John Laws Begeisterung für die Wirtschaftslehre war rasch wieder entfacht.

Auch seine Aufenthaltsorte unterstützen diese Vermutung: Amsterdam, Venedig, Genua und Turin boten einerseits verlockende kulturelle und gesellschaftliche Attraktionen. Es waren Städte, in denen es keinen Mangel an reichen Einwohnern wie auch Besuchern von auswärts gab und in denen daher ein Spieler von Laws überragendem Können reichlich Gelegenheit hatte, sein Einkommen aufzustocken. Andererseits gehörten diese Städte aber auch zu den wichtigsten Finanzzentren jener Zeit. Amsterdam, wo Law sich für mehrere Jahre niederließ, bot eine idyllische Umgebung, »an einen großen Garten« gemahnend, »mit schön gepflasterten, beidseitig von Baumreihen beschatteten Straßen, an denen breite Kanäle voller Boote entlangführen«. Es gab dort schöne öffentliche Gebäude, makellose Privathäuser und Frauen, die »hübsch sauber« waren und in dieser Hinsicht ihre englischen Geschlechtsgenossinnen übertrafen. Doch Law fühlte sich vor allem deswegen zu Amsterdam hingezogen, weil die Stadt das wichtigste Geschäfts- und Handelszentrum Europas war und sie diese Stellung einer Bank zu verdanken hatte.

Inmitten des monetären Durcheinanders der damaligen Zeit war der Bank von Amsterdam das scheinbar Unmögliche gelungen: Sie hatte dem Land ökonomische Stabilität beschert, Handel und Gewerbe aufblühen und, für eine gewisse Zeit zumindest, die Niederlande zur führenden Handelsmacht der Welt, ja zu einer regelrechten wirtschaftlichen Supermacht, aufsteigen lassen. Die Leitprinzipien der 1609 gegründeten Bank waren genau genommen äußerst einfach. Münzen, die auf irgendeine Weise verfälscht worden waren, stellten auf dem europäischen Festland eine ebenso große Plage dar wie in England, und es gab eine ebenso große Vielzahl verschiedener Geldstücke: An die achthundert Gold- und Silbermünzen von unterschiedlichem Nennwert waren in Umlauf. In jeder Stadt und auf jedem Jahrmarkt in Europa konnte man zwar Geld wechseln, doch in Amsterdam nahm die Bank Einlagen in lokaler wie auch in auswärtiger Währung an, wog und überprüfte die einzelnen Stücke auf ihre Reinheit hin und gab dafür Kreditscheine oder »Bankgeld« – eine Form von Papiergeld – aus; und zwar entsprechend dem Wert des Metalls der deponierten Münzen und nicht entsprechend ihrem Nennwert. Dieses Bankgeld, so die scharfsinnige Beobachtung Laws, bot gewaltige Vorteile: »Von der Annehmlichkeit leichterer und schnellerer Zahlungen abgesehen…, vermeidet die Bank die Ausgaben für Kassierer, die Ausgaben für Säcke und Fuhrwerke sowie Verluste durch wertloses Geld, und das Geld ist sicherer verwahrt als in den Häusern der Kaufleute, da es weniger durch Feuer oder Diebstahl gefährdet ist.« Die Bank übernahm eine Garantie für die Kreditscheine und war ihrerseits wiederum durch den Staat rückversichert. Da der Wert der Noten auf diese Weise verbürgt war, zog die Öffentlichkeit sie den herkömmlichen Münzen vor, und für gewöhnlich wechselten sie den Besitzer für mehr als ihren nominellen Wert.

Die Amsterdamer Bank war nicht die erste, die auf Scheine oder Noten als Ersatz für Metallgeld zurückgegriffen hatte. Wie so viele andere geniale Artefakte wurden Geldnoten von den alten Chinesen erfunden, die sie nachweislich schon im siebten Jahrhundert benutzten. Was Europa betraf, so wurden die ersten zögerlichen Versuche mit Papiergeld fast eintausend Jahre später in Schweden unternommen, wo 1656 einem Livländer namens Johan Palmstruch das königliche Privileg gewährt wurde, eine Privatbank zu eröffnen, mit der Bedingung, dass er die Hälfte seines Gewinns an die Krone abführte. In Schweden gab es große Kupfervorkommen, aber nur wenig Gold und Silber, und die Währung des Landes schloss auch massive Kupferplatten ein, die vom Wert her Silbermünzen gleichkamen, aber so schwer waren – einige wogen nicht weniger als fünfzehn Kilogramm –, dass die

Leute sie auf den Rücken gebunden mit sich herumtrugen oder ein Pferdefuhrwerk brauchten, wenn sie größere Summen mit ihnen begleichen wollten. 1661 schaffte Palmstruch mit seiner Stockholm Banco diese Unannehmlichkeiten aus der Welt, indem er papierene Noten druckte, die dem Wert der metallenen Münzen entsprachen – es waren die ersten in Europa zirkulierenden Banknoten im heutigen Sinne. Das ganze Unternehmen florierte anfangs, die Versuchung, zu viele Noten auszugeben, erwies sich aber als unwiderstehlich. Sechs Jahre später war die Bank nicht mehr in der Lage, die Noten einzulösen, die sie ausgestellt hatte, und musste ihre Zahlungsunfähigkeit erklären. Palmstruch entging nur um Haaresbreite der Hinrichtung und wurde ins Gefängnis geworfen.

Drei Jahrzehnte später gab es in Amerika einen weiteren Vorstoß zur Einführung von Papiergeld. 1690 war die Massachusetts Bay Colony gezwungen, Banknoten zur Bezahlung ihrer Soldaten zu verwenden, nachdem ein militärischer Einfall in die französische Kronkolonie Quebec, von dem man erwartet hatte, dass er genügend Plündergut abwerfen würde, um die Teilnehmer zu entlohnen, abgewehrt worden war. Anstatt ihnen ihren Sold in Gold- und Silberstücken auszuzahlen, gab man den Männern Noten aus Papier, die eingelöst werden sollten – so versprach man ihnen jedenfalls –, sobald die örtlichen Gemeinden ihre Steuern entrichtet hätten. Wie vorherzusehen war, bereitete der Mangel an solidem, »harten« Geld der Kolonie weiterhin Schwierigkeiten, und zwei Jahre später wurde unter Anrufung »der gegenwärtigen Armut und der Kalamitäten dieses Landes und der Knappheit von Geld und somit des Fehlens eines angemessenen Mittels, um Handel zu treiben«, das Papiergeld zur gesetzlichen Währung erklärt. Andere Kolonien, die unter einem ähnlichen Mangel an Münzgeld litten, folgten bald dem Beispiel von Massachusetts.

Die Ansätze zur Einführung von Papiergeld, eine geradezu revolutionäre Neuerung, waren also gemeinhin nicht sehr viel versprechend und recht disparat. Vor diesem Hintergrund muss einem die Vorgehensweise der Amsterdamer Bankleute als ein leuchtendes Beispiel für Klugheit und Umsicht erscheinen. Privatleuten gab man nur dann ein Darlehen, wenn sie zuvor entsprechende Sicherheiten in Gold und Silber deponiert hatten, und es wurde sorgfältig darüber gewacht, dass man nicht zu viele Kredite gewährte. Auf diese Weise wurde ein massenhaftes Zirkulieren von Banknoten vermieden, die nicht durch Gold- oder Silberreserven gedeckt waren, und das hatte zur Folge, dass jedermann Vertrauen in die Bank von Amsterdam hatte. Ein Besucher der Stadt, Sir William Temple, konstatierte: »Fremde deponieren hier den Teil ihres Geldes, den sie herschaffen konnten, und von dem sie nicht wissen, wie sie ihn daheim sicher verwahren können.« Investoren aus Übersee, die unter englischer, spanischer oder anderweitiger Regierung standen, nahmen gerne die Dienste der Amsterdamer Bank in Anspruch, und ihre riesigen umfangreichen Einlagen wurden dann zu einem bescheidenen Zinssatz als Kredite ausgegeben. Auf diese Weise wurde der Bau ganzer Flotten finanziert, und der Handel erlebte eine große Blüte. 1609 verwaltete die Bank 730 Konten, gegen Ende des Jahrhunderts waren es schon 2700, auf denen insgesamt 16 Millionen Gulden lagen. Das Vertrauen in eine Bank hatte bewirkt, dass eine ganze Nation florierte.

1697, zwei Jahre nachdem Law sein Exildasein begonnen hatte, senkte sich vorübergehend Frieden über Europa. Der Vertrag von Rijswijk beendete den so verbittert ausgefochtenen Pfälzer Erbfolgekrieg, in den Frankreich und Österreich, Holland, England, Spanien, Schweden und Savoyen verwickelt gewesen waren. Frankreich war damit für ausländische Reisende leichter zugänglich, und vermutlich stattete Law um diese Zeit herum Paris seinen ersten Besuch ab.

Die Stadt muss ihn fasziniert haben. Während der zurückliegenden vierzig Herrschaftsjahre Louis' XIV. war Paris Dr. Martin Lister zufolge, der sich im selben Jahr dort aufhielt wie Law, »eine der schönsten und prächtigsten [Städte] in Europa« geworden, »wo ein Reisender auf genügend neue Dinge stößt, um sich sechs Monate lang jeden Tag zu zerstreuen«. Es gab dort gepflasterte Straßen und Häuser mit kunstvoll skulptierten Fassaden, die in ihrem Inneren weitere Schätze bargen. »Genauso wie die Häuser außen prächtig sind, ist es auch der Zierrat innen, und das Meublement entspricht dem von seinem Reichtum und seiner Feinheit her, so sind da Wandbehänge, bestickt mit goldenen und silbernen Fäden, karmesinroter Damast und Liegestätten aus Samt oder goldenem und silbernem Tuch. Kabinettschränkchen und Sekretäre aus Elfenbein, in das Schildpatt eingelegt, und goldene und silberne Schalen von hundert verschiedenen Formen sowie Zweige und Kerzenleuchter von Kristall«, berichtete der Doktor voller Ehrfurcht.

Für den Dandy, der zu einem kurzen oder auch längeren Besuch kam, bot die Stadt einiges an Unterhaltungen. Bei Tag konnte er sich an die Route halten, die auswärtige Gäste für gewöhnlich einschlugen, das heißt, den Louvre und die königliche Bibliothek besuchen, in den Tuilerien, dem Jardin de Luxembourg oder dem Botanischen Garten promenieren oder auch eine Kalesche mieten, um sich »zu einer beliebten Begegnungsstätte von Leuten von Welt« kutschieren zu lassen, dem Cour de la Reine, einem Park am Ufer der Seine, durch den drei Alleen führten. Nach Einbruch der Dunkelheit konnte man dann das Palais Royal oder die Comédie Française besuchen oder auch, während der Saison, über den Markt von St.-Germain mit seinem geschäftigen Treiben schlendern, wo die Buden bis tief in die Nacht hinein geöffnet blieben.

Nachdem er sich in Paris niedergelassen und eingewöhnt hatte, zog es Law zum Hof des einstigen Königs James II. Der aus England exilierte James war, was seinen Unterhalt anbelangte, ganz auf die Generosität von Louis XIV. angewiesen und lebte zu jener Zeit in recht eingeschränkten Verhältnissen in St.-Germain-en-Laye, einem Schloss außerhalb der Stadt. Von den Jakobiten an seinem Hof wurden damals unzählige Geheimpläne ausgeheckt, mit denen man ihn wieder auf den Thron bringen wollte. Man kann nicht mit Sicherheit sagen, ob Law echte Sympathie für solche Vorhaben empfand; vielleicht suchte er das Schloss nur auf, weil er sich nach der Gesellschaft anderer Schotten sehnte oder auch, wie er selbst später andeutete, weil er einige der Freunde wieder treffen wollte, die ihm zur Flucht aus London verholfen hatten. Es ist aber auch nicht völlig auszuschließen, würde ihn aber zu einer fragwürdigeren Erscheinung machen, dass er den Hofstaat infiltrieren wollte, um etwas über ein mögliches jakobitisches Komplott in Erfahrung zu bringen. Hätte er ihm einen solchen Dienst erwiesen, hätte er die Gunst König Williams wiedergewonnen und sich einen Pardon erworben, und das war es, was Law während der ganzen Jahre in der Fremde am Herzen lag.

Das Glücksspiel, »hierorts eine der ständigen Vergnügungen, wenn nicht gar eine der Ausschweifungen dieser Stadt«, nahm wieder sein Interesse gefangen und stellte – mehr noch als in London – die leichteste Möglichkeit dar, Angehörige der obersten Gesellschaftsschicht kennen zu lernen. Wie ein Besucher es ausdrückte: »Es ist ein großes Unglück für einen Fremden, sich nicht im Spiel auszukennen, aber ein noch größeres, sich ihm mit Leidenschaft hinzugeben. Ohne zu spielen, kann man nicht in die Kreise jener vordringen, die für sich den Namen *Beau Monde* reklamieren, und keine andere Voraussetzung, als zu spielen und Geld zu besitzen, ist nötig, um sich der vornehmsten Gesellschaft von Frankreich zu empfehlen.« Wie zu erwarten, verbrachte Law einen Großteil seiner Zeit in mondänen Salons, wo er mit der *Crème de la crème* zusammenkam, sich mit seinem unwiderstehlichen Charme und seinen untadeligen Manieren ihr Vertrauen erwarb, bevor er ihnen dann beim Faro oder Basset ihr Geld abnahm, zwei Spielen, die damals sehr in Mode waren und auf die er sich ganz ausgezeichnet verstand. Wie bereits erwähnt, lagen bei beiden Spielen die größeren Gewinnchancen ganz eindeutig auf Seiten des Bankhalters, und Law übernahm diese Rolle, wann immer er konnte – möglicherweise bezahlte er die Gastgeber dafür, damit sie ihm dieses Privileg einräumten. Einer seiner Bekannten erinnerte sich, dass Law »nie weniger als zwei Beutel mit sich herumtrug, die mit Goldmünzen im Wert von ungefähr 100 000 Livre gefüllt waren«, und die Einsätze so hoch waren, dass er in den zusammengelegten Händen »nicht die Münzen halten konnte, die er setzen wollte«. Er ließ sich daher eigene Spielmarken prägen, von denen jede achtzehn Louis d'or wert war.

Seine Reisen und die so unglücklich ausgegangene Affäre mit Mrs. Lawrence hatten Laws Begeisterung für romantische Abenteuer in keiner Weise gedämpft. Vielleicht geschah es nach einem besonders erfolgreichen Abend am Spieltisch, dass er Madame Katherine Seigneur, geborene Knowles, vorgestellt wurde, einer Exilantin und Außenseiterin am Hof von St.-Germain, die einen Franzosen geheiratet hatte. Katherine war von adeliger Abkunft, Anne Boleyn, die zweite Gemahlin Henrys VIII. war eine Vorfahrin von ihr, und der Earl of Banbury war ihr Bruder. Law war dem Earl wahrscheinlich einmal begegnet oder hatte zumindest von ihm gehört, als er in London im King's-Bench-Gefängnis eingekerkert gewesen war. Auch Banbury war in ein Duell verwickelt gewesen, das für seinen Gegner tödlich geendet hatte. Es haben sich keine Originalporträts von seiner Schwester erhalten, obwohl sie, mindestens einmal, ihrer Freundin, der berühmten italienischen Pastellmalerin Rosalba Carriera Modell gesessen hat. Ein holländischer Stich, der womöglich nach einem Porträt von Rosalba Carriera angefertigt wurde, zeigt sie jedoch, man sieht auf ihm eine untadelig gekleidete Dame mit feinen Gesichtszügen, einem üppigen Busen und einer überaus schmalen Taille. Zeitgenössischen Beschreibungen zufolge war sie jedoch nicht so überragend schön, dass sie Laws Aufmerksamkeit zwangsläufig auf sich gezogen haben muss. Der Duc de Saint-Simon gestand ganz offen, dass sie »recht hübsch« gewesen sei, ihrem Aussehen aber ein wie ein Weinfleck aussehendes Muttermal Abbruch getan habe, das »sich über ein Auge und den oberen Teil ihrer Wange« erstreckte. Katherine besaß ein anderes Merkmal, das, wie Saint-Simon bemerkte, sie von all den anderen koketten Damen der Pariser Hautevolee, die zu viel Puder und zu viel Rouge aufgelegt hatten, unterschied: »Sie war stolz, anmaßend und impertinent, sowohl was ihr Reden als auch was ihr Benehmen betraf, und erwiderte nur selten eine der Aufmerksamkeiten, die man ihr entgegenbrachte.« Während man in England intelligente Frauen im Allgemeinen nicht sehr schätzte – die meisten Männer hätten dem Bonmot Samuel Johnsons zugestimmt, dass es »einen Mann gewöhnlich mehr freut, wenn er eine gute Mahlzeit auf dem Tisch vorfindet, als wenn seine Frau griechisch spricht« –, war das in Frankreich anders. Innerhalb der Pariser Gesellschaft genossen Frauen einen höheren Grad an Unabhängigkeit. »Es ist zu erkennen«, schrieb ein Besucher der Stadt, »dass die Franzosen ihren Frauen alle erdenkbaren Arten von Freiheit einräumen und auch selten von Eifersucht geplagt werden, im Gegenteil, ein Franzose wird einen beinahe drängen, dass man seine Gattin vor seinen Augen umwirbt, und wird sogar ärgerlich, wenn man deren Anblick nicht bewundert.« Vielleicht empfand Law, der ja den großartigen Geschäftssinn seiner Mutter zu respektieren gelernt hatte, ungewöhnliche Achtung für gewitzte Frauen, die kein Blatt vor den Mund nahmen, und möglicherweise erinnerte diese unerschrockene, bemerkenswerte junge Dame ihn an die Ehrfurcht gebietende Jean. Es kann natürlich auch sein, dass er, da er ja daran gewöhnt war, Frauenherzen mit Leichtigkeit zu erobern, ihre hochmütige Art einfach als Herausforderung empfand. Wie auch immer: Er begann sich Katherine voller Entschlossenheit zu nähern, und sie, die offensichtlich unzufrieden mit ihrer Ehe war, muss auf seine Avancen angesprochen haben. Doch selbst wenn sie nicht verheiratet gewesen wäre, hätte die Beziehung der beiden zwangsläufig Befremden ausgelöst. Katherine war von adeliger Abstammung, Law hingegen ein Spieler, dessen familiärer Hintergrund als nebulös galt. Die Gesellschaft missbilligte solche Verbindungen, und die meisten Leute hatten für Lord Sandwich Verständnis, als der einmal bemerkte, dass er als Vater seine Tochter lieber »mit dem Bündel einer Hausiererin auf dem Rücken« sähe, als miterleben zu müssen, wie sie einen nicht standesgemäßen Mann heiratete. Für Law und Katherine jedoch, die ja fern von ihrem Heimatland und ihren Familien lebten, gab es wenig, was sie daran gehindert hätte, den Gefühlen nachzugeben, die sie füreinander empfanden. Katherines Gatte (von dem man außer seinem Namen nichts weiß) scheint nicht versucht zu haben, ihre Liebschaft zu unterbinden – die plausibelste Erklärung für sein Nichteingreifen ist aber natürlich, dass er sich gar nicht in Paris aufhielt, als seine Frau und Law sich begegneten. Auf jeden Fall entwickelte sich bald eine ernsthafte Liaison zwischen ihnen.

Zur gleichen Zeit zogen Laws meisterhafte Fähigkeiten beim Würfel- und Kartenspiel unglückliche, aber keineswegs überraschende Konsequenzen nach sich. Niemandem gefällt es, Geld im Spiel mit jemandem zu setzen, der kaum jemals verliert, und, wie es schon in London der Fall gewesen war, brachten Laws Triumphe ihm zusammen mit hohen Gewinnen auch Feinde ein. Hinter vorgehaltener Hand begann man über seine »Gerissenheit« beim Spiel, seine dubiose Vergangenheit und sein mögliches Verwickeltsein in Spionagetätigkeiten zu tuscheln, und es dauerte nicht lange, bis die Behörden auf ihn aufmerksam wurden. Ganz offensichtlich war für Law die Zeit gekommen weiterzuziehen, nur Katherine hielt ihn in Paris zurück.

In den gehobenen Kreisen, in denen sich sowohl Law als auch seine Geliebte bewegten, vermochte man kleine Seitensprünge, wenn sie auch noch so unbesonnen waren, schnell zu vergessen – doch zwischen einer heimlichen Liebesaffäre und einem gemeinsamen Durchbrennen bestand ein gewaltiger Unterschied. Die beiden Liebenden müssen gewusst haben, dass es Katherine ihren guten Ruf kosten würde, wenn sie mit Law davonlief, und dass es danach kein Zurück mehr für sie geben würde. Es zeugt vom Überschwang seiner Gefühle, dass der gewöhnlich so zurückhaltende Law Katherine aufforderte, Paris zusammen mit ihm zu verlassen. Die Entscheidung kann ihr nicht leicht gefallen sein, aber sie erklärte sich bereit dazu. Vielleicht spürte sie, dass Paris zu verlassen die einzige Möglichkeit war, den gesellschaftlichen Restriktionen zu entgehen, denen so eine unkonventionelle Partnerschaft in gewöhnlichen Verhältnissen ausgesetzt war. Wie Gray es formulierte, willigte sie ein, »ihr Nähzeug einzupacken, ihren Gemahl zu verlassen und mit [Law] nach Italien zu fliehen«. Von diesem Zeitpunkt an war Katherine Seigneur als Mrs. John Law bekannt, auch wenn eine Heirat, vorläufig zumindest, nicht möglich war. Wie die beiden zweifelsohne befürchtet hatten, machte ihre Flucht Schlagzeilen in der Pariser Presse, und Horace Walpole schrieb später von einem »Bericht in irgendeiner französischen literarischen Gazette, ich weiß nicht mehr, in welcher, dass er [Law] die Gemahlin eines anderen Mannes gestohlen habe«.

Ihr Ziel war Italien, das Geburtsland des europäischen Bankwesens. Sie begaben sich zuerst nach Genua, wo Law, wie Gray schreibt, »genügend Gleichgesinnte fand, denen er eine Menge Geld abnehmen konnte«. Von dort aus ging es dann nach Rom, Florenz, Turin und schließlich nach Venedig. In jeder Stadt, die sie aufsuchten, spielte Law und beschäftigte sich weiterhin mit Fragen des Finanzwesens. Die großen öffentlichen Geldinstitute Italiens waren im Mittelalter aus der Notwendigkeit heraus geboren worden, Kreuzzüge, Kriege und den Handel zu finanzieren. Im späten sechzehnten Jahrhundert operierten die venezianischen Staatsbanken – die Banco di Rialto und die Banco del Giro – im Wesentlichen so wie die Bank in Amsterdam, die ja dem Vorbild der Venezianer gefolgt war; das heißt, dass man Einlagen in Münzen (auch verfälschten, minderwertigen) akzeptierte und dafür »Bankgeld« ausgab, Scheine, für deren Rückeinlösung der Staat garantierte. Law lernte in Venedig auch viel über den Handel mit fremden Währungen. Gray berichtet: »Er ging immer zum Rialto zur Geldwechselzeit [das heißt, wenn die Wechselstuben geöffnet waren], kein Kaufmann, der einen Auftrag zu erledigen hatte, war pünktlicher, und er beobachtete, zu welchen Raten Geld der ganzen Welt getauscht wurde, wie Wechsel an der Bank diskontiert wurden, und stellte fest, wie überaus nützlich papierene Kreditscheine waren, wie gerne die Leute ihr Münzgeld für Scheine hergaben und wie den Besitzern aus diesen Scheinen Profite erwuchsen.«

Venedig besaß aber außer seiner Bank noch viel mehr, was John Law und seine schöne Gefährtin anziehen musste. Sie kamen rechtzeitig an, um den berühmten Karneval mitzuerleben, der am Dreikönigsabend begann. An die dreißigtausend Fremde drängten sich in der Stadt, um ein bacchantisches Fest zu feiern, sich an Vorführungen von Akrobaten, an Musik, Tierkämpfen und Feuerwerken zu ergötzen. Sie tanzten in den engen Gassen, und, wie ein Augenzeuge berichtete, »verkleiden sich Frauen, Männer und die Angehörigen aller Stände, indem sie altertümliche Gewänder anlegen, zu ausgefallener Musik und unter tausend Luftsprüngen durch die Straßen von Haus zu Haus ziehen, da alle Wohnstätten zu dieser Zeit offen stehen, und man frei ist einzutreten«.

Venedig war berüchtigt für die sexuellen Vergnügungen, denen man dort nachgehen konnte, sowie für die vielen Möglichkeiten, dem Glücksspiel zu frönen. Die Stadt, der man den Beinamen »Bordell Europas« verliehen hatte, besaß Spielkasinos, *ridotti* genannt, »wo nur Männer von Adel die Bank halten und wo Narren ihr Geld verlieren«. Ein Besucher aus England beschrieb reumütig eine typische *Soirée*, an der er teilgenommen hatte: »Sie schicken die Spieler fort, wann immer es ihnen gefällt, und gehen immer als Gewinner aus dem Spiel hervor. Gewöhnlich gibt es zehn oder zwölf Räume auf einer Etage, mit Spieltischen in ihnen und gedrängt voll mit Menschen; es wird tiefe Stille gewahrt, und niemand findet ohne Maske Einlass. Hier begegnet man Freudenmädchen ebenso wie braven Ehegattinnen, die, von ihren Masken geschützt, alle die Lustbarkeiten genießen, die der Karneval bietet.« Mit Katherine an seiner Seite beachtete Law vermutlich die vielfältigen fleischlichen Verlockungen gar nicht und nutzte stattdessen die unzähligen Gelegenheiten, zu Geld zu kommen.

Als sich sein Streifzug durch Italien seinem Ende zuneigte, hat seine Sachkenntnis in finanziellen Dingen ihm zahlreiche Türen geöffnet: Zu seinen Freunden von königlichem Geblüt gehörten der Duc de Vendôme und der Duca di Savoia. Nach zehn Jahren nationalökonomischer Forschungen hatte er nicht nur beeindruckendes Wissen, sondern auch durch Glücksspiel, Geldverleih und Handel mit ausländischen Währungen ein Vermögen von 20 000 Pfund erworben. Trotzdem war er unzufrieden. Vielleicht waren es seine höheren Ambitionen, die den Gelderwerb zu einer Tätigkeit werden ließen, die ihn nicht mehr wirklich zu erfüllen vermochte. Vielleicht hatte das Reisen etwas von seinem Reiz verloren, und vielleicht bedrängte ihn Katherine, die der Unbequemlichkeiten eines solchen Nomadenlebens überdrüssig war, dass sie sich irgendwo fest niederlassen sollten. Mit Sicherheit hatten mittlerweile die Beobachtungen, die Law in Amsterdam und in Italien bezüglich des Banksystems angestellt hatte, verbunden mit dem, was er von den Innovationen auf dem Gebiet des Finanzwesens in London gesehen hatte, ihn mit einer großen Vision erfüllt: Er wollte sein Fachwissen und sein Genie zum Nutzen des

Volkes einsetzen und in der Weiterentwicklung des europäischen Finanzwesens eine Schlüsselrolle spielen.

Laws Interesse an Wirtschaftsfragen brachte ihn – wie viele andere Männer seiner Zeit – dazu, sich mit der Rolle des Staates oder von Unternehmungen großen Umfangs für das nationale Wohlergehen auseinander zu setzen. Er verstand Geld als etwas, als das ein Naturwissenschaftler die Ausstattung seines Laboratoriums und seine Chemikalien ansieht: ein Werkzeug und eine Substanz, mit der man experimentieren kann. Und es war für ihn ein Thema, über das man Theorien aufstellen konnte. In dieser Hinsicht war Law ein Kind des neuen aufgeklärten Zeitalters. Genauso wie Newton, Huygens und Boyle und andere Wissenschaftler durch ihre Forschungen Geheimnissen der Mathematik beziehungsweise der Natur auf die Spur gekommen waren, wollte Law nun voller Zuversicht seine Kenntnisse einsetzen und sich der Herausforderung stellen, mit dem Glück und Wohlergehen einer ganzen Nation zu experimentieren.

Er entschied, dass es das Land seiner Geburt, Schottland, sein sollte, wo er seine Ideen der Öffentlichkeit vorstellte. Wie Gray angibt, trat er um 1704 herum die lange Heimreise an; er verließ Venedig »mit seiner Madam und seiner Familie«, um »durch Deutschland hinab nach Holland zu reisen und dort ein Schiff Richtung Schottland zu besteigen«. Während der ganzen Reise wurde er von Sorgen bezüglich seiner Vergangenheit heimgesucht. In England galt er nach wie vor als flüchtiger Verbrecher, und die Todesstrafe hing dort immer noch drohend über ihm. Schottland allerdings wurde zwar von demselben Monarchen beherrscht, hatte aber eine eigene Regierung, zudem konnte er dort nicht wegen eines in London begangenen Verbrechens verhaftet werden. Wenn es jedoch zu einer Regierungsunion von England und Schottland kommen sollte – und es gab viele, die sich dafür aussprachen –, dann würde er auch in seiner Heimat nicht mehr in Sicherheit sein.

Law war es leid, immer wieder weglaufen zu müssen. Nachdem er zehn Jahre lang durch Europa gezogen war, begriff er, dass er unbedingt einen Gnadenerlass erlangen musste, wenn er nicht den

Rest seines Lebens als Flüchtling umherirren wollte. Die Animosität der Angehörigen Wilsons ließe sich unter Umständen eindämmen, wenn er sie für ihren Verlust großzügig entschädigte – und er besaß mittlerweile genügend Geld dafür. Ob er die königliche Einwilligung erlangen würde – die andere Voraussetzung für eine Begnadigung –, hing von der neuen Monarchin, Königin Anne, ab, die William nach dessen Tod auf den Thron gefolgt war. Law hegte die leise Hoffnung, sie würde ihn vor dem Galgen bewahren und ihm die ersehnte Begnadigung gewähren, wenn er sie davon überzeugen könnte, dass seine Ideen dem Land von großem Nutzen waren.

Nach seiner Ankunft in Edinburgh wurde Law wieder mit seiner Mutter vereint, die ihn nicht mehr gesehen hatte, seitdem er die Stadt als junger Mann verlassen hatte. Was hielt die energische Jean wohl von der ebenso entschlossen auftretenden Katherine? Verheimlichte ihr Sohn ihr, welcher Art sein Verhältnis zu dieser Frau wirklich war? Welche Gefühle die beiden Frauen auch füreinander empfanden, es scheint, als ob das geordnete häusliche Ambiente, in dem Law nun lebte, es ihm ermöglichte, mit neuer Tatkraft an seine Projekte heranzugehen.

Er entschied sich, seine Kenntnisse der Königin auf traditionelle Art und Weise anzubieten – indem er ihr nämlich einen schriftlichen Vorschlag unterbreitete. Seine erste Abhandlung – er wurde erst vor kurzem als Verfasser dieser Schrift ermittelt – trug den Titel »Essay on a Land Bank«. Darin schlug er vor, eine Bank zu gründen, die Papiergeld entsprechend dem Wert des Grund und Bodens, den jemand besaß, ausgeben sollte. Er behauptete, Land stelle eine stabilere Basis für einen Kredit dar als Silber, da sich in der Geschichte immer wieder gezeigt habe, dass der Wert von Edelmetallen fluktuieren könne, je nachdem in welcher Menge sie vorhanden waren. Der Wert von Grund und Boden sei hingegen weniger unbeständig. Das war keine ganz und gar neue Idee. Seit der Mitte des siebzehnten Jahrhunderts hatten zahlreiche Autoren ähnliche Theorien aufgestellt – sogar Defoe hatte gemeint, dass »Land die beste Grundlage für Banken ist«.

Wie auch immer: Königin Anne war überhaupt nicht beeindruckt. Laws Argumente mochten klug und auch prägnant von ihm vorgebracht sein, doch seine Vergangenheit konnte er damit nicht auslöschen. Als überführter Schwerverbrecher und notorischer Spieler bot er sich bestimmt nicht dazu an, dass man ihm den Staatssäckel anvertraute. Nach flüchtiger Erörterung wurde sein Vorschlag daher abgelehnt. In dem Verzeichnis der Petitionen und Eingaben an die Königin vom August 1704 ist festgehalten, dass Law, der gegenwärtig in Schottland wohnte, es »durch die Vermittlung von Freunden« vermocht habe, der Familie Wilson die Einwilligung abzuringen, dass der »Einspruch wegen Mord« von damals annulliert würde. Weiter heißt es vorsichtig: »…doch ist der Bittsteller daran gehindert, Eurer Majestät in dem gerechten Krieg, den Eure Majestät jetzt austrägt, zu dienen (welches zu tun er dringend begehrt)«; er suche um einen königlichen Pardon nach, »nicht nur was den Tod des erwähnten John [sic!] Wilson, sondern auch was seinen Ausbruch aus dem erwähnten Gefängnis betrifft, sodass er in der Lage sein möge, seiner Königin für den Rest seines Lebens zu dienen«. Unter diese Eingabe wurde ein einziges Wort gesetzt: »Abgelehnt.« Die Königin und ihre Regierung sollten Laws Genie bezüglich aller finanzieller Fragen nie anerkennen.

Trotz dieses Rückschlags blieb Law entschlossen. Da er nach wie vor nicht daran zweifelte, dass sein Plan vernünftig war, entschied er sich nun, ihn an Ort und Stelle, das heißt in Schottland, zu verwirklichen. Er war fest davon überzeugt, dass seine einflussreichen Freunde – wie der Duke of Argyll, der Queen's Commissioner in Schottland – dafür sorgen würden, dass man ihn zumindest anhörte.

In Schottland brauchte man wirklich dringend jemanden, der das Land von seinen ökonomischen Leiden kurierte. Um die Wende vom siebzehnten zum achtzehnten Jahrhundert war das Land wirtschaftlich an einem Nullpunkt angekommen; das Münzgeld war knapp, der Handel befand sich seit längerem in einer Flaute, Arbeitslosigkeit und Armut waren weit verbreitet. Die Situation wurde noch durch ein finanzielles Fiasko verschärft, das durch den so genannten Darién-Plan* ausgelöst worden war, einem geistigen Kind von William Paterson, dem Gründer der Bank of England. Man hatte vorgehabt, eine Kolonie in Panama zu gründen, die einen Stützpunkt für den Transport von Frachtgütern über die Landenge vom Pazifik zum Atlantik und in der umgekehrten Richtung schaffen sollte, sodass man die lange, gefahrvolle Passage um das Kap Horn herum umgehen könnte. Paterson behauptete, dass eine finanzielle Beteiligung an dem Projekt eine absolut sichere Investition sei, die phantastische Gewinne abwerfen und Schottland zum reichsten Land der Erde machen würde, er erhielt tatsächlich von optimistischen privaten Investoren, die geradezu darauf brannten sich zu beteiligen, 400 000 Pfund – fast die Hälfte des gesamten Kapitals, das damals in Schottland verfügbar war. Nachdem man Scharen von verzweifelten blinden Passagieren aufgestöbert und wieder an Land getrieben hatte, stachen an einem Tag des Jahres 1698 von Leith aus fünf Schiffe in See, um mit 2000 Menschen an Bord – darunter auch Paterson, seine Frau und sein Sohn – die lange Fahrt anzutreten. Drei Monate später gingen sie bei der Neukaledonien getauften Siedlung vor Anker.

Die Expedition war ein einziges Desaster. Malaria, Ruhr und andere Krankheiten griffen um sich, die Spanier belagerten die Siedlung, die Engländer verweigerten jede Unterstützung, weil sie fürchteten, dass der Ostindischen Kompanie Konkurrenz erwachsen könne, und als Folge davon kam keinerlei Handel in Gang. Als das Projekt zwei Jahre später endlich aufgegeben wurde, hatten 1700 Siedler, darunter Patersons Frau und sein Sohn, ihr Leben verloren, zahlreiche Investoren waren in den Ruin getrieben worden und die gesamte schottische Wirtschaft stürzte in eine derart tiefe Krise, dass sogar das Überleben der Bank of Scotland, die ein Jahr nach der Bank of England eingerichtet worden war, bedroht schien.

John Law war überzeugt, dass er einen Ausweg aus der Situation finden könnte. Innerhalb Jahresfrist hatte er eine hundertzwanzig Seiten starke Abhandlung mit dem Titel »Money and

---

* Darién war der Name, den die Spanier der Kolonie gaben, die später den Namen Panama erhielt. (Anm. d. Ü.)

Trade Considered with a Proposal for Supplying the Nation with Money« (»Eine Betrachtung von Geld und Handel, nebst einem Vorschlag, die Nation mit Geld zu versorgen«) vollendet. Sie wurde 1705 anonym bei Andrew Anderson veröffentlicht, einem Edinburgher Verlag, der damals im Besitz von Laws Tante war. Anschläge, auf denen die Hauptpunkte von Laws Ausführungen aufgelistet waren, wurden gut sichtbar überall dort angebracht, wo sich die Leute trafen. Er wurde nicht als Verfasser der Schrift genannt – vielleicht deswegen, weil man vermeiden wollte, dass deren Erfolg durch seinen schlechten Ruf beeinträchtigt würde. In den Kreisen, auf die es ankam, war jedoch sehr bald allgemein bekannt, dass Law der Autor war.

Wirtschaftshistoriker wundern sich heute noch über die außerordentliche Klarheit dieser Abhandlung, die, ihrem Urteil nach, bemerkenswert für die damalige Zeit war. Law erklärt zunächst die Bedeutung von »Wert«, der seiner Ansicht nach eher mit der Seltenheit eines Artikels in Zusammenhang steht als mit dessen Nutzen. »Wasser ist von großem Nutzen, doch von geringem Wert, da die vorhandene Menge von Wasser viel größer ist als der Bedarf nach ihm. Diamanten sind von geringem Nutzen, aber von großem Wert, da die Nachfrage nach Diamanten größer ist als ihre vorhandene Menge.« Er beschäftigt sich dann mit der Bedeutung von Geld und legt dar, dass »Geld nicht der Wertgegenstand ist, *für* den Güter getauscht werden, sondern *durch* den sie getauscht werden: »Der Nutzen des Geldes ist es, Güter zu kaufen und Silber, während es sonst keinen Nutzen hat«. Diese visionäre Auffassung von Geld als einem funktionellen Medium – das keinen intrinsischen Wert besitzt, aber durch etwas von stabilem Wert gestützt ist, so wie die Spielmarken, die nach der letzten Partie eingetauscht werden können – bringt ihn zu seinem zentralen Vorschlag: eine Bank zu gründen, die die Vollmacht besitzt, Banknoten auszugeben, und Grundbesitz als Sicherheit akzeptiert.

Seine Freunde fanden seine Überlegungen überzeugend, und der Duke of Argyll machte das schottische Parlament auf Laws Schrift aufmerksam. Bei der nächsten Sitzung, der vom 28. Juni 1705, ging es vor allem um die Frage einer Union zwischen

Schottland und England: Angesichts von Schottlands wirtschaftlicher Misere, die durch den Darién-Plan noch verschärft worden war, wurde eine solche Union jetzt von weiten Kreisen als vorteilhaft angesehen. Laws Vorschlag sollte ebenfalls diskutiert werden, zusammen mit einem zweiten, den Dr. Chamberlen vorgelegt hatte, der in Schottland und England schon für seine Finanzpläne bekannt war.

Entgegen Laws Hoffnungen zeigte es sich, dass seine Vergangenheit immer noch schwer auf ihm lastete, und sein Vorschlag löste eine geradezu explosive Reaktion aus. William Greg, der als Agent für die britische Regierung tätig war und die Vorgänge beobachtete, äußerte sich sehr abfällig über Law, »einen Gentleman, von dem man einst meinte, dass er von allen lebenden Menschen in dieser Hinsicht den verdrehtesten Kopf habe«, und tat seine Abhandlung als den »schlicht gewebten« Vorschlag eines »Wüstlings« ab. Als das Parlament zwei Tage später erneut zusammenkam, um die beiden Vorschläge zu diskutieren, geriet Law in die Strudel der schwierigen politischen Verhältnisse in Schottland.

Eine der Fraktionen im Parlament, die Squadrone Volante, stimmte dafür, ihn zu unterstützen, während die nationale Partei unter Führung von Andrew Fletcher of Saltoun heftig dagegen opponierte. George Baillie of Jerviswood, ein Mitglied der Squadrone, sprach sich für Laws Vorschlag aus, er sei »seiner Meinung nach rationaler und praktikabler als der von Dr. Chamberlen«. Nur wenige stimmten ihm zu. Fletcher, ein leicht zu erzürnender Mann, erwiderte höhnisch, er halte Laws Vorschlag für »einen Plan, die Nation zu versklaven«, und verlangte, dass man beide Männer vor das Parlament bringen sollte, damit sie ihre Ansichten öffentlich darlegten und über sie diskutierten.

Der Earl of Roxburghe, der ebenfalls der Squadrone Volante angehörte, ergriff sofort Partei für Law und erklärte, er sehe nicht ein, warum dieser, der »beträchtliche Zeit einzig damit verbracht habe, seinem Land zu dienen«, gezwungen werden sollte, gegen seinen Willen vor den Abgeordneten zu erscheinen; man solle ihm vielmehr »gute Manieren, wenn nicht sogar Ermutigung« entgegenbringen. Einem Zeugen zufolge geriet Fletcher über diese Bemerkung, mit der er seiner Meinung nach bezichtigt wurde, keine guten Manieren zu haben, so in Wut, dass, hätte er in der Nähe von Roxburghe gesessen, »die beiden sich gegenseitig an den Ohren gepackt« hätten.

Argyll, der den Vorsitz über die Versammlung führte, gab Anweisungen, dass Fletcher und Roxburghe in ihre Zimmer eingeschlossen werden sollten, damit der Streit nicht nach dem Ende der Debatte weitergehe. Roxburghe ließ es, »gesittet und respektvoll«, zu, dass man ihn festnahm. Fletcher, der sich bekanntermaßen rühmte, »nie die Gunst irgendeines Königs oder Regierungskommissars gesucht zu haben«, war weniger leicht zu fassen. Er stahl sich heimlich aus dem Haus, begab sich zu einer nahe gelegenen Taverne und ließ von dort Roxburghe die Aufforderung überbringen, ihn bei Leith zu treffen, einem beliebten Ort für Duelle.

Von Baillie sekundiert, schaffte Roxburghe es, sich aus seinem Arrest herauszureden, er nahm Fletchers Forderung an und eilte um sechs Uhr abends nach Leith. Bevor die beiden Männer ihre Degen ziehen konnten, schritt Baillie jedoch ein. Der Kampf würde nicht fair sein, sagte er. Seine Lordschaft habe »eine große Schwäche im rechten Bein«, sodass er kaum stehen könnte, »man dürfe nicht erwarten, dass dieser Streit sich mit dem Degen beenden lasse«. Fletcher, der schon mit einem solchen Einwand gerechnet hatte, hielt daraufhin Roxburghe ein Paar Pistolen hin und forderte ihn auf, eine davon zu wählen. Baillie wandte wieder ein, dass die Schwäche seiner Lordschaft »ihn daran hindere, im Stehen zu feuern«. Derweil tauchte in der Ferne ein Trupp berittener Konstabler auf – beide Männer sollten ja eigentlich in Arrest sitzen. Die Sekundanten feuerten unverzüglich die Pistolen in die Luft ab, und alle Beteiligten kehrten nach Edinburgh zurück.

Dieser absurde Streit half Law in keiner Weise. Obwohl sein Vorschlag William Greg interessant genug zu sein schien, um heimlich eine Kopie davon Richtung Süden zu seinen Vorgesetzten zu spedieren (in London verfolgte man schon damals aufmerksam John Laws Tätigkeiten), wurde er in Edinburgh abgetan als »zu schimärenhaft, um in die Praxis umgesetzt werden zu können«. Und während die Zänkereien und Diskussionen anhielten, rückte eine Union mit England immer näher. Da es Law widerstrebte, seine Heimat erneut zu verlassen, und er immer noch zuversichtlich war, einen königlichen Pardon erlangen zu können, reichte er noch einmal eine Eingabe ein, mit der er um Milde bat. In dieser Petition wiederholte er, dass er die Absicht habe, für »das Wohl und die Ehre der Regierung und das Heil und das Gedeihen seines Landes« tätig zu werden. Er wurde jedoch zum zweiten Mal abgewiesen.

Ins Exil zu gehen schien nun der einzige Weg zu sein, um eine erneute Inhaftierung zu vermeiden. Während Katherine die Vorbereitungen für ihre Abreise traf, verbrachte Law seine letzten Tage auf schottischem Boden am Spieltisch. Zu den Gewinnen, die er bekanntermaßen erzielte, gehörte eine Besitzung im Wert von 1200 Pfund, die er Sir Andrew Ramsay abnahm, »einem der ehrenwertesten Gentleman seiner Zeit«, der nach seiner Begegnung mit Law nur noch 100 Pfund besaß.

Das früheste bekannte Porträt von John Law, eine Miniatur, die zur Sammlung des Earl of Derby gehört, stammt aus ungefähr dieser Zeit. Das Bild zeigt einen verträumt wirkenden jungen Mann mit einer kurzen Perücke, einem madonnenhaften ovalen Gesicht, stark ausgeprägten Augenlidern, einer langen habichtsartigen und gebrochenen Nase und einem üppigen Mund. Der betont gleichmütige Ausdruck seines Gesichts lässt an eine Beschreibung von Law beim Kartenspiel denken, die sein Zeitgenosse du Hautchamp gab: »Ein heiteres Gemüt, unberührt von jeder heftigen Erregung, das ihn sich selbst beherrschen ließ, ob nun das Glück sich zu seinen Ungunsten oder seinen Gunsten wandte, sodass er gewöhnlich als Gewinner aus dem Spiel hervorging und selten als Verlierer einer größeren Summe.« Vielleicht schenkte Law diese Miniatur bei seiner Abreise seiner Mutter. Er sollte Jean nie wieder sehen; sie starb zwei Jahre, nachdem er das Land verlassen hatte. Vorläufig jedoch bedrückten ihn keine trüben Gedanken. All seine Bestrebungen waren darauf gerichtet, eine Möglichkeit zu finden, seinen Plan in die Tat umzusetzen, und nie war er entschlossener dazu gewesen.

7 Die Wurzel allen Übels

Er erfuhr auf seinen Reisen, dass in der Bétique überall Gold glänzte. Das beschleunigte seine Schritte dorthin. Dort wurde er von Saturn, der damals regierte, sehr schlecht empfangen. Als dieser Gott die Erde aber verlassen hatte, fasste er den Entschluss, an alle Straßenkreuzungen zu gehen, wo er unablässig mit rauer Stimme rief: »Völker von Bétique, Ihr vermeint reich zu sein, weil Ihr Gold und Silber besitzt. Euer Irrtum dauert mich. Glaubt mir: Verlasst das Land der eitlen Metalle! Kommt in das Reich der Phantasie, und ich verspreche Euch Reichtümer, die Euch selbst erstaunen werden.«

MONTESQUIEU, *»Persische Briefe«* (1721)

Gegen Ende des Jahres 1705 kehrten Law und seine Familie in ein Kontinentaleuropa zurück, das von Konflikten zerrissen war. Der Spanische Erbfolgekrieg führte die Armeen von Frankreich und Spanien gegen die alliierten Streitkräfte von England, Holland und dem Heiligen Römischen Reich ins Feld. Ein Jahr zuvor hatte der englische General Sir John Churchill, der spätere Duke of Marlborough, in der Schlacht von Blenheim die Franzosen besiegt und beinahe ein Drittel des ganzen feindlichen Heeres, an die vierzigtausend Mann, getötet, verwundet oder gefangen genommen. Im selben Jahr eroberten die Briten Gibraltar und konnten danach mit ihren Schiffen über das Mittelmeer segeln »wie Schwäne auf einem Fluss«. In den Monaten danach triumphierten die Alliierten auch bei Ramillies, Barcelona und Turin. Wie als Symbol dafür, dass Frankreich das Glück verließ, kam es am 11. Mai 1706 zu einer totalen Sonnenfinsternis: Beinahe schien es so, als habe auch Gott den Sonnenkönig im Stich gelassen.

Während sich um sie herum dieses politische Drama entfaltete, richteten sich die Laws in Den Haag häuslich ein, um hier die Geburt ihres ersten Kindes abzuwarten. John Law brannte darauf, den nächsten Schritt zur Realisierung seines Vorhabens zu vollziehen, und die Reiseschwierigkeiten in dem vom Krieg heimgesuchten Europa müssen ihm Sorge bereitet haben. Er musste in der Lage sein, sich frei zu bewegen, wenn er seine Pläne irgendwo an den Mann bringen wollte. Im Lauf der folgenden neun Jahre gelang es ihm aber anscheinend ohne Probleme immer wieder, die feindlichen Linien zu überqueren, wobei er, wenn notwendig, die üblichen Formalitäten einfach ignorierte; er drang mehrere Male bis ins Herz des Feindeslandes, bis nach Paris, vor und besuchte darüber hinaus Städte wie Wien, Turin, Mailand, Brüssel und Utrecht.

Bald nach der Geburt ihres Kindes, eines Jungen, der nach seinem Vater John genannt wurde, reisten die Laws nach Wien. Hier stellte der Schotte, wie du Hautchamp berichtet, »sein System dem Kaiser vor, und wenn er auch damit keinen Erfolg hatte, so verließ er doch die Stadt nicht, ohne viel gespielt und große Gewinne eingestrichen zu haben«. Law vergoss keine Tränen wegen des Fehlschlags. Mittlerweile hatte er Europas größte und bevölkerungsreichste, aber extrem verarmte Nation ins Visier genommen: Frankreich.

Auf der Oberfläche schien Frankreich sich seit einem halben Jahrhundert kaum verändert zu haben. Louis XIV. hatte dreiundsechzig Jahre lang regiert, und während dieser Zeit hatte er sein Land in kommerzieller Hinsicht auf ein so hohes Niveau geführt, dass ganz Europa neidisch wurde; dann jedoch hatte er es mit seinem Hang zu militärischen Aggressionen, zu religiöser Intoleranz und beispielloser Extravaganz ruiniert. Geldmangel war die Wurzel aller Missstände in Frankreich. Auf dem Land lebten die verarmten Massen in tiefstem Elend, in Lumpen gehüllt und gezwungen, wie die Tiere nach Essbarem herumzustöbern, um nicht zu verhungern. Während großer Hungersnöte, zu denen es 1694 und dann noch einmal 1709 nach dem strengsten Winter seit Menschengedenken kam, zerstießen die Armen Heidekraut, Grasstängel und Wurzeln – zum Beispiel von Narzissen – zu Mehl. Kinder lebten von »gekochten Gräsern und Wurzeln« und »weideten«, einem Bericht zufolge, »die Felder wie Schafe ab«. Elisabeth Charlotte d'Orléans, die Schwägerin von Louis XIV. und besser bekannt als »Liselotte von der Pfalz« meldete sogar in einem ihrer Briefe, die Hungersnot sei so schrecklich, dass Kinder einander verschlungen hätten. Ein paar wenige Menschen waren in der glücklichen Lage, Tauschhandel treiben zu können: einen Kohlkopf gegen eine kleine Tüte Mehl, zwei Schweine gegen eine Kuh und so weiter. In Versailles hatte man es nicht so einfach. Fieberhaft darum bemüht, seinen Soldaten ihren Sold zahlen und seinen Hofstaat ernähren zu können, sah der König keinen anderen Ausweg, als seine gigantischen goldenen Tafelservices und seine silbernen Möbelstücke an die Münze liefern zu lassen, damit sie dort eingeschmolzen und zu geprägtem Geld verarbeitet würden. Er speiste jetzt von Emaille- oder Fayencegeschirr, und von seiner Entourage wurde erwartet, dass sie seinem Beispiel folgte.

Man hatte mehr als einmal vergeblich versucht, die Truhen und Schatullen wieder zu füllen. Zusätzliche, zumeist völlig überflüssige Ämter waren geschaffen worden, und jedes von ihnen war an den gegangen, der am meisten geboten hatte. Verzinste Kreditbriefe, die man *billets de monnaie* nannte, waren gegen Münzgeld ausgegeben und später in Regierungsanleihen umgewandelt worden. Man hatte neue Steuern eingeführt und bereits existierende erhöht. An dem Münzgeld wurde immer wieder herumgepfuscht. Zwischen 1690 und 1715 wurde die französische Währung vierzigmal aufgewertet.

An der Situation besserte sich jedoch nichts. 1715 betrug die

Staatsschuld zwei Milliarden Livre, den größten Teil hatte eine Gruppe von vierzig privaten Finanziers vorgestreckt, die auch das Eintreiben der Steuern kontrollierten. Die Regierung konnte nicht das Geld aufbringen, um die Zinsen für die von ihr ausgegebenen *billets de monnaie* zu zahlen, und sie schon gar nicht gegen Bargeld einlösen. Diese *billets* waren so entwertet, dass Louis, als er ein Darlehen von acht Millionen Livre in Münzen bei einem der Pariser Finanziers aufnehmen wollte, 32 Millionen in diesen Noten hergeben musste. In den Provinzen konnten die wenigsten die vielen Steuern bezahlen, die Leute gingen gar so weit, Eheschließungen oder Kindstaufen ohne einen Priester vorzunehmen, um nicht die Extraabgabe zahlen zu müssen, die man – wie sie glaubten – bald von ihnen verlangen würde.

Law wusste, dass er die Antwort auf die Probleme des Landes hatte. Er beteuerte, dass sie sich alle nur aus einem Mangel an verfügbarem Geld ergäben. »Handel und Geld«, hatte er in Schottland geschrieben, »hängen voneinander ab; wenn der Handel niedergeht, wird das Geld weniger, und wenn das Geld weniger wird, geht der Handel nieder.« Aus dieser nach unten gerichteten Spirale könnten einen nur Kredite und eine Erhöhung der Summe des sich im Umlauf befindenden Geldes herausführen. Da Gold und Silber in Frankreich knapp seien, bestehe die Lösung darin, eine Nationalbank zu gründen und aus Papier hergestelltes Geld auszugeben.

Das schien eine verführerisch einfache Lösung zu sein. Das einzig Schwierige an Laws Vorschlag war, den König davon in Kenntnis zu setzen. Im November 1706 schaffte er es, nach Paris zu gelangen, wo er Chamillart, dem unfähigen und überforderten Generalkontrolleur der Finanzen, der außer dem Finanz- auch dem Kriegsministerium vorstand, ein in vier Teile gegliedertes Memorandum übergab. Law hatte sich bemüht, seine Ausführungen kurz und bündig zu halten und sofort zur Sache zu kommen. »Ich weiß«, schrieb er, »dass solche Vorschläge lang und fade sind, weil es notwendig ist, viele Aspekte von Geld zu erläutern..., was ich vorlege, wird kürzer sein, und man wird ihm leichter folgen können. Ich werde versuchen, nichts zu erörtern, das überflüssig ist.« Der gehetzte Chamillart bemühte sich, wie ein gewissenhafter Staatsdiener zu wirken, indem er ein paar Anmerkungen an den Rand kritzelte. In Wahrheit verstand er Laws Vision gar nicht und lachte nur über sie. Der König erfuhr nie etwas von diesem Vorschlag, und ohne Zustimmung von ganz oben steckte Law in einer Sackgasse. »Anscheinend ist man der Meinung, mein Vorschlag verdiene es nicht, im Rat diskutiert zu werden. Ich bin nicht überrascht: Ein neuer Typ von Geld, der sich besser eignet als Silber, scheint ein Ding der Unmöglichkeit«, schrieb er niedergeschlagen. Doch war sein Besuch in der französischen Hauptstadt nicht völlig umsonst. Während seines Aufenthalts begegnete er dem Neffen des Königs, Phillipe, dem Duc d'Orléans. Die Freundschaft der beiden Männer sollte den Lauf der Geschichte ändern.

Die beiden hatten viel gemein. Sie waren ungefähr im gleichen Alter – 1707 war Law sechsunddreißig und damit drei Jahre älter als Orléans –, beide waren gut aussehend, athletisch gebaut und spielten brillant Tennis. Der eine wie der andere hatte außerordentlich großen Erfolg beim anderen Geschlecht, Orléans übertraf Law aber weit, was seinen sexuellen Appetit anbelangte. Seine zahllosen Mätressen, ob sie nun Opernstars, Schauspielerinnen der Comédie Française, Dienstmädchen, Diplomatentöchter oder – was seltener der Fall war – Aristokratinnen waren, wurden wegen ihres heiteren Wesens, ihrer unstillbaren Lust am Feiern, am Trinken und der Liebe und ihrem Desinteresse an Politik ausgewählt. Ihr Aussehen spielte eine geringe Rolle – sogar die Mutter des Duc meinte einmal verbittert: »Für ihn müssen sie nicht schön sein. Ich habe ihn oft dafür getadelt, dass er sich so Hässliche aussucht.« In seiner Pariser Residenz, dem Palais Royal, entließ er des Abends seine Diener und veranstaltete berüchtigte *soupers*. Orgien, die die ganze Nacht hindurch gingen und bei denen eine Auswahl von Kurtisanen und Schauspielerinnen sowie der engste Kreis seiner männlichen Freunde – die *roués* – sich mit Essen voll stopften, zu viel tranken und, Saint-Simon zufolge, »schlimme Dinge mit lauten Stimmen erzählten«. Es bestand, so Saint-Simon, das Ritual, dass sie, »wenn sie eine Menge Lärm gemacht hatten und sinnlos betrunken waren, zu Bett gingen, um am nächsten Tag von neuem zu beginnen«. Natürlich sorgten sie mit ihrem Treiben für genügend Klatsch, um ganz Paris zu unterhalten.

Der Duc d'Orléans war aber dennoch um einiges mehr als ein weiterer zügelloser Adeliger. Er besaß viele Talente und eine beträchtliche Intelligenz, wenn er auch etwas sprunghaft war; er war ein Freigeist, der sich für die Entwicklungen in der Musik, der Literatur, der Philosophie und den Wissenschaften – einschließlich der Finanzwissenschaft – begeisterte. Die Chemie faszinierte ihn, und er verbrachte viele Stunden damit, in seinem privaten Laboratorium zusammen mit dem bekannten holländischen Chemiker Wilhelm Homberg Experimente durchzuführen. Schwarze Magie begeisterte ihn ebenfalls, und seine Vorliebe dafür, spät in der Nacht Zauberei zu betreiben oder Geister zu beschwören, rief in höfischen Kreisen heftige Kritik hervor. Zudem war er ein Kunstkenner. Bei dem berühmten Freskomaler Antoine Coypel – der die Decken im Palais Royal ausschmückte – lernte er selbst malen, und an den Wänden in seiner Residenz hingen Meisterwerke von Raffael, Tizian, Rembrandt, Veronese, Caravaggio sowie führenden französischen Künstlern. Er förderte Literaten und Dichter, komponierte Opern und spielte nicht allzu schlecht Flöte. Trotz seiner reichen Talente und seiner vielfältigen Interessen war der Duc mit dem Leben unzufrieden. Louis XIV. misstraute ihm und hatte ihm beharrlich eine Rolle verweigert, die ihn wirklich ausgefüllt hätte. Zu seinen Ausschweifungen wurde er zu einem großen Teil durch Langeweile getrieben. Hinter dem anrüchigen Äußeren verbarg sich wie bei Law ein Idealist, der sich nach einer Änderung der Verhältnisse sehnte.

Law verbrachte bereitwillig viele Stunden damit, seine Ideen darzulegen, und fand in dem Duc jemanden, der genügend Intelligenz und eigene Visionskraft besaß, um sie zu begreifen. Vielleicht stieg Law noch weiter in der Achtung des Franzosen, weil er das Leben eines Abenteurers führte, der jederzeit bereit war, sich einen Vorteil zu Nutze zu machen, ein Leben also, das Welten entfernt war von dem vom Protokoll und von Formalitäten bestimmten Dasein am französischen Hof. Beide Männer verfügten über eine schnelle Auffassungsgabe und galten als geistreiche Plauderer. Mit der gegenseitigen intellektuellen Anerkennung wuchs auch die persönliche Zuneigung füreinander. Durch seinen Freund von königlichem Geblüt dazu ermutigt, überarbeitete Law voller Optimismus seinen Vorschlag und legte ihn dem Monarchen erneut vor. Doch wieder wurden seine hochfliegenden Ideen zunichte gemacht; trotz der Fürsprache durch den Duc d'Orléans warf Louis nur einen uninteressierten Blick auf Laws Schrift. Liselotte von der Pfalz, der Mutter des Herzogs, zufolge, stellten diesmal nicht irgendwelche, dem Plan innewohnende Schwierigkeiten das Hindernis dar, sondern die Konfession seines Urhebers. Law war kein Katholik und daher für Louis von vornherein nicht vertrauenswürdig. Der Chef der Polizei, d'Argenson, wurde angewiesen, Laws Abreise zu beschleunigen.

Dennoch gab Law die Hoffnung nicht auf. Er wählte Holland zur Basis, von der aus er auszog, um seine Suche nach einem Herrscher fortzusetzen, der bereit war, ihm Gehör zu schenken. Diese nomadische Existenz muss für Katherine, die sich ja um ihr Kind kümmern musste, äußerst belastend gewesen sein, das Verhältnis der beiden scheint aber in keiner Weise gelitten zu haben; im Gegenteil: Es sieht so aus, als sei die innere Kraft und Loyalität, die sie später zeigte, ein Ergebnis jener engen Verbundenheit, die sich während der langen Zeitspanne entwickelte, in der sie beide ohne Wurzeln waren. In unvertrauter Umgebung und während langer Reisen quer durch Europa verbrachten sie und Law viel Zeit miteinander und waren, was Gesellschaft anbetraf, ganz aufeinander angewiesen. In jeder neuen Stadt, in der sie eintrafen, wirkte Katherines würdevolles Auftreten möglicherweise zu Gunsten Laws, denn politisches Fortkommen hing ebenso von gesellschaftlichem Erfolg wie von brauchbaren Ideen ab. Ihr Glamour mag in Verbindung mit seinem Charme dazu beigetragen haben, jene Bündnisse zu schmieden, auf die er für seine Karriere angewiesen war.

Im Frühjahr 1710 hielt er sich in Italien auf, wie immer in Begleitung von Katherine, die erneut schwanger war. Ihr zweites

Kind, Mary Katherine, die Law immer nur Kate nannte, kam in Genua zur Welt. In Turin legte Law Vittorio Amadeo, dem Duca di Savoia, der nach der Belagerung der Stadt dringend Geld brauchte, einen Plan zur Gründung einer Bank ähnlich der Bank of England vor. Dem Herzog, der ein großer Bewunderer Laws war, gefiel dieser Plan, und Law schöpfte neue Zuversicht. Während er auf die Anweisung wartete, zu beginnen, vertrieb er sich die Zeit mit Spekulationen und Geldgeschäften, und zwar so erfolgreich, dass er ein Jahr später in Amsterdam ein Konto eröffnete und 100 000 Pfund darauf einzahlte.

Im Lauf der Monate zeigte sich jedoch, dass die Unterstützung von Vittorio Amadeo nicht den Wendepunkt bedeutete, den Law herbeigesehnt hatte. Die Minister des Duca waren hartnäckig konservativ, und nach längeren Auseinandersetzungen sah Vittorio Amadeo sich gezwungen, Laws Vorschlag mit der lahmen Begründung abzulehnen, die Gebiete, über die er herrsche, seien »zu klein für die Verwirklichung eines so großen Planes«. Er fügte noch hinzu, dass »Frankreich der geeignete Schauplatz für seine Durchführung sei«, und sagte: »Soweit ich die Wesensart der Menschen jenes Königreiches kenne, bin ich sicher, dass sie Geschmack an Euren Plänen finden werden.« Law stimmte dem zu, wusste aber, dass ihm, solange die derzeitige Regierung im Amt war, auch dort die Türen verschlossen blieben.

Sogar als er im Exil lebte, erregte Laws Erfolg das Interesse der englischen Behörden. Law war inzwischen zu dem Schluss gekommen, dass es seinen Zielen förderlich sein würde, wenn er sich der Welt als vermögender Mann präsentierte. Im Frühjahr 1712 verließ er Italien, um nach Den Haag zurückzukehren, einem zeitgenössischen Autor zufolge »die hübscheste, eleganteste und am modernsten aussehende Stadt der gesamten Niederlande«. Er investierte seine Gewinne in einen prächtigen Wohnsitz, den er mit Gemälden und anderen Kunstwerken ausstattete. Ein derart aufwändiger Lebensstil fand sofort Beifall. Katherine übernahm glücklich die Rolle als Dame der Gesellschaft und empfing die zahlreichen Besucher, die vorsprachen. Jedermann wollte wissen, wie genau Law eigentlich sein Vermögen gemacht hatte.

Im April 1713 schrieb der Diplomat John Drummond aus Utrecht an den Earl of Oxford einen Brief, in dem er »einen in diesem Land berühmten Mann« erwähnte: »Dieser Mr. Law hat in Italien großen Besitz erworben, einige sagen durch Geschäfte mit der Armee in Genua, andere sagen zum Teil durch Glücksspiel. … Es täte mir Leid, wenn ich sehen müsste, dass er in Den Haag sesshaft wird, wo er ein schönes Haus gekauft hat, da er reich ist und sehr nützlich sein kann…, der Dienst, den er seinem Land erweisen könnte, rechtfertigte gewiss seine Begnadigung.« Law genoss seinen Ruf als geheimnisumwitterter Mann und tat nichts, um gegen den Klatsch anzugehen. Er war so gesellig und charismatisch wie eh und je. »Er wird wirklich von allen bewundert, die ihn hier kennen…, und ich wünschte mir jederzeit, dass Untertanen der Königin mit solch ansehnlichem Besitz und solchem Verstand sich bei uns daheim niederließen«, schrieb Drummond nach England.

Law vermehrte sein bereits beträchtliches Vermögen noch weiter. Gray zufolge waren die Holländer als »sehr geiziger, argwöhnischer Menschenschlag« bekannt, »gehen aber auf alles ein, wenn irgendeine Aussicht auf Gewinn besteht«. Law, so berichtet Gray, ergriff die Gelegenheit, sie mit den Vergnügungen einer Landeslotterie bekannt zu machen, die auf jener beruhte, die sein alter Freund Neale in London ins Leben gerufen hatte und die er nun zu seinem eigenen Vorteil »verbesserte«. In Rotterdam flog Laws Trick auf: Es hieß, er habe »diese Lotterien ganz und gar zu seinem eigenen Nutzen ausgeklügelt und zum Schaden der Leute, von denen er an die 200 000 Gulden bekommen hatte«. Man forderte ihn auf, das Land zu verlassen. Neuere Forschungsergebnisse deuten allerdings darauf hin, dass Law in Wirklichkeit eine Art von Versicherungssystem eingeführt hatte, das den Investoren die Möglichkeit bot, ihre Verluste zu verringern, für den Fall, dass alle ihre Lose verlieren sollten. Für eine Gebühr von 100 Gulden konnten sie zehn Lose bei Law deponieren und die dreifache Summe fordern, wenn keines davon gewann. Später wurde das System modifiziert: Der Preis wurde heruntergesetzt, aber alle Gewinne über einer bestimmten Höhe mussten Law ausgezahlt werden. Ganz ähnlich wie er es beim Glücksspiel getan hatte, machte Law es sich zu seinem persönlichen Vorteil zu Nutze, dass er jedes Risiko so genau zu kalkulieren wusste. Und seine Operationen müssen höchst lukrativ gewesen sein, denn zwei Jahre später hieß es, dass sein Vermögen auf 500 000 Pfund angestiegen sei.

Was Frankreich betraf, schien sich sein Glück allmählich zu wenden. Mit der Unterzeichnung des Friedensvertrags von Utrecht im April 1713 war der Krieg nach langen Jahren endlich zu einem Ende gekommen. Louis XIV., der jetzt im fünfundsiebzigsten Lebensjahr stand und sich immer noch einer bemerkenswert guten Gesundheit erfreute, betrachtete nachdenklich die Trümmer seines Reiches. Seine Verlustgefühle wurden durch eine Folge tragischer Ereignisse gesteigert, die die Thronfolge völlig durcheinander gebracht hatten. Im Zeitraum von nur drei Jahren waren nacheinander drei Thronerben gestorben – sein Sohn, der Dauphin, sein Enkel, der Duc de Bourgogne, und sein Großenkel, der Duc de Bretagne. Jetzt war Louis' zweiter Großenkel der Thronfolger, ein vierjähriger Knabe, und Laws Verbündeter, der Duc d'Orléans, stand als Regent in Bereitschaft.

Die Bedrängnis, in der Louis sich befand, schien Law eine neue Chance zu verheißen. Dringender als jemals zuvor war Frankreich auf eine Lösung für seine finanziellen Probleme angewiesen. Da er das Gefühl hatte, die Verachtung des Königs für ihn könne abgeklungen sein, kehrte Law nach Paris zurück. Am Heiligen Abend bat er Nicolas Desmarets, den neuen Finanzminister, brieflich um eine Audienz, »um Angelegenheiten zu diskutieren, die, so bin ich mir sicher, angenehm sein werden, da sie dem König dienlich sein und dem Wohlergehen seiner Untertanen zustatten kommen sollen«. Die Unterstützung durch den Duc d'Orléans begann sich zu Laws Gunsten auszuwirken, und sein Gesuch wurde ein wenig wohlwollender aufgenommen. Desmarets kritzelte an den oberen Rand von Laws Brief eine für seinen Sekretär bestimmte Notiz: »Wenn er kommen will, werde ich mit ihm sprechen.« Aber entweder war seine Kanzlei ineffizient und Law erhielt keine Mitteilung, oder etwas von dem alten Argwohn war noch lebendig. Desmarets' Antwort ließ jedenfalls auf sich warten. Beinahe vierzehn Tage später schrieb Law, nachdem er nichts gehört hatte, einen zweiten Brief, der diesmal ungeduldiger klang:»Am 24. Dezember nahm ich mir die Freiheit, Euer Gnaden zu schreiben und zu bitten, mir eine Privataudienz zu gewähren, sodass ich diskutieren könnte, wie ich Seiner Majestät zu Diensten zu sein vermöchte. Da meine geschäftlichen Angelegenheiten mich zwingen, binnen kurzem abzureisen, läge mir daran zu erfahren, ob mir diese Gunst zuteil werden wird.« Wiederum wurde sie ihm nicht gewährt, doch Law war immer noch überzeugt, dass ein Durchbruch unmittelbar bevorstand. Er kehrte nach Den Haag zurück, um den Umzug seiner Familie nach Frankreich in die Wege zu leiten.

Im Mai 1714 war er erneut in Paris, die formelle Audienz, bei der er seinen Plan hätte unterbreiten können, wurde ihm noch immer verweigert, doch er schrieb voller Zuversicht an den Finanzminister:»Ihr hattet die Güte zu meinen, dass Ihr es mich wissen lassen wolltet, wenn Ihr die Zeit habt, mir eine Audienz zu gewähren. Ich harre Eurer Befehle.« Katherine beaufsichtigte in der Zwischenzeit in Den Haag das Verpacken ihrer Einrichtungsgegenstände und persönlichen Besitztümer: eine schwierige Aufgabe auf Grund ihrer großen Sammlung von Kunstwerken und Möbelstücken. Bei Rouen wurde der Transport von französischen Zollbeamten aufgehalten. Law schrieb an Desmarets und bat voller Selbstvertrauen um die Hilfe, die seiner Meinung nach einem Mann zustand, der bald eine Schlüsselrolle im französischen Finanzwesen spielen würde:»Mehrere Truhen und Kisten mit den Wertsachen und Einrichtungsgegenständen, die ich während meines Aufenthalts dort benutzt habe, werden von Holland spediert. Da sich in ihnen auch Porzellan und andere zerbrechliche Gegenstände befinden, die leicht beschädigt werden können, wenn die Behältnisse unterwegs geöffnet werden, und ich niemanden habe, der auf sie achten könnte, nehme ich mir die Freiheit heraus, Euer Gnaden zu bitten, die Erlaubnis zu gewähren, dass sie Rouen passieren dürfen, ohne geöffnet zu werden und erst überprüft werden, wenn sie in meinem Haus angekommen sind.« Desmarets zeigte sich verständnisvoll, wollte es Law aber dennoch nicht gestatten, sich über die üblichen Formalitäten hinwegzusetzen. Er befahl, man solle Law mitteilen, dass er »keine Visitation in seinem Haus arrangieren« könne. »Dies ist nur bei Gesandten üblich…, doch wenn er will, dann werde ich Anweisung geben, dass die Truhen und Kisten zum Zoll in Paris befördert werden, wo sie dann vor seinem Angesicht geöffnet werden können.«

Ein oder zwei Monate später hatte sich die Familie Law bequem in ihrem neuen Wohnsitz eingerichtet, einem herrschaftlichen Haus, das mit einem »ansehnlichen Gefolge von Dienern« ausgestattet war und an der Place Louis le Grand (der heutigen Place Vendôme) lag, einem der neuesten und elegantesten Plätze von Paris, wo viele der bedeutendsten Finanzleute der Hauptstadt residierten. Laws Einzug dort war von d'Argenson registriert worden, der dem Fremden nach wie vor äußerst misstrauisch gegenüberstand und den Außenminister de Torcy auf ihn aufmerksam machte: »Ein Schotte namens Law, von Beruf Spieler und im Verdacht stehend, üble Absichten gegenüber dem König zu hegen, tritt in Paris in großem Stile auf und hat sogar ein beeindruckendes Haus an der Place Louis le Grand erworben, obgleich niemand von einer Einkunftsquelle weiß, abgesehen von seiner Fortune im Glücksspiel, welches sein ganzes Geschäft ist. Ich vermag nicht zu glauben, dass die Motive, die berechtigten Verdacht gegen ihn erweckt haben, mit dem Frieden zu existieren aufgehört haben.« Torcy jedoch muss registriert haben, dass die Einschätzung Laws durch die höhere Gesellschaft sich gerade zu ändern begann, und kritzelte deshalb auf den Brief: »Er ist nicht verdächtig. Man kann ihn in Ruhe lassen.«

Als der Umzug der Laws nach Paris im Sommer 1714 gerade abgeschlossen war, starb Königin Anne. Da er sich immer noch danach sehnte, in England eine Rolle zu spielen, bedrängte Law sofort einen alten schottischen Freund, John Dalrymple, den zweiten Earl of Stair, der gerade zum britischen Gesandten in Frankreich ernannt worden war, den neuen König George I. auf seinen Fall aufmerksam zu machen. Stair, der Sohn des in Ungnade gefallenen Earl, den man für das Massaker von Glencoe verantwortlich gemacht hatte, teilte Laws Leidenschaft für das Glücksspiel und ein Leben in Saus und Braus; vielleicht hatte er Law an den Spieltischen von London oder Edinburgh kennen gelernt. Als er im Januar 1715 in Paris eintraf, war Law der Erste, dem er einen Besuch abstattete.

Diese Begegnung beeindruckte ihn zutiefst. Der mittlerweile dreiundvierzigjährige Law hatte sich sein gutes Aussehen und seine athletische Figur erhalten, doch sein jugendlicher Hunger nach ausschweifenden Vergnügungen war durch hochfliegenden Ehrgeiz ersetzt worden. Laws Verständnis des Finanzwesens und seine Fähigkeit, komplexe Themen durchschaubar zu machen, versetzten Stair in Erstaunen. Ohne zu zaudern nahm er sich Laws Fall an und schrieb nach England an den Politiker und Staatssekretär James Stanhope, er solle doch Law als »einen Mann von großer Vernunft und mit einem weit fähigeren Kopf für Kalkulationen jeglicher Art als sonst irgendjemand« empfehlen. Law sei »sicherlich der klügste Mann, den man finden könne, einen Plan zu ersinnen, um die Staatsschulden abzutragen«. Stair empfahl Law auch Lord Halifax vom Schatzamt. Halifax, der Law in Den Haag begegnet war und den Vorschlag zu Gesicht bekommen hatte, den Law in Schottland ausgearbeitet hatte, brauchte nicht erst lange von dessen Talent überzeugt zu werden. »Ich habe große Achtung vor seinen Fähigkeiten und sähe es äußerst gern, wenn ich in der Finanzverwaltung seinen Beistand hätte«, meinte er. Doch dass Halifax eine gute Meinung von Law hatte, genügte nicht. Später schrieb Stair an Stanhope: »Es scheint eine gewisse Schwierigkeit zu geben, was seinen Fall betrifft, und auch, wie man ihn herüberholt. Wenn Eure Lordschaft mir etwas vorschlagen kann, das die Angelegenheit erleichtert, wäre ich sehr froh, solche Anregungen zu erhalten.« Stanhopes Antwort bestätigte nur, dass es Einwände gegen Law gab: »Ich versäumte nicht, die Angelegenheit dem König vorzulegen«, schrieb er, »ich sage Eurer Lordschaft nun, dass ich eine Neigung entdecke, dem, was Ihr vorschlagt, zuzustimmen, obwohl dieses gleichzeitig auf Widerstand gestoßen ist und weiter auf Widerstand stößt, und ich glaube, es wird ihm [Law] nicht schwer fallen zu erraten, von wo dieser ausgeht.« Law zufolge war Stanhope wütend, als die Petition abgewiesen wurde, und »als er mit dem König über mich sprach, sagte er, dass Englands Schulden während zweier Kriege auf 50 Millionen Pfund angestiegen waren, das Land aber mehr verloren habe an jenem Tag, an dem ich begonnen hätte, mich um die Geschäfte Frankreichs zu kümmern«.

Er vergeudete nicht viel Zeit mit Lamentieren. Er nahm sich vor, durch seinen Erfolg in Frankreich zu demonstrieren, was England entgangen war, und im Mai legte er Desmarets die schon lange erwarteten Vorschläge zur Gründung einer Nationalbank vor, die gegen entsprechende Einlagen Papiergeld ausgeben sollte. Aber der immer noch misstrauische Desmarets hielt ihn weiter in einem Zustand der Ungewissheit, verlangte endlose Erklärungen und wies immer wieder auf mögliche Risiken hin. Im Frühsommer wurde Law, vielleicht weil ihn die permanenten Enttäuschungen erschöpft hatten, krank und hatte vor Juli nicht die Kraft, seinen Plan erneut zu überarbeiten. Zu jenem Zeitpunkt war den Finanziers von Paris etwas darüber zu Ohren gekommen, die aus Angst, dass ihre Gewinne geschmälert werden könnten, lautstark ihren Widerstand zum Ausdruck brachten. Eine Staatsbank, so meinte Samuel Bernard, einer der wohlhabendsten von ihnen, könnte »in einem Land, wo alles vom Wohlgefallen des Königs abhängt«, niemals funktionieren. Auch wenn ihm jetzt von einer weiteren Seite Feindseligkeit entgegenschlug, blieb Law gelassen und überraschend optimistisch. Desmarets, der immer noch Zeit zu gewinnen suchte, brachte weitere Fragen vor. Wie bald würde Law mit dem Projekt beginnen können? Welche Sicherheiten könnte er beibringen? Wie würde die Bank verwaltet werden? Geduldig beantwortete Law jede Frage. Er sei bereit, die Bank am 10. August zu eröffnen oder sogar früher, wenn man ihn ließe. Er sei so sicher, dass sie ein Erfolg sein werde, dass er 500 000 Livre von seinem eigenen Vermögen als Sicherheit bieten würde. Desmarets würde in dieser großartigen neuen Institution mit Sicherheit eine offizielle Rolle übernehmen können. Anfang August zählte sich Laws Beharrlichkeit endlich aus: Desmarets billigte den Plan. Jetzt musste man nur noch den König davon überzeugen.

Louis verbrachte eine ruhige Zeit in seinem Sommerpalast in Marly. Am 10. August, an genau dem Tag, an dem Law die Staatsbank hatte eröffnen wollen, ging es mit der Gesundheit des Königs ganz plötzlich bergab. Zeitgenössischen Berichten zufolge vergrößerten sich verfärbte Stellen auf seinem Bein, und die Ärzte, die ein Gangrän befürchteten, versuchten ihn mit Zaubertränken zu heilen und indem sie vielfache Einschnitte in dem befallenen Glied vornahmen und es in mit Cognac getränkte Bandagen wickelten. Doch das Leben des Herrschers war nicht mehr zu retten. Am Sonntag, dem 1. September 1715, morgens um Viertel vor neun, nach einer Regierungszeit von zweiundsiebzig Jahren, starb Louis XIV., der glanzvollste König, den Frankreich jemals gehabt hatte.

Wie die meisten Franzosen vergeudete der Duc d'Orléans nicht viel Zeit mit Trauern. Am Tag nach Louis' Tod richtete er eine mitreißende Ansprache an das Parlament, in der er auf die Abgeordneten eindrang, das Recht eines Rates von Adeligen und des Duc de Maine, ihn bei seiner Regentschaft zu assistieren, aufzuheben. Louis XIV. hatte eine solche Aufteilung der Herrschaft geplant, um die Macht des Herzogs einzuschränken. Der Duc d'Orléans ging als triumphierender Sieger aus der Sitzung des Parlaments hervor. Von nun an bis zu dem Zeitpunkt, da der fünf Jahre alte Dauphin großjährig sein würde, würde er als Regent über Frankreich herrschen. Für John Law schien die große Chance, von der er immer geträumt hatte, noch nie in so unmittelbarer Reichweite gewesen zu sein.

8 Die Bank

Eure Königliche Hoheit wird keine Schwierigkeit haben, Erfolg durch das zu ernten, was zu unterbreiten ich die Ehre habe; der beste Schauspieler ist nicht der mit der größten Rolle, sondern derjenige, welcher am besten agiert. Ich kenne meine Stärken, und ich liebe die Vergnügungen zu sehr, um mich mit Geschäften zu befassen, die ich nicht bis auf den Grund verstehe. Meine Ideen sind sehr einfach, die Prinzipien, nach denen ich sie ausgearbeitet habe, entsprechen der Wahrheit, und die Schlussfolgerungen, die ich aus ihnen gezogen habe, sind korrekt ...

JOHN LAW *in einem Brief an den Regenten, Dezember 1715*

An der Banque Générale standen die massiven Doppelflügel der Tür, die auf die Rue St. Avoye führte, offen. Im Vestibül plauderte eine Hand voll Klienten miteinander, bevor sie zur *grande salle* schlenderten, um ihre Geschäfte abzuwickeln. Es war der Spätsommer des Jahres 1716, und das Geschäft war flau wie gewöhnlich.

Später an jenem Morgen fuhr eine Kutsche vor, die alles andere als gewöhnlich wirkte und mit deren Ankunft niemand gerechnet hatte. Vielleicht sahen ein paar Kunden, wie sie ihre Fahrt verlangsamte, um in die enge, von einem Bogen überspannte Einmündung in die Straße biegen zu können. Dann müssen sie die Livrée des Kutschers und der Lakaien im Inneren des Gefährts erkannt und gewusst haben, dass sie zum Duc d'Orléans gehörten. Die Diener stiegen aus; sie trugen Truhen in den Händen, die mit metallenen Bändern beschlagen waren, schafften sie in die Bank und stellten sie vor dem Schalter ab. Dann trat ein Leibdiener des Duc vor, um sie aufzuschließen. In jeder Truhe befand sich ein Berg von Louis d'or und silbernen Écu, die der Regent der Bank anzuvertrauen wünschte. Ihr Gesamtwert betrug eine Million Livre.

Die anderen Kunden der Bank müssen wie erstarrt gewesen sein. Dass der Regent eine derartige Summe in eine Bank einzahlte, die in vielen Kreisen als Zielscheibe des Spotts diente, war nicht nur erstaunlich, sondern auch von großer Bedeutung. Sie wussten nicht, dass der Regent und der Direktor der Bank, John Law, es so ausgeheckt hatten, dass die Geldübergabe so auffällig wie möglich vonstatten ging: Ehrfürchtiges Staunen der Öffentlichkeit war genau das, was sie zu erzielen wünschten. Dadurch würde das Vertrauen in die Bank, deren Geschäfte daniederlagen, und in das Papiergeld, das sie ausgab, Aufschwung erhalten.

Die List war erfolgreich. Innerhalb weniger Tage hatte die Presse verbreitet, dass der Regent ein solches Vertrauen in John Laws neue Bank besaß, dass er eine Million Livre in ihren Gewölben deponiert hatte. Die zuvor feindselig eingestellte »Gazette de la Régence«, die vorhergesagt hatte: »[Laws] Bank wird keinen Erfolg haben!« und in der zu lesen gewesen war: »Niemand spricht über Herrn Laws Bank, es sei denn, um über sie zu scherzen«, berichtete jetzt von »einer unlängst von der Königlichen Münze ergangenen Order, eine Million an Monsieur Laws Bank zu schicken, welche der Regent unterstützt und die in Wirklichkeit seine Bank unter dem Namen des Engländers ist. Jedermann glaubt, dass sie Bestand haben wird, weil königliche Fonds in sie fließen«. John Law war sich nur allzu sehr bewusst, dass die königliche Schirmherrschaft die wirksamste aller Werbestrategien war.

Nach dem Tod von Louis XIV. hatte Law sich zunächst enttäuscht gefühlt, weil sich die Gründung seiner Bank so sehr in die Länge gezogen hatte. Nach seinem Regentschaftsantritt hatte der Duc d'Orléans den Finanzminister Desmarets entlassen und – im Einklang mit dem von ihm eingeführten neuen System einer Regierung mithilfe von Ratskollegien, die sich aus Aristokraten zusammensetzten – den Duc de Noailles zum Vorsitzenden des Finanzrates ernannt. Noailles war tatkräftig, schlau und ehrgeizig, aber unentschlossen und von Natur aus misstrauisch gegenüber jedem, der seine Position bedrohen könnte. Louis de Rouvroy Saint-Simon, Schriftsteller, Höfling, Mitglied des Ratskollegiums des Regenten und dessen persönlicher Freund, dessen einundvierzig Bände füllende Memoiren einem in faszinierender Weise die Hauptpersönlichkeiten und -ereignisse der Zeit der »Régence« nahe bringen, schrieb über den Duc de Noailles: »Trotz seiner Intelligenz machte ihn die Vielfalt und Unbeständigkeit seiner Ideen und Ansichten, die einander sukzessive vertrieben, ob vollständig oder auch nur teilweise, unfähig, eine eigene Arbeit zu einem Ende zu bringen, noch war er jemals mit einer Arbeit zufrieden, die von einem anderen für ihn verrichtet wurde.« Er war ein strenger und hinterlistiger Vorgesetzter, und als der Regent ihm Law als jemanden vorstellte, mit dessen Ideen sich zu befassen sich lohne, weckte dies sofort Noailles' Argwohn. Er nickte zustimmend und murmelte einige ermutigende Worte, sah aber in Law »einen Eindringling, der durch die Hand des Regenten in seine Administration gesteckt worden war«, und schickte ihn daher, so Saint-Simon, »lange Zeit von Pontius zu Pilatus«. Der Duc de Noailles stellte fest, dass Frankreich in einer noch weitaus tieferen Finanzkrise steckte, als irgendjemand geahnt hatte. Die Staatsschulden wurden auf über zwei Milliarden Livre geschätzt, die anfallenden Sollzinsen beliefen sich auf 90 Millionen; das Steuersystem, das eigentlich die Rückzahlungen hätte ermöglichen sollen, war so ineffizient und durch Korruption unterhöhlt, dass die Einnahmen schon drei oder vier Jahre im Voraus aufgebraucht waren. Nachdem er die Bücher eingehend studiert hatte, fasste Noailles die finanzielle Notlage so zusammen: »Wir fanden den Besitz der Krone aufgebraucht, die Einkünfte des

Staates praktisch vertilgt durch eine Unzahl von Forderungen und Schuldentilgungen, die normalen Steuern schon im Voraus aufgezehrt, Zahlungsrückstände jeglicher Art durch die Jahre hindurch aufgehäuft, und zu erwarten ist eine Flut von Rechnungen, Verfügungen, Anweisungen verschiedenster Art, die sich insgesamt auf so erhebliche Summen belaufen werden, dass man sie kaum zu errechnen vermag.«

Einige Berater schlugen vor, Frankreich solle sich einfach für bankrott erklären und von neuem beginnen. Law überzeugte den Duc d'Orléans davon, dass man das Land damit nur noch in eine tiefere Misere stürzen würde. Er wisse einen besseren Ausweg. Im Oktober unterbreitete er voller Enthusiasmus dem Regenten einen neuen Vorschlag: den Plan zur Gründung einer Staatsbank, die im Namen des Königs geführt werden, alle Staatseinkünfte verwalten und Papiergeld ausgeben sollte, das durch Münzgeld gedeckt war. »Die Annehmlichkeit wird derart sein, dass jedermann entzückt sein wird, statt Münzen diese Banknoten zu besitzen, wegen der größeren Bequemlichkeit, Zahlungen mit Noten vorzunehmen, und der Gewissheit, den Gegenwert ausgezahlt zu erhalten, wenn man es wünscht.«

Während der Duc diesen Plan noch prüfte, versuchte Law die Unterstützung dessen engster Berater zu erlangen. Ein paar besonders Kühne unter ihnen ließen sich dazu herab, ganz vorsichtig einige Worte der Ermutigung zu murmeln; zu ihnen gehörte der Duc d'Antin, der sagte, er sei »hingerissen von seiner Idee, die eine eingehendere Beschäftigung zu verdienen schien«. Am Ende des Monats wurde der Plan formell dem Ratskollegium und einem Ausschuss von dreizehn der bekanntesten Bankiers und Finanziers von Paris vorgelegt. Laws Stunde schien aber immer noch nicht gekommen zu sein. Die Angehörigen der Geschäftswelt verhielten sich weiterhin spöttisch und argwöhnisch; hinter ihrer Kritik verbarg sich die Sorge, dass es für sie von großem Nachteil wäre, wenn man die Gründung einer Staatsbank zuließe. Neun der dreizehn votierten daher dagegen. Noailles, der Law gegenüber generell eine abwehrende Haltung einnahm und es ihm verübelte, dass er den Regenten so mühelos zu beeinflussen vermochte, machte ihm ebenfalls einen Strich durch die Rechnung. Während Law wartete und ganz naiv davon ausging, dass man ihn anweisen würde, den Plan in die Realität umzusetzen, wurde er hinter den geschlossenen Türen des Ratssaales verraten. Als er sich mit der geballten Feindseligkeit der Geschäftsleute und seiner eigenen adeligen Berater konfrontiert sah, musste der Duc d'Orléans zu seinem Bedauern einsehen, dass er es nicht wagen konnte, ein solch umstrittenes Projekt zu unterstützen und damit das Risiko einzugehen, in dieser heiklen ersten Phase seiner Regentschaft zahlreiche Menschen gegen sich aufzubringen. Fürs Erste musste der Plan aufgegeben werden. Der Duc gab eine sehr förmliche Schlusserklärung ab: »Er sei in der Überzeugung zu der Sitzung erschienen, dass die Bank gegründet werden sollte; nachdem er aber jetzt gerade verschiedene Ansichten dazu gehört habe, stimme er ganz und gar mit jener von M. le Duc de Noailles überein, und es würde noch am gleichen Tag jedermann kundgetan werden, dass der Plan nicht ausgeführt werden würde.«

Laws scharfe Reaktion darauf, dass der Regent ihn im Stich gelassen hatte, verbarg seine tiefe Enttäuschung: »Der Nutzen von Banken ist in allen Handelsnationen so anerkannt, dass es mir ungewöhnlich vorkommt, dass sie hierselbst in Frage gestellt werden«, schnaubte er. Der Regent, dem nur zu sehr bewusst war, wie sehr das der Wahrheit entsprach, und den sein Rückzieher vermutlich schon in dem Moment reute, als er ihn aussprach, fürchtete, Law könne zu seinem unsteten Spielerleben zurückkehren, oder – was noch schlimmer gewesen wäre –, seine Sachkenntnis in einem anderen Land einsetzen. Als Law in seinem Pariser Haus vor sich hin brütete, wies der Regent Noailles an, ihn irgendwie zu besänftigen. Law erzählte später, dass Noailles ein paar vage Versprechungen im Namen des Regenten gemacht und gesagt habe: »Ich könne dem Staat immer noch von Nutzen sein, und er hoffe, dass diese Zurückweisung nicht in mir den Wunsch aufkommen lassen werde, Frankreich zu verlassen, dass er meinen Aufenthalt, so gut er irgend kann, zu einem angenehmen machen wolle, und dass es sogar die Meinung des Ratskollegiums sei, dass er auf mich einwirken solle zu bleiben, da ich nützlich sein könnte mit dem Wissen, das ich besitze.« Immer noch aufgebracht erwiderte Law damals auf Noailles' Worte:»Ich benötigte nichts, da ich genügend besitze, um in aller Behaglichkeit zu leben. Als ich vorschlug, Seiner Königlichen Hoheit zu dienen, sei ich von der Absicht geleitet gewesen, mich dem Staat nützlich zu machen und nicht mein eigen Gut zu mehren. Dass dies der Wahrheit entspreche, ginge aus der Natur meines Vorschlags hervor.« Wie der Regent es sich erhofft hatte, verflog sein Zorn allmählich, und er fühlte sich insgeheim doch von den ihm entgegengebrachten Aufmerksamkeiten geschmeichelt.»Ich hätte nie daran gedacht, einen zweiten Vorschlag zu unterbreiten, wenn er mich nicht gedrängt hätte, dies zu tun«, schrieb er später voll offenkundiger Selbstgefälligkeit.

Tatsächlich hätte Law sich wohl niemals durch die Abfuhr eines einzigen Kollegiums entmutigen lassen: Er hatte seinen großen Traum schon viel zu lange geträumt, um ihn so schnell aufzugeben. Er sagte sich selbst, dass es nur darum ging, die Ideen, die er hatte, zu modifizieren, und weiter abzuwarten. Wenn dem Regenten die Vorstellung von einer Staatsbank Unbehagen bereitete, dann – so meinte Law nun – müsse eine private Unternehmung dieser Art die Lösung sein. Der revidierte Plan, der langsam Gestalt annahm, sah eine privat geleitete Bank ähnlich der Bank of England vor, die Banknoten ausgab und von Anteilseignern finanziert wurde. Im Lauf eines ganzen Winters, der, wie Liselotte von der Pfalz, die Mutter des Regenten, berichtete, so kalt war, dass bei Calais sogar das Meer zufror, informierte Law in einer Reihe von Besprechungen, die im Palais Royal und in Marly stattfanden, den Regenten mit neuem Enthusiasmus über die Einzelheiten dieses Plans. Im Dezember 1715 verglich er die Einführung des Kreditwesens mit der Entdeckung »Indiens«, womit er Spanisch-Amerika meinte; er sagte dann, »hätte Spanien die Indischen Inseln an die Engländer abgetreten, hätten diese nicht so sehr davon profitiert, wie sie es von der Verwendung von Krediten getan haben. ... Mein Bankprojekt wird weder dem König noch dem Volk den geringsten Nachteil einbringen; es ist die schnellste, sicherste und ungefährlichste Methode, den Glauben und das Vertrauen des

Handels wiederherzustellen; es ist das wahre Fundament der Macht in einem Staat und die Art und Weise, in der man damit beginnen muss, Ordnung herzustellen.« Wenn Law so sprach, dann wurde Geld zu dem Stoff, aus dem die Träume sind, ein magisches Allheilmittel, die Verkörperung universellen Glücks und nicht etwa gemeiner Versuchung. Der Duc d'Orléans war vollkommen gebannt von seinen Ausführungen.

Während der Regent und Law unter vier Augen zusammensaßen, blieb es Noailles überlassen, schmerzliche Methoden zur finanziellen Sanierung des Landes einzuführen. Ein Jahr zuvor hatte er die *visa* ins Leben gerufen, eine drastische Form finanzieller Chirurgie, mit der große Teile der königlichen Schuld einfach wegamputiert wurden. Langfristige Kredite, durch die Louis XIV. zu einem großen Teil seine Kriege finanziert hatte, waren durch die Ausgabe von Rentenbriefen aufgenommen worden, welche die Pariser Stadtverwaltung Financiers wie auch privaten Investoren verkauft hatte. Diese Schuldverschreibungen brachten ihren Besitzern einen festen Zins ein, der traditionellerweise aus einer vorher bestimmten Steuerquelle bezahlt worden war. Eine von Noailles Sparmaßnahmen bestand darin, den Zinssatz von sieben auf vier Prozent zu senken. Zudem wandelte er die verschiedenartigen Schuldverschreibungen mit kurzer Laufzeit in *billets d'états* um, Staatsanleihen, deren Wert nur zwei Drittel der ursprünglichen Summe betrug. Er beschnitt Gehälter und Pensionen und wertete das Münzgeld um 50 Prozent auf.

In Ländern mit Währungssystemen, die auf dem Wert von Gold und Silber basierten, war eine solche Neubestimmung des Wertes der Münzen, die sich im Umlauf befanden, ein von den Herrschern gern angewendeter Trick. Vor allem in Frankreich hatte es häufig solche Auf- und Abwertungen gegeben. Das französische monetäre System beruhte auf dem Livre tournois, einer Rechnungseinheit – ähnlich dem britischen Pfund Sterling –, die dazu diente, Preise und Gehälter anzugeben oder auch Summen in Verträgen, der aber kein einzelnes Geldstück entsprach und gegenüber der der Wert von Gold- und Silbermünzen festgesetzt werden konnte. Zu den französischen Münzen zählten der, wie der Name schon sagte, goldene Louis d'or und der silberne Écu. Noailles setzte im Rahmen seiner Maßnahmen den Wert des Louis d'or herauf und verkündete, dass dieser nicht mehr vierzehn, sondern zwanzig Livre betrüge (entsprechend war der Écu nicht mehr drei Livre und zehn Sous wert, sondern fünf Livre), auf diese Weise entwertete er de facto den Livre. Das war eine inflationäre Maßnahme, welche die Preise in die Höhe klettern lassen würden, wenn sie auch gleichzeitig den Betrag der Staatsschulden verringerte, indem sie die Menge der Münzen reduzierte, die nötig war, um diese Schulden zu tilgen. Solche Aufwertungen gingen vor sich, indem man verlangte, dass die Bevölkerung alle Münzen, die sich in ihrem Besitz befanden, zur königlichen Münzanstalt brachte, damit sie dort mit einer Prägung versehen wurden, die den erhöhten Wert angab, oder indem man sie einschmolz und neue leichtere Münzen mit dem neuen höheren Nennwert gegenüber dem Livre prägte. In beiden Fällen, bei der Umprägung der Münzen wie auch bei einer Neuprägung, eignete sich der Staat einen Teil des Edelmetalls an, verbarg dies aber durch die Neufestsetzung des Wertes. Die Bevölkerung, die sich durchaus im Klaren darüber war, dass die Krone von solchen Transaktionen profitierte, widerstrebte es verständlicherweise, Münzen auszuhändigen, um mit anzusehen, wie sie auf die beschriebene Art und Weise verändert wurden; daher die Neigung, die Münzen zu horten, zu »bearbeiten« oder ins Ausland zu schmuggeln und für ihren Metallwert zu verkaufen.

Noailles' Maßnahmen ließen die Bilanzen besser aussehen, stürzten die Nation aber in eine noch tiefere finanzielle Misere. Indem sie die Leute dazu veranlassten, Geldstücke ins Ausland zu schaffen, verstärkten sie noch zusätzlich die Knappheit an Münzen. Indem sie den Wert der Staatsanleihen senkten sowie die Zinsen, die sie brachten, zwangen sie die Leute, diese zu verkaufen, um ein bestimmtes Einkommensniveau zu halten, und der Wert der Anleihen ging um 80 Prozent steil nach unten. Geschäfte und Betriebe, die ohnehin schon wegen des Geldmangels eine Flaute durchlitten, gerieten noch mehr ins Minus, und viele Ladenbesitzer mussten zusperren – wie konnten sie einen Kauf oder Verkauf abschließen, wenn sie von einem Tag auf den anderen nicht wussten, was der Livre wert sein würde. Hunderte machten Bankrott, was wiederum zu Massenarbeitslosigkeit führte. Vielen blieb keine andere Wahl, als kriminell zu werden. Die »Gazette de la Régence« hielt dieses Klima der Aussichtslosigkeit und Niedergeschlagenheit fest: »Es ist nicht möglich, mit Worten auszudrücken, was für ein Elend in der Provinz herrscht. Auf dem offenen Land wimmelt es von Räubern; wir wagen es aus Angst vor Raubüberfällen, die jeden Tag geschehen, nicht, die Stadt zu verlassen … Nirgendwo sonst gibt es ein Land wie dieses, und wenn der König nicht zahlt, dann riskieren wir, dass es zu einer Revolte kommt. Es gibt einige Offiziere, die gütigerweise zu einem Mahl mit einigen Kapuzinern gingen, und die Kapuziner veranstalteten eine Kollekte für sie! Es ist das absolute Elend.« Das ganze Land war nicht nur in einen wirtschaftlichen Abgrund gestürzt, das Gefüge der Gesellschaft selbst war bedroht.

Dann setzte Noailles sein bislang drastischstes Heilmittel ein. Im März 1716 wurde eine so genannte Justizkammer damit beauftragt, die Financiers, Steuereintreiber und andere Beamte, von denen man glaubte, dass sie ungesetzlicherweise und in großem Umfang von der wirtschaftlichen Notlage Frankreichs profitiert hatten, zu überprüfen und gegebenenfalls zur Rechenschaft zu ziehen. Um die gerichtlichen Nachforschungen voranzutreiben, wurde die Bevölkerung dazu geködert, Anzeige zu erstatten: Man versprach jedem Informanten ein Fünftel jeder eingetriebenen Geldsumme oder jedes enteigneten Besitzes. Denunziationen von einem noch nie da gewesenen Ausmaß waren die Folge. Unzufriedene Dienstboten zeigten ihre Herren an, Ehefrauen und Geliebte wisperten etwas über die finanziellen Missetaten ihrer Männer oder Liebhaber, Kinder berichteten von den Gesetzesverstößen ihrer Eltern, und aus Angst angezeigt zu werden, hortete jeder, der im Besitz von Münzen war, diese und vergrößerte damit, ohne es zu wollen, die Geldknappheit. Leute, die von Panik ergriffen wurden und versuchten, außer Landes zu fliehen, mussten feststellen, dass Gastwirte und Posthalter die Order bekommen hatten, jedermann Pferde zu verweigern, der den Verdacht erweckte, sich dem Zugriff der Justiz entziehen zu wollen. Einige von ihnen kehrten zurück, gestanden ihre Verbrechen und gaben ihre Besitztümer oder große Summen Geldes her, um der Folterbank oder dem Pranger zu entgehen. Andere begingen lieber Selbstmord, als sich den Schrecken einer Untersuchung auszusetzen.

Unpassenderweise wurde die Justizkammer im Kloster der »Grands Augustins« untergebracht, und in dem Gebäude daneben wurde eine Folterkammer eingerichtet. Vielen gelang es, sich mit Bestechungsgeldern freizukaufen; einige Höflinge und die Mätresse des Regenten, La Parabère, erzielten auf diese Weise großen Profit. Ein Höfling trat an einen Steuereintreiber heran, der zur Zahlung von zwölf Millionen Livre verurteilt worden war, und bot ihm an, gegen eine *douceur* von 100 000 Livre für eine Verringerung dieser Summe zu sorgen. »Ihr kommt zu spät, mein Freund«, soll der Finanzmann geantwortet haben, »ich bin schon mit Eurer Frau für 50 000 handelseinig geworden.«

Was die Unglücklichen betrifft, die nicht davonzukommen vermochten: Die Prozeduren, denen sie unterworfen wurden, scheinen tatsächlich so schrecklich gewesen zu sein, wie sie befürchtet hatten. Der Finanzier Samuel Bernard, einer von Laws lautstärksten Widersachern, bot an, 6 Millionen Livre zu zahlen, wurde aber dennoch zum Tode verurteilt. Die Herren La Normande und Gruet, die zu den großen Profiteuren gehört hatten, erhielten nicht nur eine hohe Geldstrafe, sondern wurden auch dazu verurteilt, »Abbitte zu leisten«, indem sie vor Notre Dame und Les Halles auf und ab marschierten, wobei La Normande ein Hemd und ein Plakat mit der Aufschrift »voleur du peuple«, Dieb am Volk, tragen musste. Beide sollten danach für den Rest ihres Lebens auf die Galeeren geschickt werden, La Normande wurde diese Strafe jedoch am Ende erlassen, und die meisten Berichte über diesen und ähnliche Fälle dienten nur der Stimmungsmache, das heißt dazu, die ganze Schuld auf die unbeliebten Finanzleute abzuwälzen, obwohl viele von diesen nur als Mittelsmänner für die höfische Elite agiert hatten. Dennoch: Die Furcht vor der Justizkammer war nur allzu real.

Von der Vielzahl schrecklicher Strafen, zu denen man in Frankreich verurteilt werden konnte – aufs Rad geflochten, auf die Streckbank geschnallt, an den Pranger gestellt, gehängt, ausgepeitscht zu werden –, war, auf die Galeeren geschickt zu werden, mit Sicherheit die entsetzlichste. Die Sträflinge wurden, nackt bis zur Hüfte, immer zu sechst nebeneinander an die langen Riemen geschmiedet; ihre Aufseher schritten auf erhöhten Laufstegen auf und ab und traktierten sie mit Peitschenhieben, damit sie schneller ruderten – manchmal zehn, zwölf Stunden ohne Unterbrechung. Hunderte dieser Unglücklichen starben unter fürchterlichen Qualen an den Riemen, an den sie gekettet waren, und wurden dann, als ob sie nichts weiter als ein Stück verdorbenes Fleisch wären, über Bord geworfen. Wie andere Strafeinrichtungen galten auch die Galeeren als unterhaltsame Attraktion für auswärtige Besucher. Die Rudersklaven mussten zur Erheiterung der Menge tanzen, singen und sich in die Riemen legen. Der Tagebuchschreiber John Evelyn war einer der Reisenden, die im siebzehnten Jahrhundert solches mit ansahen. Er berichtete: »Wie sie die Ruder nach vorne schwingen und zurückziehen, bieten sie einen elendigen Anblick, und der Klang ihrer Ketten zusammen mit dem Brausen des aufgepeitschten Wassers hat etwas Seltsames und Schreckliches an sich für jemanden, der nicht daran gewöhnt ist. Sie werden mit dem Ochsenziemer regiert und gezüchtigt, der bei der geringsten Unregelmäßigkeit ohne auch nur den geringsten Anflug von Menschlichkeit auf ihre Rücken und Fußsohlen niedergeht.«

In Anbetracht solcher Gräuel schien Laws Plan mit einem Mal eine schmerzlose Lösung zu bieten. Im Frühjahr 1716 waren alle Voraussetzungen geschaffen: In einem neuen Antrag legte er die Pläne für die Einrichtung einer Privatbank dar, deren Gründungskapital er selbst und andere interessierte Investoren stellen würden und die gegen eine Deckung durch Gold- und Silbermünzen Noten ausgeben würde, welche jederzeit wieder gegen Münzen einzulösen waren, deren Wert dem der deponierten Geldstücke zur Zeit der Ausgabe der Noten entsprach. Auf diese Weise, so beteuerte Law, würde sein Papiergeld sicherer als Metallgeld sein, ein Schutz gegen Fluktuationen des Geldwertes und somit eine große Hilfe für die Geschäftswelt. Überdies würde durch Geldscheine die Menge des sich im Umlauf befindenden Geldes vermehrt und der Handel damit angekurbelt werden. Seine Bank, so beteuerte Law eindringlich, würde kurz gesagt eine Hoffnung für Frankreich darstellen und allen eine bessere Zukunft verheißen. Der Regent lauschte seinen Ausführungen begierig. Gequält von anderen Staatsangelegenheiten, erschöpft von seinen nächtelangen Exzessen, verzweifelt über die nicht enden wollende finanzielle Misere und aufgebracht über Noailles' unwirksame und unbeliebte Maßnahmen zu ihrer Bekämpfung, verlangte es ihn nach einer raschen, effektiven Lösung. Law hatte jetzt seine uneingeschränkte Unterstützung. Vor dem Treffen, bei dem der neue Vorschlag dem Ratskollegium vorgestellt werden sollte, sprach der Regent unter vier Augen mit jedem der Mitglieder, um unmissverständlich seine Wünsche klarzustellen. Da sie sich der Bedrohung durch die Justizkammer bewusst waren, fügten sich ihm alle – bis auf einen. Die einsame Ausnahme bildete der Duc de Saint-Simon, der es wagte, sich gegen Laws Plan auszusprechen. Er verstand wenig vom Finanzwesen, aber er war scharfsinnig und aufrichtig genug, um auf zwei wesentliche Schwachstellen hinzuweisen: »Erstens [sei es erforderlich], dass man die Bank mit genügend Umsicht und Weisheit leiten müsse, um nicht mehr Noten auszugeben, als man sollte…, zweitens könne das, was in einer Republik hervorragend sei…, in einer absoluten Monarchie wie in Frankreich gefährlich werden, wo die Kosten unüberlegt unternommener und schlecht durchgeführter Kriege, die Habgier von Ministern, Günstlingen, Mätressen, das Luxusleben, die extravaganten Ausgaben und Verschwendungssucht eines Königs eine Bank bald erschöpfen, die Inhaber der Noten ruinieren und das ganze Königreich stürzen könnten.« Es war mit anderen Worten der gleiche Einwand, den Bernard in den Tagen von Louis XIV. vorgebracht hatte. Da der König über dem Gesetz stand, gab es keine Garantie dafür, dass die Bank in schwierigen Zeiten nicht missbraucht werden würde.

Der Duc d'Orléans speiste Saint-Simon mit einigen vagen Zusicherungen ab, obwohl weder er noch Law wirklich Antworten auf seine Einwände parat hatten. Die Bank würde nicht staatlich reguliert werden und nur gegenüber Law und den Anteilseignern zur Rechenschaft verpflichtet sein. Nichts könne schief gehen.

Im Mai 1716 wurde Law, der, wie verlangt, die französische Staatsbürgerschaft angenommen hatte, endlich eine Genehmigung zum Betreiben seiner Banque Générale für einen Zeitraum von zwanzig Jahren gewährt. Doch sogar nachdem er dieses offizielle Zulassungssiegel erhalten hatte, erweckte das Unternehmen kein großes Interesse. Sein Aktienkapital setzte sich aus 1200 Anleihen zusammen, von denen jede mit 5000 Livre bewertet wurde. Das Kapital hätte sich also auf sechs Millionen Livre belaufen sollen, es war aber weit geringer: Nur ein Viertel der Anteile wurde verkauft, und diese Transaktionen waren sogar indirekter Art. Die Investoren konnten nämlich drei Viertel der fälligen Summe in *billets d'états* begleichen, den unbeliebten Staatsanleihen, die gegenwärtig um 60 Prozent unter ihrem Nominalwert lagen. Das Kapital, mit dem die Bank arbeiten konnte, betrug also tatsächlich kaum mehr als 800000 Livre.

Diese flaue Reaktion verdeutlichte das Misstrauen der Öffentlichkeit gegenüber dem Unternehmen. Law trug immer noch das Stigma eines dubiosen Ausländers und Spielers und, wie einige sagten, Scharlatans mit sich herum. Man traute ihm nicht und schon gar nicht seinem Papiergeld. Das Establishment, aus dessen Reihen die Hauptinvestoren in die Rentenbriefe und *billets* gekommen waren, hatte das Desaster, das sie mit diesen erlitten hatten, noch in schmerzlicher Erinnerung. Für die breitere Bevölkerung waren Notenbanken mysteriöse Einrichtungen, und die Presse verstärkte noch ihre tief sitzenden Zweifel, indem sie die Banque Générale als »eine Vision« verspottete:»Man kann nur über sie lachen, niemand glaubt, dass sie Bestand haben wird.« Mit zu wenig Kapital ausgestattet, belächelt und beargwöhnt, kämpfte Laws Bank um ihre Existenz.

Um sie zu retten, griff Law sowohl zu subtilen Taktiken als auch zu äußerst plakativen Maßnahmen. Sein Ziel war es, vor allem erst einmal dafür zu sorgen, dass das Vertrauen des Regenten in ihn nicht ins Wanken geriet, zum Zweiten, seine Bank und die von ihr ausgegebenen Noten so reizvoll zu machen, dass nur die Narren und die Bettelarmen sie würden ignorieren können. Zunächst verbündete er sich mit dem treusten Freund des Regenten, dem Duc de Saint-Simon. Law suchte ihn einmal in der Woche auf, um ihm mitzuteilen, wie das Geschäft lief. Er hoffte, dadurch Glaubwürdigkeit gewinnen, aber auch nützliche Bröckchen an Insiderinformationen auffangen zu können. Saint-Simon war jedoch kein Dummkopf. »Ich begriff schnell, dass Law diese regelmäßigen Gespräche nicht wünschte, weil er erwartete, einen fachkundigen Finanzier aus mir machen zu können, sondern als ein Mann von Intelligenz – und von der besaß er eine Menge – suchte er Zugang zu einem Gefolgsmann des Regenten, der sich mehr als alle anderen wahrhaftig seines Vertrauens erfreute.« Vor Laws Charme, von dem eine geradezu hypnotische Wirkung ausging, musste aber sogar Saint-Simon kapitulieren: »Wir begannen bald mit einer Vertrautheit miteinander zu sprechen, die zu bereuen ich nie Anlass gehabt habe.«

In seiner Eigenschaft als Direktor der Bank griff Law zu einer direkteren Methode, um das Geschäft zu beleben. Er bot eine verlockende Zahl von kostenlosen oder preisgünstigen Dienstleistungen an. Bei der Banque Générale, verkündete er, könne man für geringe oder gar keine Gebühren Geldbeträge von Paris in die Provinzen überweisen, Wechsel diskontieren oder auch ausländisches Geld in französisches eintauschen. Sogar die ihm feindlich gesonnene »Gazette de la Régence« zeigte sich in einem ihrer Artikel angetan von diesen Offerten. Einer der Freunde des Verfassers musste 1800 Livre von Marseille nach Paris überweisen und stattete daher Laws Bank einen Besuch ab. Wie es in dem Bericht in der »Gazette« hieß, wurde er von einem Schweizer Lakaien, der in einer prächtigen grünen Livrée steckte, zu den Angestellten des Hauses geführt, die ihm sagten, wenn irgendjemand in Marseille seine Münzen dem dortigen Direktor der Münze aushändigen würde, würden ihm in der Bank in Paris 1800 Livre ausgezahlt werden. Für eine so geringfügige Transaktion würde man keine Gebühr erheben.

Der Regent unterstützte Law, indem er sein Geld bei ihm deponierte und das überall publik machen ließ. Zudem ließ er jedermann wissen, dass er die Bank für seine Transaktionen mit anderen Nationen heranzog. Ausländer folgten seinem Beispiel und hatten endlich in Paris jemanden gefunden, der ihre Wechsel für eine annehmbare Gebühr und problemlos einlöste. Dadurch, dass ausländisches Geld ins Land floss, verringerte sich die Münzknappheit, und da Law außerdem damit begann, Banknoten zu drucken, und sie nach und nach an seine Einleger ausgab, stieg die Menge der zur Verfügung stehenden Zahlungsmittel ausreichend, um den Handel allmählich neu zu beleben. Die Händler mochten die Banknoten, da die Garantie, sie gegen Münzen von einem festgesetzten Wert einlösen zu können, bedeutete, dass man genau wusste, was etwas kostete oder wie viel man selbst erzielte. Die Noten begannen bald über pari zu stehen, ähnlich denjenigen, die von der Bank von Amsterdam ausgegeben worden waren.

Diese ersten zaghaften Ansätze wurden durch die anhaltende Schirmherrschaft des Regenten weiter gefördert. Im Oktober 1716 wies er die Steuereintreiber an, Zahlungen an die Staatskasse in Laws Banknoten vorzunehmen. Wenige Monate später hieß es in einem neuen Edikt, dass die Öffentlichkeit ihre Steuern in Banknoten entrichten könne. Achtzehn Monate nach Öffnung der Banque Générale reichten die Profite aus, den Anteilseignern eine Halbjahresdividende von sieben Prozent auszuzahlen, und Laws unscheinbare weiße Noten mit dem Aufdruck »Die Bank verspricht, dem Inhaber sofort die Summe von … Livre in Münzen von dem Gewicht und dem Standard auszuzahlen, den sie an diesem Tag haben, da sie entgegengenommen werden«, begannen in ganz Frankreich zu zirkulieren sowie die ökonomische Neubelebung einzuleiten, die er in Aussicht gestellt hatte. Dennoch brachten Law seine Gewinne ebenso Schwierigkeiten wie Dividenden ein, denn er fügte dem Geschäft der Privatbankiers von Paris einigen Schaden zu. Mit seinem Angebot von preisgünstigen Dienstleistungen für die breite Öffentlichkeit drang er in einen Bereich ein, den die Privatbankiers als ihre ureigene Domäne ansahen. Einigen Berichten zufolge veranlassten die wachsenden Ressentiments eine Gruppe von anonymen Gegnern dazu, ihre finanziellen Ressourcen zu vereinen, und zwar mit dem ausdrücklichen Ziel, Law zu Fall zu bringen. Als sie Banknoten im Wert von fünf Millionen Livre zusammengebracht hatten, legten sie diese in der Bank vor und forderten die sofortige Auszahlung der riesigen Summe in Münzen. Law war sich darüber im Klaren, dass sein Versprechen »auf Verlangen hin zu zahlen«, das Vertrauen der Öffentlichkeit in die Noten stärkte, auf das jede Bank angewiesen ist. Ohne dieses Vertrauen würde sein Traum sich in Nichts auflösen. Er wusste aber auch, dass seine Bank nicht über Münzreserven in Höhe von fünf Millionen Livres verfügte.

9 König von halb Amerika

Doch die Bank ist nicht der einzige und größte meiner Einfälle. Ich werde ein Werk hervorbringen, das ganz Europa in Erstaunen versetzt durch die Veränderungen, die es zum Gewinn Frankreichs herbeiführen wird, größere Veränderungen denn jene, die durch die Entdeckung der Indischen Inseln oder die Einführung des Kredites bewirkt wurden. Dieses Werk wird Eure Königliche Hoheit in die Lage versetzen, das Königreich von jenem traurigen Zustand zu erlösen, in den es gestürzt ist, und es mächtiger zu machen, als es jemals gewesen ist, Ordnung in die Finanzen zu bringen, die Landwirtschaft, die Manufaktur von Waren und den Handel wieder einzuführen, zu unterstützen und zu mehren, die Bevölkerung und die Steuereinnahmen des Königreichs anwachsen zu lassen, unnütze und belastende Schulden zurückzuzahlen, die Einnahmen des Königs zu steigern und gleichzeitig dem Volk zu helfen, und die Staatsschulden zu verringern, ohne den Gläubigern Unrecht zu tun…

JOHN LAW *in einem Brief an den Regenten, Dezember 1715*

Law versuchte den Kopf aus der Schlinge zu ziehen, indem er seine Gegner hinhielt. Er teilte ihnen mit, dass er vierundzwanzig Stunden brauchen würde, um eine so ungewöhnlich große Summe bereitzustellen, und suchte das Finanzministerium um Unterstützung an. Noailles verdross es nach wie vor, dass Law einen solchen Einfluss auf den Regenten hatte, doch der Erfolg der Bank hatte den Druck verringert, unter dem sein Ministerium stand. Und obwohl es ihm zuwider gewesen sein muss, dies zuzugeben, war ihm klar, dass es ebenso in seinem eigenen Interesse wie in Laws lag, dass die Bank bestehen blieb. Als Law ihm daher seine Zwangslage schilderte, wies Noailles die Königliche Münze an, den Bankier mit dem Münzgeld zu versorgen, das er benötigte.

Man kann sich die Ungläubigkeit seiner Widersacher ausmalen, als diese am nächsten Tag in der Annahme zurückkehrten, die Bank befinde sich in völliger Auflösung, und stattdessen Stöße von Münzen vor ihnen aufgetürmt wurden. Als sie mit ihren mit Écu und Louis d'or prall gefüllten Säcken wieder abzogen, trugen sie gleichzeitig die unwillkommenen Nachrichten zu ihren Verbündeten zurück, dass Law ihnen eindeutig eine Abfuhr erteilt hatte.

Während er seine Bank noch schrittweise und unter Schwierigkeiten auf einen Erfolg zusteuerte, liebäugelte Law schon mit kühneren Projekten. 1717, ein Jahr nach Eröffnung der Bank, ergab sich für ihn unerwartet die Gelegenheit, seine noch viel umfassendere Begabung unter Beweis zu stellen. Es ging dabei um einen aus Indien stammenden Diamanten. Diesen Hundertvierzigkaräter hatte Saint-Simon zufolge ein Angestellter in seinem Rektum aus den Diamantenminen des Großmoguls geschmuggelt. Es war damals üblich, dass alle, die mit wertvollen Steinen zu tun hatten, genau untersucht wurden und ein Abführmittel verabreicht bekamen, bevor man es ihnen erlaubte, ihre Arbeitsplätze zu verlassen, doch irgendwie war es dem Mann gelungen, den Leibesvisitationen zu entgehen und sich mit dem Juwel davonzumachen. Nachdem der Stein mehrfach den Besitzer gewechselt hatte, wurde er schließlich für die beträchtliche Summe von 20000 Pfund an Thomas Pitt verkauft, den Gouverneur von Fort Madras, einer Siedlung der Britischen Ostindischen Kompanie, der als »Diamond Pitt« in die Geschichte einging. Einen Diamanten von solcher Größe hatte man noch nie zuvor gesehen, und Pitt, der große Hoffnung hegte, dass sich der Kauf des Steins als schlaue Investition erweisen würde, schickte ihn nach London, um ihn dort schleifen zu lassen. Das Ergebnis war ein Juwel »von der Größe einer Reneklode, von nahezu runder Form, von der Stärke her der Breite gleich, von reinstem Weiß und von jedem Makel, jeder Trübung und jedem Sprenkel frei«, berichtete Saint-Simon voller Begeisterung. Natürlich wollte Pitt seine beträchtlichen Auslagen so schnell wie möglich wieder hereinholen; er musste jedoch feststellen, dass in Zeiten kriegerischer Auseinandersetzungen und in einem Klima finanzieller Unsicherheit Diamanten von solcher Größe nicht die besten Freunde eines Menschen sind. Sogar der von seinem Wesen her zur Genusssucht neigende Louis XIV. lehnte ab, als man ihm 1715, ein Jahr vor seinem Tod, den Stein zum Kauf anbot. 1717, als Law nach Möglichkeiten Ausschau hielt, den Regenten zu beeindrucken, kam Pitt mit seinem Diamanten, der immer noch zu haben war, erneut nach Paris. Er stattete Law einen Besuch ab und zeigte ihm eine Nachbildung des Edelsteins, der »alle anderen in Europa in den Schatten stellte«, aus Kristall. Kaum hatte Law die Replik gesehen, als sich alle seine persönlichen und patriotischen Ambitionen darauf konzentrierten, dass die königliche Familie den Stein erwarb. Wenn er das erreichen könnte, würde er seinen eigenen Einfluss bei Hof festigen und gleichzeitig die überragende Stellung des Regenten in ganz Europa deutlich machen. Er riet dem Duc d'Orléans dazu, den Diamanten zu kaufen.

Der Duc beurteilte die Lage jedoch anders. Zwar lockte es ihn, den Diamanten in seinen Besitz zu bringen, doch schreckte er auch davor zurück. Solch einen Kauf zu einer Zeit grassierenden Elends zu tätigen hieß Kontroversen auszulösen und Kritik auf sich zu ziehen. Für Law aber waren, wie für die meisten Männer seiner Zeit, Skrupel ein Luxus, den man sich nur in besonderen Fällen gestattete. Idealismus durfte zurückstehen, wenn die Notwendigkeit und die gehegten Ambitionen wie jetzt ein anderes Vorgehen verlangten. Von Saint-Simon assistiert führte er überzeugend aus, dass »der größte König in Europa« sich nicht an dieselben Regeln halten müsse wie jedermann sonst und dass in jedem Fall der Betrag, den man bezahlen müsste, eine nur geringe Auswirkung auf das Wohlergehen der Bevölkerung haben würde. Die Pracht und die Herrlichkeit des Steins würden Frankreichs

Status in der ganzen Welt erhöhen und damit auch die Bedeutung des Regenten und seiner Herrschaft.

Der Duc d'Orléans kapitulierte und bevollmächtigte Law, die abschließenden Verhandlungen durchzuführen. Man einigte sich auf einen Preis von zwei Millionen Livre, da aber nicht genügend Geld zur Verfügung stand, um den Stein sofort zu erwerben, verschaffte man sich zunächst ein Darlehen, wobei andere Juwelen als Sicherheit dienten. Seitdem bereichert der Diamant des Regenten die Kronjuwelen Frankreichs. Während der Revolution geraubt, wurde er rechtzeitig wieder aufgespürt, um 1801 auf dem Zeremonialschwert des Ersten Konsuls funkeln zu können. Er liegt mittlerweile in der Galerie d'Apollon im Louvre, ein glitzerndes Zeugnis für Laws Entschlossenheit, sich einen Namen zu machen, sowie für die Wankelmütigkeit des Regenten angesichts einer großen Versuchung.

Die Episode mit dem spektakulären Diamanten war jedoch ein bloßer unterhaltsamer Zeitvertreib im Vergleich zu dem gewaltigen Werk, das Law in Szene setzen wollte – ein Werk, auf das er in Briefen an den Regenten mehrfach angespielt hatte:»…die Bank ist nicht der einzige und größte meiner Einfälle. Ich werde ein Werk hervorbringen, das ganz Europa in Erstaunen versetzt durch die Veränderungen, die es zum Gewinn Frankreichs herbeiführen wird«, hatte er ein paar Monate vor der Eröffnung seiner Bank an ihn geschrieben.

Der Einfall, der die Welt erschüttern und mit dem Urheber in die Geschichte eingehen sollte, schien auf den ersten Blick harmlos genug zu sein. Law hatte seinen begehrlichen Blick schon lange auf die Schätze gerichtet, mit denen Ost- und Westindien, die beiden Amerika sowie Afrika lockten, und er wollte eine Überseehandelskompanie gründen, um sich seinen Anteil an ihnen zu sichern. Die Italiener, Spanier, Portugiesen, Holländer und Engländer hatten allesamt enorme Vermögen mit der Seide, dem Ebenholz, Elfenbein, Lack, Kaffee, Tee, Kakao, Gold, Silber, Porzellan, den Gewürzen und tausenden anderen teuren Luxusgütern gemacht, die ihre voll beladenen Schiffe herbeigeschafft hatten. Law meinte, es sei an der Zeit, dass Frankreich an der reichen Ernte teilhabe.

Bis zu jenem Zeitpunkt hatten die Franzosen in Übersee wenig Erfolg gehabt. Kardinal de Richelieu, Louis' XIII. großer Minister, hatte knapp ein Jahrhundert zuvor eine Ostindische und eine Westindische Kompanie gegründet. Unter Colbert, schon in der Regierungszeit von Louis XIV., hatte man in Kanada, der Karibik, Neufundland, Französisch-Amerika und an der Küste von Senegal weitere staatliche Unternehmungen gewagt, doch keine von ihnen hatte floriert, und der Handel mit Übersee war in die Hände privater Unternehmer gelegt worden. Zu diesen gehörte Robert Cavelier de la Salle, aus Rouen gebürtig, der 1682 von Montreal aufgebrochen war, den Mississippi entdeckt hatte und hinuntergefahren war und versucht hatte, eine Kolonie in Louisiana zu gründen. Dieser Versuch hatte ein abruptes Ende gefunden, als de la Salle 1687 von einigen seiner Begleiter umgebracht worden war. Der in Kanada geborene Kapitän einer Kriegsfregatte, Pierre le Moyne d'Iberville, führte de la Salles Anstrengungen fort, und als er starb, trat Robert Crozat, ein wohlhabender Pariser Financier an seine Stelle. Crozat war dem Erfolg näher gekommen als irgendjemand vor ihm, hatte allerdings 1,5 Millionen Livre in seine Unternehmungen stecken müssen. Als jedoch die Justizkammer ein argwöhnisches Auge auf ihn warf – und ermittelte, dass er Steuern in Höhe von 6,6 Millionen Livre schuldig war –, beschloss Crozat, mit einigem Bedauern, seine Mississippi-Konzessionen abzutreten, um damit einen Teil seiner Schulden abzuzahlen.

Das war Laws große Chance. Das Handelsprivileg, das an die Krone zurückgefallen war, galt für die ganze französische Kolonie Louisiana, ein Territorium, das um ein Mehrfaches größer war als Frankreich; es erstreckte sich von der Mündung des Mississippi knapp fünftausend Kilometer weit nach Norden und umfasste die heutigen amerikanischen Bundesstaaten Louisiana, Mississippi, Arkansas, Missouri, Illinois, Iowa, Wisconsin, Minnesota sowie einen Teil des heutigen Kanada. Dieser riesige Landstrich war noch nicht urbar gemacht, zum größten Teil unerforscht und nur von einigen Ureinwohnerstämmen bewohnt. Niemand wusste, welche Schätze in seinem Boden warteten oder welche Reichtümer seine Wälder bargen. Die meisten Franzosen hatten noch nicht einmal eine Ahnung davon, wo diese Kolonie lag, aber man raunte, dass dieses neue Eldorado mit Gold- und Silberadern und mit Smaragdbergen gesegnet war.

Law schmiedete einen genialen Plan, um sowohl den Regenten als auch private Investoren zu ködern. Er stellte fest, dass die meisten Unternehmungen in Übersee fehlgeschlagen waren, weil zu wenig Kapital zur Verfügung gestanden hatte und weil sie schlecht geleitet worden waren. Seine Unternehmung würde reichlich mit Geld ausgestattet sein, unter der Leitung tüchtiger Männer stehen und solche riesigen Einnahmen für den Staat erbringen, dass Frankreich erneut zur mächtigsten Nation der Erde aufsteigen würde. Er würde das erforderliche Kapital von 100 Millionen Livre aufbringen, indem er 200000 Anteile an seiner Bank verkaufte, von denen jeder 500 Livre wert war. Durch die Gründung einer Aktiengesellschaft und den Verkauf von Aktien an die breite Öffentlichkeit werde es jedem, der es wolle, möglich sein, am Erfolg der Kompanie teilzuhaben und reich zu werden. Für die Krone bestand der Reiz des Planes darin, dass die Investoren einen bestimmten Prozentsatz ihrer Anteile für Schuldscheine der Krone erwerben konnten – den Rentenanleihen oder *billets*, die seit der Herrschaft Louis' XIV. in der einen oder anderen Form im Umlauf gewesen waren. Laws Kompanie würde für die *billets* einen niedrigeren Zinssatz verlangen und damit der Krone einen Gefallen erweisen, indem sie ihr eine schöne Summe kostbaren Geldes ersparte. Für die mutigen Investoren lag der Vorteil darin, dass Law anbot, die entwerteten *billets* zu ihrem Nominalwert für Anteile an seiner Kompanie entgegenzunehmen.

Als das Vorhaben diskutiert wurde, sprach sich jedoch das *Parlement* – der oberste Gerichtshof von Paris, der auch einige politische Aufgaben erfüllte, wie zum Beispiel das Aufzeichnen aller Gesetze und das Registrieren der Darlehen, die der Staat aufnahm – energisch dagegen aus. Man hegte Zweifel, was Laws Motive betraf, war aber auch von Neid wegen seines Einflusses beim Regenten getrieben. Der Schotte war ein Außenseiter und würde es, gleichgültig, wie erfolgreich, wie genial und überzeugend er sein würde, immer bleiben.

Der Regent jedoch sah die Dinge anders. Seine Zuneigung zu Law und seine Bewunderung für ihn waren gleichzeitig mit den Gewinnen, die die Bank erzielte, stetig gewachsen. Von Law ging die Verheißung unbeschreiblichen Reichtums aus, er stand für Abenteuer, Ungewissheit, Spannung. Das *Parlement* stand für Kleingeistigkeit und Paragrafenreiterei. Für einen Mann, den es immer wieder nach Neuem verlangte, der sich lange Jahre durch den reaktionären Louis XIV. frustriert gefühlt hatte, gab es nicht viel zu überlegen. Er überstimmte einfach die Kritiker, und Law wurden die von ihm beantragten Privilegien gewährt. Im August 1717 wurde die »Compagnie de la Louisiane ou d'Occident« gegründet, die danach allgemein als Mississippi-Kompanie bekannt war. Die Gesellschaft erhielt für einen Zeitraum von fünfundzwanzig Jahren das Alleinrecht, den Handel zwischen Frankreich und seiner Kolonie Louisiana abzuwickeln und dort Bergbau und Landwirtschaft zu betreiben. Zudem durfte sie eine eigene Land- und Seestreitkraft unterhalten. Als geschäftsführender Direktor der Kompanie regierte Law über Louisiana: Er war – wenn auch nicht nominell, so doch de facto – der Herrscher von halb Amerika.

Allerdings musste die Gesellschaft in ihrer Anfangszeit – ebenso wie zuvor die Bank – um ihr Überleben kämpfen. Die Lockmittel, die Law eingesetzt hatte, um sich die Konzessionen zu sichern, waren kostspielig gewesen und hemmten daher jetzt den Fortschritt. Die Tatsache, dass die Anteile zu einem großen Teil mit abgewerteten Regierungsanleihen erworben wurden, bedeutete, dass das einzige zur Verfügung stehende Kapital, um eine Flotte aufzubauen und für Mannschaften, Kapitäne, Vorräte, Saatgut, Zuchtvieh, Werkzeuge und die anderen von Siedlern benötigten Dinge sowie für die zu verrichtende manuelle Arbeit aufzukommen, sich aus jenen vier Prozent Zinsen zusammensetzte, die die Anleihen brachten. Selbst wenn alle Anteile gezeichnet würden, könnte man jährlich maximal vier Millionen Livre (nach heutigem Wert ca. 420 000 Euro) zusammenbringen; eine sogar damals schon bescheidene Summe, um ein neues Eldorado zu erschaffen.

Es entwickelte sich alles noch viel schlimmer. War auch die Versuchung, die *billets* loszuwerden, beachtlich, so war das Misstrauen nicht nur des *Parlement*, sondern auch der Öffentlichkeit gegenüber Law ebenso groß. Während englischen und holländischen Investoren Aktiengesellschaften bereits bekannt waren, so bedeuteten sie für die Franzosen völliges Neuland. Der Reiz des Aktienhandels war noch nicht entdeckt, man konnte sich die Gewinne, die sich damit erzielen ließen, nicht vorstellen, sorgte sich um mögliche Risiken. Ende Oktober 1717 waren erst weniger als 30 Millionen Anteile gekauft worden, und viele waren zwar gezeichnet worden, aber noch nicht vollständig bezahlt. Law, der sich das Hirn zermarterte, wie man den Verkauf ankurbeln könnte, verkündete schließlich, dass die Investoren in fünf Raten für ihre Aktien zahlen und sie jederzeit wieder verkaufen könnten, wenn sie die erste Rate entrichtet hätten. Doch trotz dieses Anreizes blieben die Aktien immer noch unter dem Nominalwert hängen.

In der Zwischenzeit hatten sich Laws Gegner in den Reihen des Establishments erneut zusammengeschart. Noailles' Abneigung ihm gegenüber war mit der Gründung der Mississippi-Kompanie weiter gewachsen, und er »setzte die ganze Maschinerie in Gang, um ihn zu Fall zu bringen«, indem er das Ratskollegium sowie das *Parlement* gegen ihn aufbrachte. Law beklagte sich darüber bei Saint-Simon; er wusste genau, dass seine Beschwerden auf diese Weise den Regenten erreichen und mehr Gewicht haben würden, als wenn er sie persönlich vorbrächte. Im Januar 1718 hatte die Feindseligkeit zwischen Noailles und Law einen solchen Grad erreicht, dass sich der Regent zum Handeln gezwungen sah. Er fungierte als Gastgeber bei einem Souper, das in Noailles' Residenz, La Raquette, abgehalten wurde, und bat bei dieser Gelegenheit die beiden Männer, ihre Ideen für die Zukunft vorzustellen. Noailles befürwortete die erprobten und bewährten Steuer- und Währungsmanipulationen, während Law davon sprach, dass er die Bank nationalisieren und seine Handelsgesellschaft zu einem Konzern erweitern wolle, der größer und mächtiger war als alles, was die Welt bisher gesehen hatte. Ja, er wolle sogar die noch bestehende Staatsschuld tilgen. Die »ihm von Natur gegebene Liebe für indirekte Methoden und die Anziehungskraft jener Goldminen, die Law vor seinen Augen entstehen ließ«, bewirkten, dass

Laws innovative Vision dem Duc d'Orléans wesentlich reizvoller erschien, als die von Noailles vorgeschlagene althergebrachte Vorgehensweise. Der Finanzminister wurde eiligst auf einen neuen Posten abgeschoben, einen, bei dem er nicht mehr mit Law in Berührung kommen würde.

Seine Stelle wurde mit d'Argenson, dem Mann mit dem stechenden Blick, besetzt. Viele hegten Zweifel, ob seine Ernennung der richtige Schachzug war, einige meinten, dass er wenig von Finanzen verstehe, dass er die Position bekleiden und die mit ihr verbundenen Vergünstigungen annehmen, aber Law hinter den Kulissen die Fäden ziehen lassen werde. Andere hatten eher das Gefühl, dass er ein Vertreter einer harten politischen Linie sei, der berufen worden war, damit er eine strengere Kontrolle über das *Parlement* ausübte. Mit Sicherheit sah es nicht so aus, als würde er Law die alleinige Kontrolle übertragen und den ganzen Ruhm dafür einstreichen lassen. Als ob er Law gleich zu Beginn ausmanövrieren wollte, schlug d'Argenson in aller Eile sein eigenes Heilmittel zur finanziellen Sanierung des Staates vor: Er wollte die Staatsschulden drastisch reduzieren, indem er alte Münzen und die Staatsanleihen einzog, damit sie aufgewertet wurden. Der Livre tournois sollte um ein Sechstel abgewertet werden, damit würde aber ein substanzieller Teilbetrag der Schuld getilgt sein.

Falls Law etwas mit diesem Plan zu tun gehabt haben sollte, dann ließ er es jedenfalls nicht durchblicken. Seine Hauptsorge war, um jeden Preis zu verhindern, dass die Öffentlichkeit das Vertrauen in seine Banknoten verlor, obwohl sie, da ja dafür garantiert war, dass sie den Wert behielten, den sie zum Zeitpunkt der Ausgabe besaßen, von den Maßnahmen in keiner Weise betroffen oder möglicherweise sogar noch begehrter sein würden. Er glaubte daher, dass er in Ruhe mitverfolgen könne, wie d'Argenson den Finanzfachmann spielte. Er irrte sich.

Im *Parlement* erhob sich ein einziger Schrei der Entrüstung. Anders als in England wurden die Mitglieder des französischen *Parlement* nicht gewählt und besaßen wenig effektiven Einfluss auf die absolute Monarchie; die Rolle dieser Institution war kaum mehr als die eines Obersten Gerichts, das administrative und juristische Pflichten zu erfüllen hatte. Um seine Position in den Anfangstagen seiner Regentschaft zu stärken, hatte der Duc d'Orléans dem *Parlement* jedoch das Recht der »remonstrance«, des Einspruchs, vor der Verabschiedung eines Gesetzes zurückgegeben, das Louis XIV. 1673 aufgehoben hatte. Es war eine Entscheidung, die der Regent nun bedauerte, da es seinen Mitgliedern ein Instrument in die Hand gab – wenn auch nur ein schwaches –, mit dem sie seine Autorität in Frage stellen konnten. Law war nicht offen in die Abwertung des Livre involviert gewesen und gab später an, sich dagegen ausgesprochen zu haben. Der Plan dazu lieferte dem *Parlement* jedoch eine zweifache Chance: seinen eigenen Machtanspruch geltend zu machen und zudem Law loszuwerden, gegen den immer noch tiefes Misstrauen herrschte. »Das *Parlement* tut immer noch alles, was es kann, um ein Loch in Mr. Laws Mantel zu zwacken und durch die Seiten hindurch den Regenten zu treffen«, so kommentierte Fanny Oglethorpe – eine exilierte Jakobitin und Freundin Laws – die wachsenden Spannungen. Der englische Gesandte, der Earl of Stair, äußerte sich ebenfalls über die Stimmung: »Was es gefährlich macht, Law zu beschäftigen, ist, dass jedermann gegen ihn ist, und der Duc d'Orléans würde bei der gegenwärtigen Lage der Dinge ein großes Risiko eingehen, wenn er die Verwaltung der Finanzen in die Hände eines Fremden legen würde, der so allgemein gehasst wird, selbst wenn dessen System gut wäre.«

Der Wendepunkt kam, als das *Parlement* wagemutig forderte, dass der Regent die Abwertung zurücknehmen sollte. Als der Duc sich weigerte, schlugen die Richter zurück, indem sie ein Edikt veröffentlichten, das die Verbindung zwischen der Bank und der Regierung für ungesetzlich erklärte. Steuern würden nicht mehr mit Banknoten bezahlt werden können, und darüber hinaus sei es »allen Ausländern, selbst wenn sie eingebürgert seien, untersagt, sich direkt oder indirekt in die Verwendung der königlichen Gelder und ihre Verwaltung einzumischen oder sich unter angenommenen Namen daran zu beteiligen«. Die Anspielung auf Law hätte nicht deutlicher sein können.

Die Krise spitzte sich zu. Saint-Simon erfuhr, dass das *Parle-*

ment beabsichtigte, »eines Morgens« Büttel auszusenden »mit einem Befehl, Law zu verhaften und binnen drei Stunden auf dem Hof des Gefängnisses aufzuhängen«. Daraufhin erließ der Regent, dem jakobitischen Exilanten General Dillon zufolge, »den sofortigen Befehl an die Garden zu Fuß und zu Pferde, sich bereitzuhalten, auf seinen Wink zuzuschlagen, und ließ Schießpulver und Kugeln an sie austeilen. Es befinden sich zurzeit Gardesoldaten in Laws Haus, um ihn vor Übergriffen zu schützen.« Das alles muss Law in erschreckender Weise an den Prozess gegen ihn und an seine Inhaftierung erinnert haben. Bei einer Krisensitzung, die eilig von Saint-Simon einberufen wurde, forderte die Anstrengung der vergangenen Tage ihren Tribut von Law: Er verlor seine übliche Selbstbeherrschung und brach zusammen, wirkte »mehr tot als lebendig«, wie Saint-Simon es nannte. Saint-Simon weiter: »[Er] wusste nicht, was er sagen sollte, und noch weniger, was er tun sollte.« Saint-Simon beruhigte ihn und schlug vor, er solle mit Katherine in leer stehenden Wohngemächern im Palais Royal Zuflucht suchen. Dort würde er, meinte Saint-Simon, in der Lage sein, »mehr Lärm zu machen und den Regenten zu sich zu ziehen und… mit ihm zu jeder Zeit zu sprechen und zum richtigen Handeln hin zu drängen«. Tatsächlich jedoch war der Regent viel zu sehr von den Ereignissen in Anspruch genommen, um Law über ihre weitere Entwicklung auf dem Laufenden zu halten, und der bereits aus dem Gleichgewicht gebrachte Bankier wurde immer einsamer und unsicherer.

Der Duc d'Orléans hatte sich entschlossen, das *Parlement* mit einer Sitzung zu überraschen, die als *lit de justice*, »Kissensitzung«, bekannt war. Dabei würde der junge König die Autorität seines Regenten bestätigen und den Einspruch des *Parlement* für nichtig erklären. Saint-Simon half dabei, die Pläne auszuarbeiten, um das *Parlement* in die Knie zu zwingen; er wurde erst auf Laws Ängste aufmerksam, als einer von dessen Dienstboten bei ihm erschien und ihn bat, seinem Herren einen Besuch abzustatten. Saint-Simon fand einen völlig verzweifelten Mann vor. Katherine war bei ihm; vielleicht hatte sie zum ersten Mal gemerkt, wie verwundbar er war, und nach Saint-Simons Bericht über dieses Treffen zu urteilen, hatte sie seine Befürchtungen nicht zu zerstreuen vermocht. Law war starr vor Angst, dass der Regent im Begriff sein könnte, ihn seinen Feinden zu überlassen. Erst als Saint-Simon ihm versicherte, dass das Verhalten des Duc auf keinerlei finstere Absichten schließen ließ, schien er »wieder zu atmen«. Als die Bürger von Paris am 26. August 1718, dem Tag der *lit-de-justice*-Sitzung, erwachten, sahen sie, dass Schweizergardisten, Musketiere, Kavalleristen und Leibgardisten um das Palais Royal, die Tuilerien, Laws Bank und andere strategische Gebäude herum Posten bezogen hatten. Die Sitzung begann um zehn im Palais de Justice. Vor dem Ratskollegium des Regenten, dem *Parlement*, Offizieren der Leibgarde und einem Kontingent von Zuschauern »von Rang und Namen«, stieg der achtjährige König die kleine Treppe zu einem Thron hinauf, über dem sich ein bestickter Baldachin spannte. In seiner Eigenschaft als Obersiegelbewahrer verkündete d'Argenson im Namen des Knaben: »Der König heischt Gehorsam, Gehorsam auf der Stelle.« Mit mehr als einem Hauch von Melodrama wurde auf diese Weise die Macht des Regenten aufrechterhalten, und die neunundsechzig rebellischen Magistrate des *Parlement* zum Schweigen gebracht. Drei von ihnen weigerten sich, sich zu fügen, und wurden verhaftet. Die anderen sonderten reichlich Schweiß in ihre gepuderten Perücken und samtenen Zeremonialroben ab und mussten sich selbst eingestehen, dass ihr großer Augenblick verstrichen war. Ihr Angriff war zurückgeschlagen worden. Wieder einmal war Law, der Außenseiter, ihnen entkommen.

10 Der Stein der Weisen

Es kommt nichts anderes zum Vorschein als neue Kleider, Personen mit neuem Aussehen und eine unendliche Zahl von Familien, die zu neuem Reichtum aufgestiegen sind. Man sieht 800 neue Kutschen in Paris, und die reich gewordenen Familien kaufen neues Tafelsilber, neue Möbel, neue Gewänder und eine neue Equipage, sodass hier ein ganz gewaltiger Handel herrscht.

DANIEL DEFOE, *12. September 1719*

Die Drohung des Parlaments, ihn zu hängen, schockierte Law zutiefst, brachte ihn aber nicht von seinem Entschluss ab, seinen Meisterplan, das so genannte »système«, zu verwirklichen. Nach wie vor wurde er vom Willen des Spielers zu gewinnen vorangetrieben, aber auch von einem philanthropischen Verlangen, die Verhältnisse zu verbessern, sowie dem Drang zu experimentieren. Außerdem quälte es ihn immer noch, dass sein Gesuch um Straferlass für die Tötung Wilsons in England abgelehnt worden war, und es verlangte ihn danach, endlich von dieser Verurteilung befreit zu sein. Doch das Gefühl der Isolation, das er im Palais Royal empfunden hatte, scheint auch ein tieferes, von ihm selbst kaum eingestandenes Bedürfnis danach geweckt zu haben, von der Gesellschaft akzeptiert zu sein und zu ihr zu gehören. Law, der Opportunist, dem es einst so gut gefiel, außerhalb der Gesellschaft und ihrer Konventionen zu leben und seine Beziehung zur *Haut Monde* zu seinen eigenen Zwecken einzusetzen, sehnte sich inzwischen danach, wirklich Teil davon zu sein. Wie es bei vielen erfolgreichen Geschäftsleuten der Fall ist, wurde er nun auch von politischem Ehrgeiz gepackt. Vielleicht hatte Katherine etwas mit diesem Umschwung in seinem Denken zu tun: Die Bedrohung seines Lebens sowie die abrupte Wende der politischen Geschehnisse müssen sie verstört und ihr das Prekäre ihrer Position eindringlich bewusst gemacht haben. Vielleicht verbarg sich hinter Laws wachsendem Verlangen nach einem öffentlichen Amt also nicht nur Ehrgeiz, sondern auch ein Bemühen darum, die Zukunft seiner Familie zu sichern. Möglich ist auch, dass Katherine das Gefühl hatte, eine wichtige Rolle erfüllen zu müssen, und als eine Dame der höheren Gesellschaft würde sie Bündnisse schmieden können, die Laws politische Karriere weiter stabilisierten. Von einem fundamentalen Glauben konnte sie ihren Mann jedoch nicht abbringen: Im Geld, davon war er überzeugt, lag der Schlüssel zum Heil und zur Erfüllung aller seiner Ziele.

Als Frankreichs oberster Bankier war er in einer idealen Position, zu einem Mann von großem Ansehen aufzusteigen. Als im folgenden Herbst Lady Mary Wortley Montague sich auf der Durchreise ein paar Tage in Paris aufhielt, bemerkte sie, dass sich Laws Lebensverhältnisse geändert hatten: »Ich muss sagen, dass ich in Frankreich nichts zu Gesicht bekam, was mich so sehr entzückte, als einen Engländer – oder zumindest einen Briten – in Paris über alle anderen erhoben zu sehen. Ich meine Mr. Law, welcher mit ihren *Ducs* und *Pairs* ausgesprochen *de haut en bas* umgeht, und von ihnen mit äußerster Untertänigkeit und Achtung behandelt wird.«

Law, der ja schon immer ein enthusiastischer Förderer der schönen Künste gewesen war, saß einem Maler, vermutlich Alexis Simon Belle, ungefähr zu dieser Zeit für ein Porträt. Das Gemälde zeigt einen Mann von Mitte vierzig, der Eleganz, Charme und ein immer noch jugendliches Äußeres besitzt; er trägt eine braune Langhaarperücke, eine bestickte Samtrobe und ein Spitzenjabot – prächtige Kleider, wie sie seinem bereits hohen Status entsprachen. Sein Gesicht ist schmal und ziemlich kantig; obwohl ein leichtes Lächeln auf seinen Lippen liegt, hat sein Mund einen entschlossenen Ausdruck, und insgesamt wirkt er etwas abwesend – der bohrende Blick seiner grauen Augen ist nicht auf den Betrachter gerichtet, so als ob er in Gedanken irgendwo anders wäre, vielleicht bei der nächsten Phase seines Plans: Die Übernahme seiner Bank durch den Staat. Die Vermögenswerte seiner Bank schlossen nun über neun Millionen Livre in Münzen und 1,6 Millionen in Wechseln ein. Dagegen standen weniger als 40 Millionen Livre in ausgestellten Noten. Law hatte die Warnungen Saint-Simons und die Lektionen, die die Bank von Amsterdam ihn gelehrt hatte, berücksichtigt und die Emission der Noten beschränkt.

Im Dezember 1718 wurde aus der Banque Générale die Banque Royale, das Äquivalent eines verstaatlichten Industrieunternehmens von heute. Law blieb der Direktor der Bank, und unter seiner Leitung stützten sich über die nächsten Monate hinweg die Finanzen Frankreichs immer stärker auf sie. Neue Zweigstellen wurden in Lyon, La Rochelle, Tours, Orléans und Amiens eröffnet. Um sicherzugehen, dass jedermann Papiergeld verwendete, mussten Transaktionen von mehr als 600 Livre in papierenen Noten oder in Gold abgewickelt werden. Da Gold knapp war, zwang dies beinahe jeden dazu, für alle größeren Transaktionen Papiergeld zu verwenden. Um sie für das Vertrauen in seine Bank in jenen unsicheren Anfangstagen zu belohnen, das sie mit dem Kauf von Anteilen bewiesen hatten – und vielleicht auch um sich einen Zugang in ihre Welt zu erkaufen –, belohnte Law die Investoren reichlich. Auch Aktien, die partiell mit abgewerteten Regierungsanleihen erworben worden waren, wurden gegen Münzen eingelöst. Sowohl Law als auch der Regent waren Großaktionäre gewesen und gehörten zu jenen, denen die Übernahme der Bank große Profite einbrachte.

Wenige erkannten die Gefahren, die der neue »königliche« Status der Bank signalisierte. Bislang hatte Law die Zahl der ausgegebenen Noten sorgfältig kontrolliert. Es waren immer Reserven an Münzgeld in Höhe von ungefähr 25 Prozent des Wertes des sich im Umlauf befindlichen Papiergeldes vorhanden gewesen. Jetzt, da die Bank in königlichem Besitz war und keine Aktionäre peinliche Fragen stellen konnten, wurde sie weniger kontrollierbar. Über die Quantität der ausgegebenen Noten sowie über die Höhe der Reserven würden allein der Regent und seine Berater entscheiden. Der Versuchung, zu viel Papiergeld in einem zu kurzen Zeitraum zu drucken, würde so im Grunde keinerlei Einhalt geboten werden können.

Weniger als fünf Monate nach der Übernahme der Bank hielt der Schriftsteller Buvat, mit mehr als einem Anflug von Ironie, in seinem Tagebuch fest, dass acht Drucker, von denen jeder nur 500 Livre im Jahr verdiente, rund um die Uhr damit beschäftigt waren, 100-, 50- und Zehn-Livre-Noten zu drucken. Eine weitere unheilvolle Änderung folgte: Die Noten waren nicht mehr zu dem Wert einlösbar, den sie zur Zeit der Ausgabe gehabt hatten, sondern zu ihrem Nennwert, der sich mit dem der Münzen ändern würde, wenn die Währung abgewertet wurde. Man hatte das Prinzip, welches das Vertrauen der Öffentlichkeit in Papiergeld gestützt hatte, aufgegeben und gegen einen von Laws fundamentalsten Glaubenssätzen verstoßen. Doch, wie der herausragende Wirtschaftswissenschaftler des achtzehnten Jahrhunderts, Sir James Steuart, später ungläubig konstatierte:»Niemand schien unzufrieden: Die Nation war recht erfreut, so vertraut waren Fluktuationen des Münzgeldes in jenen Tagen, dass niemand jemals etwas in Beziehung zu Münzen oder zu Geldstücken ansah, sondern in Beziehung zu ihrem Nennwert…, dies erscheint verwunderlich, ist aber eine Tatsache.«

Wenn Law unglücklich über die Neuerungen war, dann ließ er es sich nicht anmerken. Anscheinend war er damit beschäftigt, die Gewinne aus seinen Bankanteilen neu zu investieren. Er begann, sich einen umfangreichen Immobilienbesitz zusammenzukaufen: Von der verwitweten Prinzessin Condé erwarb er für die Summe von 100000 Livre das Herzogtum von Mercœur und vom Prinzen von Carignan für 750000 das Hôtel de Soissons. Das Hôtel selbst wurde das Hauptquartier der Mississippi-Kompanie, doch die wunderschönen Gärten hatte der gewiefte Prinz für sich behalten, und er profitierte später von ihnen, indem er sie als eine Art Marktplatz für den Handel mit Aktien verpachtete.

Ungefähr um diese Zeit kam Laws vier Jahre jüngerer Bruder William zu ihm nach Paris. William hatte in Edinburgh eine Lehre als Goldschmied gemacht, und Law hielt ihn für einen seiner treuesten Verbündeten. Er war einer der Gründungsdirektoren der Banque Générale und einige Zeit als Laws Agent in London tätig gewesen. Zu seinen Freunden zählte George Middleton, einer der führenden Bankiers Londons, dessen Dienste die Laws in Anspruch nahmen, um ihre Investitionen in Diamanten, Immobilien in Schottland und Aktien der Südsee- sowie der Ostindien-Kompanie abzuwickeln. Kurze Zeit bevor er sich in Frankreich niederließ, hatte William Law Rebecca Dives geheiratet, die umwerfend schöne Tochter eines Londoner Kohlengroßhändlers. In Paris ließ das Paar sich in einem angemessen noblen Haus nieder; sie beschäftigten eine ganze Schar livrierter Dienstboten, legten sich mehrere Equipagen zu und wurden – dank Laws und Katherines Einfluss – in höfische Kreise eingeführt.

Law hatte mittlerweile seine Netze noch weiter ausgeworfen. er war eifrig darum bemüht, die lokale Industrie voranzubringen, die er immer als von elementarer Bedeutung für nationale Prosperität erachtet hatte. Ein Agent in England war unter Anleitung seines Bruders damit beschäftigt gewesen, Uhrmacher, Weber, Metallarbeiter und andere Facharbeiter ausfindig zu machen, die sich mit finanziellen Anreizen dazu verlocken ließen, nach Frankreich zu emigrieren. Buvat zufolge ließen sich an die 900 Arbeiter in Versailles nieder, wo sie in einem umgebauten Komplex von Stallungen, der der Duchesse de Berry gehörte, der Tochter des Regenten, sowie im nahe gelegenen Parc aux Cerfs untergebracht wurden. Jeder dieser Arbeiter erhielt einen Lohn von monatlich 30 Livre und zusätzlich 30 Sous am Tag für Essen. Wenige Emigranten können ihre Übersiedlung nach Frankreich bedauert haben: Eine gewaltige Nachfrage nach Luxusgütern war eine der unmittelbaren Folgen des unglaublichen Wirtschaftsbooms, der sich in Frankreich gerade anbahnte. Vor allem aber beschäftigte Law der Preis der Mississippi-Aktien, der zu seiner Enttäuschung immer noch unter dem Nominalwert lag. Er kam zu dem Schluss, dass die einzige Methode, die kränkelnde Mississippi-Kompanie in Europas erfolgreichsten Konzern zu verwandeln und Frankreich wieder zu wirtschaftlicher Blüte zu verhelfen, darin bestand, den Handel des Landes und die Staatsfinanzen zu monopolisieren. Diese kühne Idee ging, in einem gewissen Sinn, auf eine Lektion zurück, die er als junger Mann gelernt hatte: Um zu gewinnen, musste man dafür sorgen, dass man selbst immer die höheren Chancen auf einen Sieg hatte. Jetzt verwendete er dasselbe Prinzip in seinen Unternehmungen: Law teilte seiner Kompanie ein unschlagbares Kartenblatt aus.

Mit seinen ersten Akquisitionen zielte er auf den Überseehandel: auf das Recht auf den Tabakanbau in den Kolonien, auf den Handel mit Sklaven und anderen lukrativen Produkten aus dem Senegal. Das Tabakrauchen musste die gehobene Gesellschaft erst noch erobern, doch das Schnupfen war schon sehr *en vogue*: Liselotte von der Pfalz kritisierte einige Damen sehr scharf dafür, dass sie mit so schmutzigen Nasen bei Hof erschienen, als ob sie mit ihnen »im Schlamm gewühlt hätten«. Ein Jahr später bemerkte sie scharfsinnig, dass der Tabak als Zauberpflanze bezeichnet werde, da jene, die anfangen, sie zu verwenden, es nicht mehr aufzugeben vermögen. Wie viele Investoren schnell begriffen, sprach also alles dafür, dass die Gewinne aus einem solchen Monopol weiter steigen würden.

Dann gelang Law der bisher wichtigste Coup: Er erwarb das Monopol auf den Handel mit Ostindien. Es war ihm aufgefallen, dass die französische Ostindien- und China-Kompanie schlecht geführt wurde und große Verluste erwirtschaftete. Law behauptete, wenn man sie mit der Mississippi-Kompanie zusammenschlösse, würde ein Unternehmen mit weltweiten Handelsrechten entstehen, und davon würde jede der beiden Gesellschaften profitieren. Es war eine grandiose Idee, aber auch wagemutig und riskant, doch er ließ alles vollkommen einleuchtend klingen. Die

Akquisitionen würden durch eine weitere Ausgabe von 50000 Aktien bezahlt werden, die den Spitznamen *filles*, Töchter, erhielten – die Aktien der ersten Ausgabe waren als *mères*, Mütter, bekannt – und von denen jede 550 Livre kosten sollte (der Nominalwert betrug 500 Livre). Anders als die *mères*, für die die Investoren mit Staatsanleihen hatten zahlen können, würden die *filles* nur gegen Bargeld abgegeben werden. Der Grund dafür sei, erklärte Law, dass sein erster Schritt zur Wiederbelebung des französischen Überseehandels darin bestehen werde, in zwei Dutzend Schiffe von je fünfhundert Tonnen zu investieren, und er dafür das Kapital aus dem Aktienverkauf benötige.

Das Establishment hatte nur Hohnlächeln für Laws Projekt übrig. Wie üblich war d'Argenson, der Law zufolge »eifersüchtig auf das gute Ansehen war, das ich mir bei Seiner Königlichen Hoheit und der Öffentlichkeit durch meine Führung der Bank und der Compagnie d'Occident erworben hatte«, ein lautstarker Gegner. Er behauptete, der Plan sei zum Scheitern verurteilt, und stellte in Zweifel, dass die Öffentlichkeit bereit wäre zu investieren, da die Aktien der ersten Emission immer noch unter Nominalwert gehandelt würden. Von d'Argenson beeinflusst, zeigte sich sogar der Regent besorgt über die Tauglichkeit des Plans und wehrte Laws Bitte um königliche Sanktionierung erst einmal ab. Da er erkannte, dass er die Zweifler nur dann würde zum Schweigen bringen können, wenn er demonstrierte, wie sein Plan zuverlässig funktionierte, konferierte Law mit mehreren wichtigen Freunden und potenziellen Investoren. Sie kamen überein, dass es für die neu ausgegebenen Aktien bequeme Zahlungsmöglichkeiten geben sollte: zehn Monatsraten, die später, um das Angebot noch verlockender zu machen, auf zwanzig erhöht wurden. Es würde einige Zeit dauern, bis die Schiffe ausgerüstet und bereit seien, in See zu stechen, meinte Law, daher würde die Gesellschaft nicht sofort ihr gesamtes Arbeitskapital benötigen. Der Anreiz war so groß, dass fünf der Mitstreiter Laws sich sofort verpflichteten, Aktien im Wert von einer Million Livre zu erwerben. Daraufhin wurde Laws Spielernaturell geweckt: Er verbürgte sich dafür, 2,5 Millionen Livre als erste Rate für den Ankauf von *filles* zum Nominalwert aufzubringen. Dies verpflichtete ihn effektiv dazu, eine Gesamtsumme von 25 Millionen Livre zu investieren und damit über 90 Prozent der gesamten Emission zu kaufen. Selbstsicherheit von einem solchen Ausmaß war für den Regenten unwiderstehlich: Am Sonntag, dem 23. Mai 1719, schlug er alle Warnungen des misstrauischen d'Argenson in den Wind und autorisierte den Zusammenschluss der beiden Kompanien. Das neue Unternehmen erhielt den Namen »Compagnie des Indes«, die meisten verwendeten jedoch weiter die alte volkstümliche Bezeichnung Mississippi-Kompanie.

Laws Kühnheit war jedoch nur zur Schau gestellt, in Wirklichkeit sorgte er sich darum, ob sein Schritt wirklich klug gewesen war: »Montagnacht konnte ich nicht schlafen; ich hatte großes Vertrauen bei der Öffentlichkeit gewonnen und fürchtete, es durch die Aktion, die ich unternommen hatte, wieder zu verlieren«, gestand er später. Tatsächlich aber zahlte sich das Wagnis aus. In der wie in einem Goldfischglas eingeschlossenen Gesellschaft, in der er sich bewegte, musste es zwangsläufig Aufmerksamkeit erregen, wenn jemand eine Effektenemission so rückhaltlos unterstützte. Jedermann nahm an, dass Law sich auf Grund seines Insiderwissens des Erfolgs seines Unternehmens sicher sein müsse. Dass die Gewinne aus seinen Akquisitionen, vor allem aus dem Tabakmonopol und der fernen Kolonie Louisiana, ansteigen würden, schien gewiss.

Sehr bald schwirrte es von entsprechenden Gerüchten, und die Öffentlichkeit wurde vom Herdentrieb ergriffen. Der Preis der alten Aktien stieg über den Nominalwert und erreichte 600 Livre, und Subskriptionsgesuche für die neuen Aktien strömten nur so herein. Mitte Juni wurden die Papiere schon für 650 Livre gehandelt, und die Druckerpressen der Bank spien 50 Millionen Noten aus, damit die Leute die Aktien aus der nächstfolgenden Emission kaufen konnten, die gegen Ende des Monats angeboten werden sollten. Ganz allmählich lernten die skeptischen Franzosen, die sich an den Staatsanleihen die Finger verbrannt hatten, dass Anteilsscheine auch im Wert steigen konnten, und Law untermauerte diese Erkenntnisse mit strategischen Zügen, die offenbarten, dass er etwas von Konsumpsychologie begriffen hatte. Er handelte nach der elementaren Erkenntnis, dass eine Verringerung des Angebots die Nachfrage steigen lässt.

Neue Ausgaberestriktionen wurden erlassen: Um eine neue Aktie erwerben zu können, mussten die Investoren vier alte besitzen. Diejenigen, die Anteile der ersten Emission erworben hatten, konnten jetzt erfreut mitverfolgen, wie der Wert ihrer Papiere stieg, als Frankreich, während des Sommers des Jahres 1719 erstmals in den Genuss einer Hausse kam. Als die zweite Ratenzahlung für die Papiere der neuen Emission fällig war, hatte der Preis der Aktien sich schon auf 1000 Livre verdoppelt. In der Zwischenzeit hatte Law beinahe des Guten zu viel getan, indem er bekannt gab, dass die Bank im Jahr darauf eine großzügige Dividende von zwölf Prozent ausschütten, also auf jede Aktie 60 Livre auszahlen werde. Während die Bank immer mehr Noten druckte und immer mehr Anleihen ausgab, damit eine immer größere Zahl von Menschen Aktien kaufen und mit ihnen handeln konnte, stiegen die Preise weiter an.

Laws sommerliche Einkaufstour war noch nicht vorbei. Ende Juli 1719 erwarb er für 50 Millionen Livre die Rechte an der Königlichen Münze. Zur Deckung dieser Kosten wurde eine dritte Emission von 50 000 Aktien angeboten, die den Spitznamen *petites filles*, Enkelinnen, erhielten und deren Erwerb wie zuvor an den Besitz von Aktien aus den früheren Emissionen geknüpft war: Um eine »Enkelin« kaufen zu können, musste man bereits über vier »Mütter« und eine »Tochter« verfügen.

Ganz Paris wurde im Verlauf des Sommers von einer noch nie da gewesenen Spekulationsmanie erfasst. Mitte August schnappten sich die Leute für 3500 Livre gegenseitig die Aktien weg, die drei Monate zuvor nur ganz schleppend für 490 Livre Abnehmer gefunden hatten. Eine Karnevalsstimmung ergriff die Stadt, und am Vorabend des 25. August, des Tags des heiligen Ludwig, versammelten sich Tausende in den Tuilerien, um sich an einem Feuerwerk und musikalischen Darbietungen zu erfreuen. Als das Spektakel vorbei war, bewegte sich die Menge auf einen Ausgang an einem Ende der Gartenanlagen zu, musste aber feststellen, dass

..ach draußen teilweise blockiert war, weil ein Aufseher
.sen hatte, eines der Tore aufzusperren. Ungeduld schlug
.czlich in Panik um, als sich verbreitete, dass Taschendiebe die
Gelegenheit nutzten, die wie in einer Falle steckenden wohlhabenden Besucher um ihr Eigentum zu erleichtern. Später wurde
dann auch ein Dutzend Diebe verhaftet, deren Taschen voll gestopft waren mit goldenen und silbernen Schnupftabaksdosen,
Uhren, diamantenbesetzten Kruzifixen, golddurchwirkten Halstüchern, seidenen Taschentüchern, Spitzenhauben, Stücken von
Herrenwesten und Streifen Tuchs von kostspieligen Damen-
mänteln, die den Trägern und Trägerinnen, ohne dass sie es gemerkt hatten, vom Rücken geschnitten worden waren. In diesem
Inferno, das vor den Toren herrschte, kamen elf Frauen zu Fall und
wurden von den anderen erstickt oder zu Tode getrampelt. Hunderte trugen in dem Gewühl Brüche davon oder erlitten Hitz-
schläge. Paris trauerte.

Die Nachrichten von dem Unglück erreichten den Rest Europas zusammen mit jenen von Laws gewagtestem Schachzug. Er
hatte angeboten, der Nation die Bürde abzunehmen, die seit Louis'
letzten Regentschaftsjahren auf Frankreich gelastet hatte, und
dem Staat ein ausreichendes Darlehen zu gewähren, damit die
Staatsschulden getilgt werden konnten: 1,2 Milliarden Livre zu
einem Zinssatz von drei Prozent. Diese Offerte war mit einem
höchst umstrittenen Anerbieten verbunden, für die Summe von
52 Millionen Livre das Recht zur Steuereinnahme zu erwerben.
Damals verpachtete man in Frankreich dieses Recht an private
Unternehmer: Die Generaleinnehmer waren für die direkte Besteuerung verantwortlich, die »fermiers généraux«, ein Syndikat
von vierzig privaten Financiers, waren hingegen dafür zuständig, indirekte Steuern einzuziehen, wie zum Beispiel Warenzölle
und die Steuern, die auf Salz und alkoholischen Getränken lagen.
Diese Financiers waren zudem die größten Gläubiger des Staates
und profitierten am meisten von seiner Verschuldung. Der Inhaber einer so genannten »ferme«, einer Steuerpacht, musste die
Summe der Steuern, die er erheben würde, im Voraus abschätzen
und sie dem Staat vorstrecken. Wenn die Einkommen unter die-

ser Summe blieben, musste er selbst für die Differenz aufkommen, wenn sie höher ausfielen, durfte er den Überschuss für sich behalten. Neuere Forschungen haben ergeben, dass die vierzig Financiers nicht reich genug waren, um die gesamte Summe, die eingezogen werden sollte, vorzustrecken. Sie waren vielmehr als Mittels- oder Strohmänner für zahlreiche anonyme Investoren tätig, unter denen sich auch zahlreiche Höflinge befanden. Es handelte sich um ein System, das große Gewinne einbringen konnte und gleichzeitig unter Korruption und Ineffizienz litt. Dominiert wurde es von den Brüdern Pâris, den vier mächtigsten Financiers ganz Frankreichs. Laws Interesse für das Finanzwesen war immer mit einer großen Aufmerksamkeit für den moralischen Aspekt wirtschaftlicher Fragen einhergegangen. In dem gewaltigen Vorteil, den das Steuersystem einer kleinen etablierten Elite gewährte, lag für ihn eine himmelschreiende Ungerechtigkeit. Jetzt ergriff er die Chance, diesen Missstand zu beseitigen, ohne auch nur zu ahnen, wie heftig die Reaktion darauf sein würde.

Die gewaltige Summe, die benötigt wurde, um das Darlehen an die Regierung zu sichern, sollte durch eine weitere Ausgabe von Mississippi-Aktien aufgebracht werden. Inhaber von Obligationen würden die Gelegenheit erhalten, diese in Aktien umzuwandeln oder aber in Rentenbriefe der Gesellschaft, die einen Profit von drei Prozent boten – mindestens ein Prozent weniger, als sie derzeit erhielten. Laws Absicht war es, Aktien weit attraktiver zu machen als Rentenbriefe. Der Plan war grandioser als alle vorhergehenden: Law gedachte, das Siebzehnfache der Summe zur Verfügung zu stellen, die er mit allen früheren Emissionen zusammen aufgebracht hatte. Und wieder einmal schaffte er es, dieses Unterfangen vollkommen plausibel klingen zu lassen.

Am 13. September 1719 fand also eine vierte Emission von 100 000 Aktien statt, die als *cinq-cents* bekannt wurden und bei einem Nominalwert von 500 Livre 5000 Livre kosteten. Wie schon zuvor wurden diese Aktien von der vom Mississippi-Fieber erfassten Öffentlichkeit gierig aufgekauft. Anders als bei früheren Subskriptionen gab es keinerlei Beschränkungen, was den

...belangte – es war nicht notwendig, dass man bereits ... besaß, jedermann konnte reich werden, indem er sich sei-Anteile am Mississippi-Traum kaufte. Der Earl of Stair hielt fest: »Die Öffentlichkeit hat sich mit einem solchen Furor auf die neue Subskription gestürzt, dass Aktien für nahezu die doppelte Summe gezeichnet wurden, und es hat die größten Intrigen und Streitigkeiten darum gegeben, an der Subskription teilhaben zu können, und zwar von solchem Ausmaß, dass die neu gezeichneten Aktien noch nicht ausgeliefert sind und auch die erste Zahlung noch nicht eingegangen ist. Die Tür von Mr. Law ist geschlossen, und alle Franzosen von Rang und Namen, hunderte von ihnen, drängen sich an der Place Vendôme davor.«

Obwohl sein Plan unzweifelhaft schlau und ambitioniert war, scheint Law voller Naivität dessen Auswirkung auf die Steuereinnehmer und den Hofadel, der hinter diesen stand, außer Acht gelassen zu haben. Er versetzte ihnen einen doppelten Schlag, indem er ihnen ihre lukrativen Gewinne aus der Steuereinnahme sowie ihr Einkommen aus ihren Staatsanleihen beträchtlich reduzieren wollte. Dies musste zwangsläufig eine wütende Reaktion von ihrer Seite auslösen und sie in ihrem Entschluss bestärken, seine Reformen zu vereiteln. Law allerdings nahm die Gefahr nicht wahr.

Die Aktien wurden in den neuen Geschäftsräumen der Kompanie gehandelt, die in dem alten kommerziellen Zentrum von Paris, der Rue Quincampoix, gelegen waren, einer Straße im Viertel Les Halles, die heute vom Centre Pompidou überragt wird. Die Rue Quincampoix ist eine lange, schmale Durchgangsstraße, die im Norden von der Rue Ours und im Süden von der Rue Aubry le Boucher begrenzt wird. Sie war damals schon lange die Straße der Geldwechsler gewesen und unter Louis XIV. auch diejenige derer, die mit den unbeliebten *billets* gehandelt hatten. Geschäftsleute, die versuchten, Kapital für neue Unternehmungen aufzutreiben, waren hierher gekommen. Benannt war die Straße nach einem Anwohner, der hier im zwölften Jahrhundert Geldgeschäfte betrieben hatte: Nicolas de Kiquenpoit.

Auf dem volatilen Aktienmarkt sind Nachrichten ein ganz wesentliches Instrument; sie helfen den Händlern dabei vorherzusehen, in welche Richtung sich die Preise entwickeln werden. Heute können die Aktienmakler auf kommerzielle Lieferanten von Daten wie Reuters und Bloomberg zurückgreifen, die aktuelle Analysen, Preisübersichten und Tabellen anbieten sowie Recherchen durchführen. Im achtzehnten Jahrhundert stellten Klatsch und Tratsch das Äquivalent dazu dar. Man wartete in der Rue Quincampoix stets voller Spannung auf Neuigkeiten aus den Kolonien, über die Politik der Regierung und den nächsten Schritt Laws, um sie dann einzuschätzen. So viele Menschen kamen hierher, um sich zu unterhalten und Geschäfte zu tätigen, dass die angrenzenden Straßen völlig von Pferden und Kutschen verstopft waren. D'Argenson, der Finanzminister, dessen Amtssitz sich ebenfalls in dieser Straße befand, war außer sich vor Wut, als er an einem Novembertag mehr als eine Stunde in einem solchen Verkehrsstau stecken blieb. Schließlich wurden die Straßen für Kutschen gesperrt und Tore gebaut, an denen die heranströmende Menge kontrolliert wurde. Zudem wurden Wachposten aufgestellt, damit nachts keine Geschäfte mehr abgewickelt und die Anwohner dadurch um ihren Schlaf gebracht wurden. Ein anderer vergeblicher Versuch, zumindest den Anschein von Ordnung aufrechtzuerhalten, bestand darin, dass man einen Zugang für Spekulanten von Rang reservierte, während der zweite für jedermann offen stand.

Zum Läuten einer Glocke öffneten sich morgens die Tore, und die Wartenden warfen alle guten Sitten über Bord. Aristokraten versuchten, ihre Lakaien und Zofen zur Seite zu rempeln, Bischöfe und Priester rangelten sich mit Kurtisanen, Opernsängerinnen und Schauspielerinnen, hohe Beamte schlossen mit Taschendieben Geschäfte ab, Italiener, Holländer und Engländer vermischten sich mit den Einheimischen. Daniel Defoe beschrieb die ungewöhnlichen Szenen, die sich dort abspielten: »Nichts vermag mehr zu unterhalten, als das Treiben und Gedränge der Aktienhändler in der Rue Quincampoix anzusehen, einer Lokalität, die so empörend schmutzig ist, als ob sie die Gosse nicht nur der Stadt, sondern des ganzen Königreiches sei. … Die Unannehmlichkeiten dieser düstersten und ekelerregendsten Gasse von ganz

Paris halten jedoch nicht Scharen von Leuten jeden Standes davon ab…, hierher zu kommen, um ihre Aktien auf dem offenen Platz zu verkaufen, wo sie, unterschiedslos, bei jedem Schritt, den sie machen, bis zu den Knöcheln im Dreck versinken.« Sogar der neunjährige König Louis XV. wurde von der hektischen Stimmung angesteckt. Als ihm eine Karte von Paris vorgelegt wurde, soll er verlangt haben, dass die Rue Quincampoix mit goldenen Lettern hervorgehoben würde.

Die Elite von Paris war über die außergewöhnlich große Schar von Angehörigen der unteren Stände erstaunt, die aus der Spekulation mit Mississippi-Aktien enorme Gewinne erzielten. Darlehen waren einfach zu bekommen, und da man nur eine Kaution von zehn Prozent hinterlegen musste, um sich an den Geschäften beteiligen zu können, verkauften Menschen aus den verschiedensten sozialen Schichten ihr Château, ihre Diamanten, ihre Kühe oder ihre Feldfrüchte. Die Privilegierten sahen dieser neuen sozialen Mobilität mit Argwohn entgegen; sie waren besorgt, dass die Hierarchie, die ihren überlegenen Status seit Jahrhunderten abgesichert hatte, im Verbund mit der finanziellen Misere geschwunden sein könnte. Sogar Voltaire zeigte sich nachdenklich. In einem Brief an den Rat des *Parlement*, Nicolas de Genonville, schrieb er:

Es ist gut, hierher aufs Land zu kommen, wenn in der Stadt Pluto allen die Köpfe verdreht. Seid Ihr in Paris denn wirklich alle verrückt geworden? Ich höre nur von Millionen reden. Es heißt, dass jeder, der wohlsituiert war, jetzt im Elend lebt, und jeder, der verarmt war, jetzt in der Fülle schwelgt. Ist dies die Wirklichkeit? Ist dies eine Schimäre? Hat die halbe Nation in den Papiermühlen den Stein des Weisen gefunden? Ist Law ein Gott, ein Schurke oder ein Scharlatan, der sich selbst mit jener Droge vergiftet, die er an alle austeilt?

In Tagebüchern und Lebenserinnerungen aus jener Zeit wird immer wieder von »Mississippiern« erzählt, die über Nacht aus tiefster Armut zu höchstem Reichtum gelangten. Und ähnlich wie es heutzutage oft mit Lottogewinnern geschieht, ergötzten sich die

Autoren dieser »Vom Habenichts zum Krösus«-Geschichten über die, denen dieser Wechsel nicht so leicht fiel, und verspotteten sie dafür, dass sie sich erdreisteten, ein Leben in Luxus führen zu wollen. So gibt es Geschichten von einem Lakaien, der so viel Geld machte, dass er sich eine noble Karosse bestellen konnte; als diese ihm geliefert wurde, vergaß er aber völlig, dass seine Verhältnisse sich geändert hatten, und nahm wie gewohnt seine alte Position auf dem Bock ein. Der Sohn eines Bäckers aus Toulouse soll für 400 000 Livre einen ganzen Silberladen leer gekauft und die Gegenstände seiner Gattin mit der Anweisung geschickt haben, die örtlichen Honoratioren zum Diner einzuladen und dabei das neue Tafelsilber zu verwenden. Die Frau kannte sich mit solchen luxuriösen Gegenständen nicht aus, tat aber, wie er geheißen hatte. Als die Gäste sich zu Tisch setzten, gerieten sie außer sich vor Heiterkeit, als ihnen die Suppe in einer Schale für die Kollekte serviert wurde, ein Weihrauchfässchen als Zuckerstreuer diente und Abendmahlskelche das Salz enthielten.

Von allen Mississippi-Investoren, die aus bescheidenen Verhältnissen kamen, hatte die Witwe Chaumont aus Namur den spektakulärsten Erfolg; sie war nach Paris gekommen, um eine Schuld einzutreiben, und diese war in *billets d'états* beglichen worden. Die Witwe investierte die *billets* in Mississippi-Aktien und gewann im Nu mehrere Millionen Livre. Einen Teil davon verwandte sie darauf, das Château d'Ivry zu kaufen, wo sie jede Woche legendäre Bankette veranstaltete, bei denen die Gäste »einen Ochsen, zwei Kälber, sechs Hammel und eine Menge Geflügel« verzehrten.

Laws eigener Wagenlenker soll solche Gewinne erzielt haben, dass er seinen Abschied nahm, nachdem er zwei neue Kutscher eingestellt hatte, einen für Law und einen für sich selbst, und seinem ehemaligen Herren die Wahl zwischen den beiden gelassen hatte. Ein anderer Vorfall, vom dem häufig erzählt wurde, betraf eine exquisit gekleidete Dame, die dabei beobachtet wurde, wie sie aus einer noblen Karosse stieg. Als die adeligen Zuschauer fragten, wer sie sei, antwortete man: »Eine Frau, die aus einer Dachkammer in eine Droschke gestürzt ist.« Viele der Dienstboten brachten es deshalb zu Reichtum, weil ihre Herren sie beauftragt hatten, für sie Aktien zu einem bestimmten Preis zu verkaufen. Oft stellten sie, wenn sie in der Rue Quincampoix eintrafen, fest, dass der Preis höher als erwartet war, und in diesem Fall konnten sie die Differenz in die eigene Tasche stecken und als Kapital verwenden, um selbst zu spekulieren. Einer der vielen Tagebuchschreiber jener Zeit berichtet von einem Herren, der seinen Diener mit 250 Aktien und der Anweisung aussandte, diese bei einem Preis von 8000 Livre zu veräußern. Der Mann verkaufte sie für 10000 und machte so an einem Morgen einen Gewinn von einer halben Million Livre. Diese Summe investierte er seinerseits in Aktien, und wenige Tage später war er zweifacher Millionär.

Im Oktober 1719 kostete eine Aktie 6500 Livre. Allerdings war der Preisanstieg nicht ohne Schwankungen vonstatten gegangen. In dem Tumult der Rue Quincampoix operierten die einzelnen Händler unabhängig voneinander und völlig ungeregelt; die Preise, die an einem Ende der Straße geboten wurden, konnten sich drastisch von denen am anderen unterscheiden, und ein Vermögen, das man in einer Stunde machte, konnte man in der nächsten wieder verlieren. Die Mutter des Regenten hielt voller Sarkasmus fest, dass der königliche Leibarzt Monsieur Chirac, als er, während er einer Patientin den Puls fühlte, hörte, dass der Kurs seiner Aktien gewaltig gefallen waren, murmelte: »Guter Gott, er geht nach unten, er geht nach unten.« Aus Angst, sterben zu müssen, brach die Dame in Schluchzer aus, bis Chirac sie hastig beruhigte, dass er nur gerade an seine fallenden Mississippi-Aktien habe denken müssen.

Zusammen mit dem Aktienfieber kam es zu einer wahren Orgie, was die Spekulation mit Immobilien betraf. Die Häuser in der Rue Quincampoix wurden von den gewieftesten Geschäftsleuten verkauft oder vermietet, »die von Anfang an vorhersahen, dass Grundbesitz in dieser Straße derart an Wert steigen würde, dass wenige Quadratmeter dasselbe einbringen würden wie ein herrschaftlicher Besitz«. Anwesen, die zuvor für bis zu 800 Livre im Jahr vermietet worden waren, ließen sich in zwanzig, dreißig kleine Geschäftsräume unterteilen, von denen sich jeder für an die 400 Livre im Monat untervermieten ließ; eine Summe, die dem durchschnittlichen Jahreseinkommen eines Handwerkers entsprach.

Wackelige Schuppen wurden in Hausdurchgängen und auf flachen Dächern errichtet und für gewaltige Summen vermietet. Als die Menge der Besucher weiterhin anwuchs, begannen die Schankwirte, Zuckerbäcker und Garköche der Umgebung hohe Preise für ihre Dienste zu fordern. Kaffeehäuser wurden dort eröffnet, in denen die adeligen Damen und Herren ein Tässchen Kaffee oder Schokolade nippen und Quadrille spielen konnten, während ihre Aktienmakler sie reich machten. Alle normalen Preisvorstellungen gingen verloren. Ein einziges Huhn soll 200 Livre gekostet haben, und einer besonders bizarren oder oft verbreiteten Legende der Zeit zufolge soll sich ein Buckliger in ein paar Tagen 150 000 Livre damit verdient haben, dass er sich gegen einen Maulbeerbaum lehnte und seinen Buckel als Schreibpult anbot, auf dem man Verträge unterzeichnen konnte.

Ein goldener Schlüssel, so lautet ein alter Spruch, öffnet jede Tür, und viele strebten damals mithilfe ihres neu erworbenen Reichtums auch nach sozialer Akzeptanz. Saint-Simon hielt die verzweifelten Bemühungen fest, die einige dahingehend unternahmen. Der wohlhabende »Mississippier« d'André, der »Berge von Gold verdient hatte«, setzte einiges davon ein, um eine Verlobung seiner dreijährigen Tochter mit dem dreiunddreißigjährigen Marquis d'Oyse zu Stande zu bringen; er leistete eine erste Zahlung von 600 000 Livre und verpflichtete sich, jährlich weitere 20 000 Livre zu entrichten, bis das Mädchen das Alter von zwölf Jahren erreicht hatte. Dann sollte, in Form einer riesigen Besitzung, die Schlusszahlung erfolgen und die Hochzeit gefeiert werden. Das Abkommen setzte die *Haute Monde* so in Erstaunen, dass der Anwalt Marais in seinem Tagebuch notierte: »Die kleinen Kinder der Mississippier weinen jetzt nach einem Marquis statt nach einer Puppe.« D'André war einer der vielen, die später ihr Vermögen wieder verloren, und der Vertrag, den er mit dem Marquis geschlossen hatte, zog einen erbitterten Rechtsstreit nach sich, der über fünfzehn Jahre dauerte.

Wie vorherzusehen gaben sich die »Mississippier« einem un-gezügelten Luxusleben hin. Eine prächtige Kutsche, innen mit karmesinrotem Samt ausgeschlagen, die Polster mit goldenen Fransen verziert, wurde zum Zeichen des Erfolgs, ähnlich wie heute ein Rolls-Royce, ein Mercedes oder ein Ferrari von Reichtum künden. Die Neureichen versuchten sich begierig die jahrhundertealten Symbole des Wohlstands zuzulegen – Juwelen, teure Kleider, Gold, Silber, ein eigenes Haus mitsamt einer prunkvollen Einrichtung. Einen Blick auf diese Welt des unverblümten Materialismus stellen die Gemälde Watteaus dar, auf denen extravagante Gestalten in schimmernden pastellfarbenen Seidengewändern anlässlich inszenierter *fêtes champêtres* posieren oder wie auf dem berühmten Bild »Das Ladenschild des Kunsthändlers Gersaint« Kunstwerke erstehen. Der Diplomat Daniel Pulteney war vollkommen verblüfft über die Exzesse, die er allenthalben sah: »Es ist gewiss, dass der Handel der Menschen hier jeden Tag zunimmt und gleichfalls jede Art von Luxus; die Holländer haben hier mehrere Millionen für Juwelen, Spitze und feines Linnen eingesteckt. Gestern erzählte man mir, dass ein Laden hier in weniger als drei Wochen Spitze und Linnen für 800 000 Livre verkauft hat und dies vor allem an Leute, die nie zuvor solches Gewebe getragen haben.« Defoe zeigte sich ähnlich überwältigt vom Konsumrausch der Pariser: »Das Geld fließt«, meinte er, »wie das Wasser der Seine.«

Gold- und Silberschmiede, deren Geschäft in Folge der Finanzkrise unter Louis XIV. darniedergelegen hatte, wurden jetzt geradezu mit Aufträgen überschwemmt. Innerhalb von drei Monaten waren 120 000 Silberteller mit dazu passenden Schüsseln für einen Gesamtwert von mehr als sieben Millionen Livre gegossen, getrieben, graviert – und verkauft worden. Die Weber von Wandbehängen in den Werkstätten im Pariser Vorort Gobelins und der Provinzstadt Aubusson sowie im Teppichwerk von Savonnerie wurden mit Bestellungen überschüttet. Porzellan, ein weiteres auffälliges und teueres Statussymbol, wurde in großen Mengen importiert, damit die *nouveaux riches* ihre Tafeln, Vitrinen und die Wände ihrer eleganten Salons damit dekorieren konnten.

Die Werkstätten der Möbelschreiner wie Charles Cressent und den Gebrüdern Boulle, den Söhnen des großen Charles André, leisteten dem immer stärkeren Verlangen nach Artikeln von beispielloser Spektakularität und Raffinesse weiteren Vorschub. Prunkkommoden, *bureaux plats* und Kabinettschränke wurden aus exotischen Tropenhölzern wie Palisander-, Rosen- und Satinholz – die von Schiffen der Mississippi-Kompanie herbeigeschafft wurden – gefertigt, kostbar lackiert und mit goldenen Nymphen und Göttinnen, um die sich üppiges Blattwerk rankte, verziert. Solche Objekte verkörperten Prestige, Freigebigkeit, Status – sie beinhalteten die universelle Botschaft von Reichtum, von alt ererbtem ebenso wie neu erworbenem. Indem sie die vorherrschende Stimmung zusammenfasste, schrieb die wackere Mutter des Regenten, nicht ohne einen Beiklang von Besorgnis, es sei unvorstellbar, welch ungeheurer Reichtum in Frankreich herrsche. Jedermann spreche in Millionen, und der Gott Mammon regiere als absoluter Herrscher über Paris.

11 Der erste Millionär

… er war höflich, und er scheint durch seine Fortune nicht hochtrabend geworden zu sein. Er war ein wohlgestalteter, schöner Mann von heller Gesichtsfarbe, wie die Engländer es für gewöhnlich sind, und besaß eine noble Vergangenheit.

BARON VON POELLNITZ, »Memoirs« (1738)

Während Paris sich in eine verzauberte Stadt verwandelte, avancierte John Law, der mysteriöse Ausländer, der diesen magischen Wandel herbeigeführt hatte, zu einem internationalen Superstar. Seine Residenz an der Place Vendôme zog die Berühmten an wie ein heiliger Schrein die Pilger. Fürsten, Prälaten und Granden, die einst verächtlich auf ihn herabgesehen hatten, eilten herbei, um sich lieb Kind bei ihm zu machen, und warteten stundenlang in seinem Vorzimmer, das, wie du Hautchamp berichtet, »zu keiner Stunde von Herren und Damen entvölkert war, deren einziges Anliegen das Verlangen zu sein schien, ihm ihre Aufwartung machen zu dürfen«.

Die meisten kamen in der Absicht, ihn um ein paar zusätzliche Aktien zu einem Vorzugspreis zu bitten. Vielen wurde dieser

Wunsch gewährt – Laws Großzügigkeit war beinahe so legendär wie die wirtschaftlichen Wunder, die er zu Stande brachte. Saint-Simon jedoch widerte diese Habgier der Massen an: »Law … erlebte, dass seine Tür aufgebrochen wurde, dass man ihm aus dem Garten durch die Fenster ins Haus stieg, während andere durch den Rauchfang seines *cabinets* herabgepoltert kamen.« Als ob er ein Mitglied der königlichen Familie sei, ließ Law die meisten Besucher nur zu formellen Audienzen zu, und Zugang zu ihm zu erlangen gestaltete sich äußerst schwierig. »Um durch sein Tor gelassen zu werden, müssen die Schweizer gefüttert werden, damit man in sein Vorzimmer gelangt, die *lacqueys*, und für die Gunst des Eingelassenwerdens in sein Empfangs- oder Beratungszimmer die *valets de chambre*«, murrte der Baron von Poellnitz.

Frauen hatten Law immer attraktiv gefunden. Jetzt, da er Berühmtheit und großen Reichtum erlangt hatte, wurde er von der Damenwelt ganz unverhohlen vergöttert. Hochmütige Herzoginnen und elegante Damen warfen sich ihm zu Füßen, ließen ihre Kutschen genau vor seinem Haus umkippen, schmuggelten sich durch Bestechungen zu ihm hinein – kurz, sie taten alles, um von ihm bemerkt zu werden. Wenn Law es wünsche, würden die französischen Damen sein Gesäß küssen, knurrte die Mutter des Regenten, die über die Schamlosigkeit ihrer Geschlechtsgenossinnen entsetzt war. Sie berichtete von einem Vorfall anlässlich einer Audienz, die Law mehreren Damen gewährt hatte. Er habe sich nach einiger Zeit bei ihnen entschuldigt, weil er sich erleichtern müsse. Die Frauen hätten sich geweigert, ihn zu entlassen, und gesagt: »Wenn es nur das ist, ist es uns egal, los, pisst nur und hört uns weiter zu!« Aus lauter Verzweiflung nahm er sie beim Wort: Sie waren in keiner Weise verlegen. Eine Madame de Bouchu war besonders kühn in ihren Nachstellungen, und Law versuchte der Dame unter allen Umständen aus dem Weg zu gehen. Unbeeindruckt von seinen Abweisungen folgte sie ihm zu einem Diner, das von einer adeligen Rivalin gegeben wurde, die sie in aller Deutlichkeit davon ausgeschlossen hatte, und befahl ihrem Kutscher, vor dem Haus vorzufahren und so laut er konnte,

»Feuer« zu rufen. Als sie den Alarmruf hörten, erhoben sich die Gäste – unter ihnen auch Law – eiligst von der Tafel und rannten auf die Straße hinaus. Madame de Bouchu erspähte sofort ihre Beute und stürzte sich auf sie, doch Law konnte sich noch in Windeseile davonmachen.

Als Mann, der immer Wert auf seine Privatsphäre gelegt und während eines großen Teils seines Lebens die gesellschaftlichen Konventionen ignoriert hatte, muss Law diesen beständigen Wirbel um seine Person, diese Förmlichkeiten und dieses Umschmeicheltwerden schwer erträglich gefunden haben. In späteren Jahren erinnerte er sich:»Jeden Tag erhielt ich einhundert unverschämte Forderungen.« Er blieb, die meiste Zeit über, höflich, freundlich und vor allem auch witzig. Als eine ältere Dame sich, als sie ihn um Aktien bat, verhaspelte und sagte »*Faites-moi une conception*« (»Verhelfen Sie mir zu einer Empfängnis«), statt »*Faites-moi une concession*« (»Verhelfen Sie mir zu Aktien«), verbarg Law ein Lächeln und erwiderte freundlich:»Sie kommen zu spät, es gibt gegenwärtig keine Möglichkeit mehr.«

Den Klatschmäulern zufolge war er nicht immer gegen die Reize jener Damen gefeit, die sich ihm selbst anboten. Durch seine Verbindungen zum Königshaus wurde er mit Claudine de Tencin bekannt, einer berühmten Gastgeberin, deren Salon sowohl die führenden Intellektuellen als auch die größten Schönheiten anzog. Sie war eine lebensfrohe, schillernde Persönlichkeit, eine Abenteurerin, die aus einem Kloster entlaufen war und einen Sohn geboren hatte, dessen Ankunft in dieser Welt ihr aber so ungelegen gekommen war, dass sie ihn auf der Schwelle eines Kirchenportals ausgesetzt hatte. Sie war Mätresse des Regenten gewesen, der ihr, als sie ihn einmal bedrängte, sagte, dass er »niemals zwischen den Betttüchern mit einer Hure über Politik diskutiere«. Später war sie die Geliebte des Außenministers Dubois gewesen. Es kursierten viele Gerüchte darüber, dass sich auch Law ihrer Gunst erfreute, und nicht nur ihrer. Fanny Oglethorpe enthüllte in einem ihrer Briefe:»Law ist in Mlle. de Nail verliebt [möglicherweise Madame de Nesle] und gibt ihr 10 000 Livre im Monat, damit sie ihn besucht, wenn Fürst Soubise nicht in der

Stadt ist.« Man munkelte auch von einer ganz und gar unmöglich erscheinenden Romanze zwischen Law und der achtundsechzigjährigen Pfalzgräfin und Mutter des Regenten, die ihn ganz eindeutig attraktiv fand. In ihren Briefen heißt es, dass er auf Grund seiner Klugheit Lob verdiene, dass sie sehr »von ihm eingenommen sei« und er alles tue, um sie zufrieden zu stellen.

Sich eine Mätresse zu halten, war damals unter den oberen Zehntausend von Paris eine völlig gängige Praxis. Dennoch ist es wahrscheinlich, dass an diesen Geschichten über Law kaum etwas dran war und es sich lediglich um Klatsch und Tratsch handelte. Doch, ob sie nun zutrafen oder nicht, Katherine, die das, was man sich über ihren Mann erzählte, wohl kaum überhört haben kann, muss sehr gelitten haben. Sie konnte jedoch kaum etwas anderes tun, als sich blind und taub zu stellen. Spätere Ereignisse sollten zeigen, wie sehr ihre Liebe für Law lebendig blieb. Während der fraglichen Zeit lenkte sie sich ab, indem sie die Rolle der Gattin aus höherer Gesellschaft annahm und zu einer der berühmtesten Gastgeberinnen von ganz Paris wurde. »Wenn Sie eine Auswahl an Herzoginnen vor sich haben wollen«, soll ein Höfling dem Regenten gesagt haben, »suchen Sie den Salon von Madame Law auf, und Sie werden dort alle versammelt finden.« Nur wenige wussten, dass Katherine und Law nicht miteinander verheiratet waren. Vielleicht wagten diejenigen, die so etwas argwöhnten, nicht darauf anzuspielen, weil sie sich bewusst waren, dass Madame Law einen gesellschaftlich vernichten konnte und dass eine Einladung zu einer ihrer Gesellschaften als höchst erstrebenswert galt.

Auch Katherines Kinder wurden in einen höchst elitären Gesellschaftskreis hineinkatapultiert. Der dreizehnjährige John lernte zusammen mit dem jungen Louis XV. die Grundzüge der Jagd und des Tanzes und wurde zudem eingeladen, gemeinsam mit ihm in einem Ballett aufzutreten – eine plötzliche Masernerkrankung hinderte ihn jedoch im letzten Augenblick daran. John wurde, wie es sich für einen Sprössling aus nobler Familie ziemte, von einem Privatlehrer, einem gewissen Charles Chesneau, unterrichtet, der allen Berichten zufolge ein freundlicher und begabter Lehrer war. Mary Katherine, die Tochter, erhielt zahlreiche Heiratsangebote von Mitgliedern adeliger Häuser – unter anderem vom Fürsten von Tarente –, die aber Law, ein hingebungsvoller und fürsorglicher Vater, allesamt zurückwies. Als er ein Fest zu Ehren seiner Tochter gab, war der päpstliche Nuntius Kardinal Bentivoglio einer der Ersten, die eintrafen, und er setzte jedermann in Erstaunen, indem er die Hand der Kleinen küsste und mit ihrer Puppe spielte.

Mit diesem Eindringen der Öffentlichkeit in sein Familienleben gingen auch einige Auszeichnungen einher. Law wurde zum Ehrenmitglied der Akademie der Wissenschaften gewählt, und als er zur Inaugurationszeremonie fuhr, jubelten die Massen ihm zu und riefen:»Gott schütze den König und Monsieur Law!« Schottland ernannte ihn zum freien Bürger der Stadt Edinburgh; das Dokument wurde ihm in einer Goldschatulle im Wert von 300 Pfund zugestellt, auf deren Deckel die Inschrift graviert war:»Die Bürgerschaft von Edinburgh hat sich selbst die Ehre erwiesen, unter die freien Bürger ihrer Stadt aufzunehmen John Law, Earl of Tankerville etc. pp., einen Gentleman von würdevollem Charakter, hervorragenden Fähigkeiten, den obersten aller Bankiers von Europa, einen vom Glück begünstigten Planer und Leiter von Handelsgesellschaften in den fernsten Regionen der Welt...«

Anfangs schien sich Laws Persönlichkeit wenig zu ändern. Obwohl er inzwischen ein Mann mit ungeheurem Vermögen war – er besaß Anteile im Wert von mindestens 100 Millionen Livre –, gab er mit typisch schottischer Schläue sein Geld sehr überlegt aus. Grundbesitz und Häuser stellten nach wie vor eine gute Investition dar. Außer rund einem Dutzend französischer Landgüter erwarb er große Areale von Paris, darunter auch ein Drittel der Gebäude an der Place Vendôme, wo er wohnte. Zudem erwarb er Grund und Boden in der Umgebung des Boulevard St. Honoré sowie des Palais Mazarin, in dem heute die Handschriftensammlung der Bibliothèque Nationale untergebracht ist, zu der auch seine Erinnerungen und persönlichen Unterlagen gehören. Die Balustrade dieses Palais schmückt inzwischen das Gebäude der

Wallace Collection in London, und ihr Kernstück ist ein Füllhorn, aus dem sich ein Strom von Goldmünzen ergießt. Law legte über seinen Londoner Bankier George Middleton große Summen in rohen wie geschliffenen Diamanten an, zahlte 180 000 Livre für die 45 000 Bände umfassende Bibliothek des Abbé Bignon und erwarb weitere Ländereien in Schottland.

Zu Laws großen Leidenschaften zählte auch die Kunst. Er sammelte Bilder alter italienischer und holländischer Meister und gab bei zeitgenössischen Künstlern Gemälde in Auftrag. Die Pastellmalerin Rosalba Carriera wurde zu einer Freundin der Familie; sie fertigte Porträts von Law, Katherine und den Kindern an (ihr Gemälde von Kate, das den Titel »La Jeune Fille au Singe« trägt, ist erhalten geblieben und befindet sich heute im Louvre). Law beauftragte Rosalba Carrieras Schwager Antonio Pellegrini, der sich gerade vergeblich um den Auftrag bemüht hatte, die Kuppel der St. Paul's Cathedral in London auszumalen, die Decken der Gesellschaftsräume der Banque Royale auszuschmücken. Pellegrinis Meisterwerk war nicht weniger ambitioniert als Laws System: Das Deckengemälde hatte die spektakulären Dimensionen von 40 mal 6,5 Metern. Das Bild, eine Apotheose von allem, was Law lieb und teuer war, zeigte den Kinderkönig Louis XV. und den Regenten, umgeben von Allegorien des Handels, des Reichtums, des Kredits, der Sicherheit, der Erfindung, der Arithmetik, der Buchführung, der Seefahrt und, natürlich, des Mississippi. (Das Schicksal der Decke gemahnt an das Laws: Sie stürzte 1724 ein.)

Verglichen mit den Exzessen, zu denen die damalige Zeit neigte, scheute Law trotz seiner vielen Erwerbungen den zügellosen Materialismus: »Ungeheurer Einfluss und ungeheures Glück haben ihn nie verdorben, und sein Betragen, seine Ausstrahlung, seine Tafel und die Einrichtung seines Hauses vermochten niemals jemanden zu schockieren«, versicherte Saint-Simon. Vielleicht sorgten die handfeste Katherine und seine Kinder dafür, dass er immer auf dem Boden der Tatsachen blieb. Sein Heim war schlicht möbliert, er kleidete sich recht bescheiden, und eine abendliche Kartenpartie mit ein paar Freunden bereitete ihm nach wie vor Vergnügen. Ein alter Gefährte, Archibald Earl of

Ilay, erinnerte sich, wie er einmal um jene Zeit herum Law in seinem Haus einen Besuch abstattete. Er wurde nach seinem Eintreffen in ein Vorzimmer geführt, das schon gedrängt voll mit Besuchern war. Als Law erfuhr, dass Ilay unter den Wartenden war, ließ er den Earl rasch in sein privates Arbeitszimmer geleiten, wo dieser den großen Mann dabei antraf, wie er einen Brief an den Gärtner von Lauriston verfasste, in dem er ihn davon in Kenntnis setzte, welche Kohlsorten er in seinem Garten angepflanzt zu sehen wünschte. Law war entzückt, Ilay wieder zu sehen, und die beiden setzten sich an einen Tisch, um eine Weile lang zu zweit Piquet zu spielen, bevor sie sich zu der versammelten Menge gesellten.

Laws früheres Anliegen, das öffentliche Wohlergehen zu fördern, war nach wie vor von Bedeutung. Wie sich herausstellte, wirkten sich seine Strategien bereits im ganzen Land positiv aus. Du Tot, der stellvertretende Schatzmeister der Bank, kommentierte:»Der Reichtum ließ sich bald in allen Städten und überall auf dem Land sehen. Er nahm dort die drückende Last der Schulden von unseren Bürgern und Arbeitsmännern…, er belebte das Gewerbe neu.« Als die Wirtschaft aufblühte, nahm Law voller Eifer eine Reihe von Reformen vor. Er rief ein schwungvolles Programm zur Errichtung öffentlicher Bauten ins Leben, das mithilfe des reichlich vorhandenen Papiergelds finanziert wurde. Brücken wurden konstruiert, Kanäle ausgehoben, Straßen gepflastert, neue Kasernen errichtet. Die Pariser Universität wurde mit einer großzügigen Stiftung bedacht, und das Schottische Kolleg, wo Laws Vater beerdigt lag, erhielt ein Legat. Umstrittener war sein Versuch, das Steuersystem, das ebenso unter seiner unnötigen Komplexität wie unter der Korruptheit der Steuereinnehmer litt, überschaubarer und wirkungsvoller zu gestalten. Wie ein englischer Besucher Frankreichs gegen Ende des siebzehnten Jahrhunderts bemerkte:»Die Leute werden im Allgemeinen durch die Steuern niedergedrückt, die jeden Tag steigen, sodass ihre Besitzungen nur wenig mehr abwerfen als das, was sie dem König zahlen; sie sind daher eigentlich Pächter der Krone, und zwar um einen solch wucherisch hohen Zins, dass es ihnen sehr schwer fällt, sich ihr eigen Brot zu verschaffen.« Die große Menge von Ämtern, die verkauft wurden, um die königliche Kasse zu füllen, hatten einen Minister Louis' XIV. zu dem Kommentar veranlasst: »Immer wenn es Eurer Majestät gefällt, ein Amt zu kreieren, erschafft Gott einen Narren, der es erwirbt.« Es gab Beamte, die dafür zuständig waren, die Abmessungen von Tuch und die Länge von Kerzen oder die Dimensionen von Heubündeln und Kohlenschütten zu überprüfen. Neben Kontrolleuren von Holzstapeln, von Papier und Brücken, Prüfern von Fleisch, Fisch und Geflügel, gab es sogar einen Inspektor für Schweinezungen.

Law war der Meinung, dass dies nicht gerade zur Effizienz beitrug, sondern lediglich zum Leben notwendige Waren unnütz verteuerte und die Amtsinhaber dazu verführte, »im Müßiggang zu leben und den Staat jenes Dienstes zu berauben, den sie ihm vielleicht in einer nützlichen Stellung erwiesen haben könnten, wären sie gezwungen gewesen zu arbeiten«. An Stelle des alten Systems, mit seinen hunderten von verschiedenen, zum Teil auch nur regional geltenden Steuern, von denen er mit einem einzigen Edikt nicht weniger als vierzig beseitigte, führte Law ein neues nationales Abgabesystem ein, das *le denier royal* genannt wurde und sich nach dem Einkommen eines jeden Einzelnen richtete. Diese Maßnahme löste einen Schrei der Empörung von Seiten der vielen Inhaber irgendwelcher Ämter aus, unter denen sich zahlreiche vermögende Financiers und Mitglieder des *Parlement* befanden, während sie von der breiten Bevölkerung mit Freude aufgenommen wurde. »Die Menschen tanzten und hüpften durch die Gassen«, berichtete Defoe. »Sie bezahlen jetzt keinen Heller Steuern mehr für Holz, Kohle, Heu, Hafer, Öl, Wein, Bier, Brot, Karten, Seife, Vieh und Fisch.«

In anderen Kreisen stellte sich ein ähnliches Gefühl der Freude und des Wohlbefindens auf Grund des Aktienhandels ein. Die Familie des Regenten sowie seine Günstlinge wurden mit besonderen Zuteilungen bedacht, und sie verdienten entsprechend. Die Mutter des Duc d'Orléans berichtete: »Mein Sohn hat mir für mein Haus für zwei Millionen Law-Aktien gegeben. Der König hat auch für sein Haus etliche Millionen genommen; das ganze königliche Haus hat bekommen, alle *enfants de France,* *petits enfants de France* und *princes du sang.*« Auch der Marquis de Lassay, der Maréchal d'Estrées, der Duc de la Force und die königlichen Prinzen Conti und Bourbon machten Millionen. Bourbon verwandte einen Teil seines unverhofften Gewinns darauf, eine eigene Porzellanmanufaktur zu gründen und sein Schloss in Chantilly renovieren zu lassen. Als begeisterter Pferdeliebhaber war er davon überzeugt, dass er nach seinem Tod in Gestalt eines Pferdes wieder auf die Erde kommen werde, und ließ daher von dem Architekten Jean Aubert luxuriöse Ställe, die so genannten »Grandes Écuries«, entwerfen. Der von Arkaden gesäumte palastartige Kuppelbau war mit Skulpturen geschmückt und bot Platz für fünfhundert Pferde.

So viele Privatleute kamen zu einem Vermögen, dass man ein neues Wort prägte, um die Glücklichen zu bezeichnen: Mit dem Ausdruck »Millionär« war einer dieser reichen Mississippier gemeint. Erstmals schriftlich belegt findet sich das Wort im Tagebuch des Rechtsanwalts Mathieu Marais aus dem Jahr 1720.

Espérons que la dividende
En sera plus sûre et plus grande
Sur le rapport qu'il en fera.
Et que l'on communiquera
Aux calotins actionnaires,
Lesquels n'ont point réalisé
Comme certains millionnaires
Peuple avare et mal avisé.

Hoffen wir, dass die Dividende
Sicherer und größer sein wird
Aus dem Ertrag, den es bringen wird.
Und dass man es mitteilen wird
Den behaglichen Aktionären,
Die nichts begriffen haben
Wie gewisse Millionäre,
Ein gieriger und schlecht beratener Menschenschlag.

Von dem Begriff des »Millionärs« ging eine verführerische Anziehungskraft aus. Von den durch ganz Europa kursierenden Geschichten über unglaubliche Gewinne angelockt, strömten Ausländer in Scharen nach Paris. Die Zahlen variieren, aber mindestens 200000 Menschen (anderen Schätzungen zufolge waren es sogar 500000) zog es von Venedig, Genua, Genf, Deutschland, England, Holland und Spanien nach Paris, wo sie alle ihr Glück auf dem Aktienmarkt versuchen wollten. Hinzu kamen noch Abertausende aus den französischen Provinzregionen. Die Straßen der Hauptstadt waren von Fuhrwerken verstopft; in den größeren Städten wie Lyon, Aix, Bordeaux, Straßburg und Brüssel waren alle erdenklichen öffentlichen Transportmittel auf Monate im Voraus ausgebucht; die Menschen spielten um einen Platz in einer Kutsche und boten Unsummen dafür. Wenn die Glücklichen unter ihnen dann in Paris eintrafen, stellten sie fest, dass jedes Fremdenzimmer belegt war und man sogar Ställe zur Beherbergung vermietete. Journalisten hatten ihr Vergnügen an dieser hektischen »Werde-schnell-reich«-Atmosphäre. Defoe gab in einer Zeitschrift folgenden Bericht ab: »Beau Gage hat mit Aktien dreihunderttausend Pfund Sterling gewonnen. Der Lord of Londonderry… welcher derselbe ist, der dem König von Frankreich den großen Diamanten verkauft hat, ist auch da und hat, wie man sagt, ebenfalls große Summen Geldes eingestrichen.« Gage erhielt später den Spitznamen Krösus und versuchte, mit seinen Gewinnen die Insel Sardinien und die Krone Polens zu erwerben. Was Polen betraf, wurde er von August dem Starken, Kurfürst von Sachsen, auf gleichermaßen unehrenhafte Weise hintergangen, was Alexander Pope dazu veranlasste in seiner *Epistle to Lord Bathurst* zu schreiben:

Die Krone Polens, käuflich zweimal in einer Epoche, warf
Auf nur drei Millionen zurück den bescheidenen Gage.

In bestimmten Pariser Salons reagierte man jedoch äußerst unterkühlt darauf, dass unzählige Investoren von jenseits des Kanals solch große Vermögen erzielten. Viele fragten sich, warum Ausländer riesige Profite einstreichen sollten, während die meisten Franzosen nicht so viele Aktien kaufen konnten, wie sie es gern getan hätten. Was berechtigte Law dazu, englische Investoren auf Kosten der französischen zu bevorzugen? »Einige Franzosen haben sich bemüht, die großen Gewinne, die, wie sie behaupten, seine Landsleute gemacht haben, auf Mr. Laws Voreingenommenheit zurückzuführen«, berichtete der Diplomat Daniel Pulteney. Law ignorierte diese Nörgler. Nostalgische Gefühle gegenüber dem Land seiner Geburt hatten in Wirklichkeit nichts mit seinem Verhalten zu tun, sondern er begünstigte ausländische Investoren, weil er erkannt hatte, dass sie, um in Paris spekulieren zu können, Gold- und Silbermünzen mitbrachten, ohne die sich das Papiergeldsystem nicht halten konnte. Solange die Festtagsstimmung anhielt, wurde die Grundlage der fabelhaften Gewinne nicht in Frage gestellt. Die Spekulanten in der Rue Quincampoix steckten in ihrem Unwissen wie in einem dichten Nebel fest, und sie besaßen auch keinerlei Erfahrungen, an denen sie die Geschehnisse hätten messen können. Beinahe hundert Jahre früher, in den Dreißigerjahren des siebzehnten Jahrhunderts, war Holland vom Spekulationsfieber befallen worden: Der Preis für Tulpen und für Optionen auf Tulpenzwiebeln war erst immer stärker angestiegen und dann schließlich in sich zusammengesackt. Danach war es mit dem berüchtigten »Tulpenfieber« zu Ende gewesen. Waren Aktien auch seit längerer Zeit bekannt, so hatten die Investoren doch zumeist kleinen, auserwählten Gruppen angehört, die breite Öffentlichkeit hatte nie am Aktiengeschäft teilgehabt, und man hatte auch nie zuvor so rasche und so gewaltige Wertsteigerungen erlebt. Wie Vielfraße, die zu einem Mississippi-Gelage geladen worden waren, ergriffen die meisten Investoren ganz naiv die Gelegenheit, sich voll zu stopfen, und dachten nicht im Mindesten über die möglichen Konsequenzen nach. Die Tatsache, dass der immense Anstieg des Aktienkurses auf nicht viel mehr als auf Reklametricks und der gewaltig angeschwollenen Geldmenge basierte, wurde einfach gedankenlos außer Acht gelassen. In der Tat war die Menge von Banknoten, die in Umlauf gebracht worden war, gewaltig. Die Zahlen gehen auseinander –

es gibt keine genauen Angaben, weil alle Unterlagen nach dem Mississippi-Desaster verbrannt wurden –, aber einer Schätzung zufolge, die von Wissenschaftlern im Allgemeinen akzeptiert wird, waren bis Ende 1719 Geldscheine im Wert von über 1,2 Milliarden ausgegeben worden. Hinzu kamen die 624 000 Aktien im Nennwert von 221 Millionen Livre, die gegen Ende November 1719 einen Marktwert von 4,8 Milliarden Livre hatten. Davon waren wahrscheinlich ein Drittel im Besitz der Krone und der Kompanie. Frankreich war in den letzten Monaten des Jahres 1719 dank Laws magischem System um rund 5,2 Milliarden Livre reicher. Der Regent selbst hatte ein Vermögen gemacht, das er freigiebig an seine Mätressen und Günstlinge weiterleitete, und Law konnte sich für seine Person als »den reichsten Untertanen von ganz Europa« einstufen. Die Frage jedoch, was diese Reichtümer auf dem Papier eigentlich absicherte, war in leichtfertiger Weise ignoriert worden.

Der Aktienpreis war auf Grund der Problemlosigkeit, mit der man bei der Bank Geld leihen konnte, so steil nach oben geschnellt. Darlehen für zwei Prozent Zinsen waren ohne weiteres zu bekommen, und Aktien konnten als Pfand eingesetzt werden. Du Tot, ein Ökonom des achtzehnten Jahrhunderts, fasste das Problem zusammen; »Law«, sagte er, »hatte ein sechsstöckiges Gebäude auf einem Fundament errichtet, das nur ein dreistöckiges zu tragen vermochte.« Wir würden heute von einem Kartenhaus sprechen. Als der Herbst des Jahres 1719 in den Winter überging, kletterten die Aktienkurse in immer schwindelerregendere Höhen. Papiere, die noch im August für 3000 Livre gehandelt worden waren, besaßen im Dezember schon den dreifachen Wert, und im Januar des neuen Jahres hatten sie den absoluten Höchststand von 10 000 Livre erreicht, was bedeutete, dass ihr Wert gegenüber dem Ausgabepreis von 500 Livre, für den Law sie sieben Monate zuvor nur unter so großen Schwierigkeiten an den Mann hatte bringen können, um das Vierundzwanzigfache gestiegen war.

Als das Jahr 1719 sich seinem Ende zuneigte, gab es aber Anzeichen dafür, dass Law unter dem Druck seines eigenen Erfolges nachzugeben begann. Im November hielt der Tagebuchschreiber Buvat fest, dass der Duc d'Antin, der Marquis de Lassay, Law und mehrere Damen, deren Namen er nicht nannte, sich mit einer Kutsche in die Rue Quincampoix begeben hatten – in die Kutschen sonst nicht fahren durften –, um einen Bankier namens Bergerie aufzusuchen. Law saß auf dem Platz am Fenster und warf, um die Damen zu belustigen, mehrere Hände voll Münzen auf die Straße. Sie schauten zu, wie »der Pöbel und die Höflinge im Matsch übereinander stolperten, als sie die Geldstücke aufklaubten, und man kann sich vorstellen, in welchem Zustand sie sich befanden, als jemand aus einem nahe gelegenen Fenster mehrere Eimer Wasser auf die Opportunisten goss.« Der unappetitliche Anstrich des Vorfalls löste Zweifel und Erstaunen aus. Hatte Laws Erfolg ihn so abgestumpft, dass er nicht mehr um das öffentliche Wohl besorgt war? Hatte seine Selbstgefälligkeit sein moralisches Empfinden in einem solchen Maß außer Kraft gesetzt, dass er jetzt den Anblick von Raffgier als unterhaltsam empfand?

Ein Mann, der seit langem einer der wichtigsten Fürstreiter Laws gewesen war, begann das Schlimmste zu befürchten: Der Earl of Stair, sein alter Freund, wurde ihm gegenüber immer feindseliger. Der Earl, ein unverbesserlicher und oft glückloser Spieler, misstraute den ganzen Mississippi-Spekulationen und spottete über jeden neuen Kursanstieg. Als die Aktienpreise im August himmelwärts geklettert waren, hatte er den giftigen Kommentar abgegeben, der hektische Markt sei »überspannter und lächerlicher als alles, was jemals in irgendeinem anderen Land geschehen ist«. Law hatte ihm daraufhin eine große Anzahl Aktien angeboten und war beleidigt gewesen, als Stair sie mit der reichlich überheblichen Antwort zurückgewiesen hatte, er glaube nicht, »dass es sich für den Botschafter des Königs gehört, einer solchen Sache Beistand zu gewähren«.

Diese Darstellung der Auseinandersetzung zwischen den beiden widerspricht jedoch dem Bericht Liselottes von der Pfalz über ihren Handel. Stair, meinte sie, könne seinen Hass auf Law nicht verbergen, obwohl er drei schöne Millionen mit seiner Hilfe gemacht hat. Stairs Feindseligkeit, die sich in den immer alarmierenderen Depeschen abzeichnete, die er in seine Heimat sandte, wurde auch durch seine Sorge über immer offenkundiger werdende antibritische Gefühle Laws genährt. Er berichtete, dass Law sich in diplomatische Angelegenheiten einmische, die ihn nichts angingen, und die Wirtschaft Großbritanniens gefährde: »Er ... bekundet, dass er Frankreich in einen viel höheren Rang erheben wird, als dieses ihn jemals zuvor innehatte, und das Land in die Lage versetzen wird, ganz Europa sein Gesetz zu diktieren; item, dass er den Kredit Englands und Hollands zu Grunde richten und den Handel dieser Länder vernichten kann, wann immer es ihm gefällt, item, dass er unsere Bank in den Ruin zu treiben vermöge, wann immer es ihm in den Sinn kommt, und ebenso unsere Ostindische Kompanie.« Law, dem man dreimal eine Begnadigung verweigert hatte, übte jetzt sehr schmerzhafte Rache. Ironischerweise hatte George I. zwei Jahre zuvor den königlichen Pardon ausgesprochen, doch Law hatte mit für ihn typischer Impulsivität darauf reagiert, indem er das Dokument als Zeichen seiner nicht nachlassenden Loyalität dem Regenten übergeben hatte.

Der Earl of Stair jedoch schenkte dieser Einzelheit keine Beachtung. Ihm zufolge begann der Regent gegen Ende des Jahres allmählich das Vertrauen in Law zu verlieren: »[Der Regent] bekam täglich zu hören, dass Law sich über alle möglichen Dinge in sehr außergewöhnlicher Sprache äußerte. ... Er versicherte mir, dass er vor kurzem darüber mit ihm gesprochen habe, in einer Weise, die seine Frechheit eingedämmt haben müsste.« Einige Tage später, so behauptete Stair, prangerte der Duc d'Orléans Law erneut wegen seiner »Eitelkeit, Vermessenheit und Frechheit« an. »Er sagte, er wisse, dass er [Law] ein Mann sei, dem seine Eitelkeit und sein grenzenloser Ehrgeiz den Kopf verdreht hätten; dass nichts anderes ihn zufrieden stelle, als der absolute Herr zu sein; dass er solch eine hohe Meinung von seinen eigenen Talenten und solch eine Verachtung für die Talente anderer habe, dass er ganz störrisch im Umgang mit anderen Personen sei.«

Stairs Einschätzung stimmte nicht mit den Meldungen anderer Diplomaten überein, die eher darauf schließen ließen, dass

Law eine beträchtliche Autorität besaß. Der in Paris stationierte Diplomat Martin Bladen beurteilte die Situation in einem aufschlussreichen Brief an Lord Stanhope wie folgt: »Der Regent hat schon viele massive Vorteile aus dieser Kompanie gezogen; er ist entschlossen, alle Einnahmen des französischen Staates von ihr verwalten zu lassen, was unweigerlich die Aktien auf einen viel höheren Preis heben wird.« Über die Rolle, die Law bei all dem spielte, hatte Bladen nicht den geringsten Zweifel: »Mr. Law ist das Idol der Leute geworden, der Regent hat viele neue Freunde gewonnen, die öffentlichen Schulden der Regierung sind alle abgetragen und die Steuereinnahmen Frankreichs mehr als beträchtlich gestiegen.« Er kam zu dem unausweichlichen Schluss: »Eure Lordschaft weiß besser als ich, wie brüchig unsere Freundschaft mit diesem Königreich ist und wie nötig es folglich sein wird, einige rasche Methoden zu erdenken, mit denen sich die öffentlichen Schulden begleichen lassen, denn ohne dies kann Seine Majestät nicht weiterhin der Herr über Europa bleiben.«

In England wuchs nicht nur die Angst, dass Frankreichs ökonomische Renaissance seine politischen Ambitionen verstärken würde, sondern auch, dass die Heerschar jener, die nach Paris reisten, um in Mississippi-Aktien anzulegen, England seines gesamten Münzgeldes berauben würde. Diese Besorgnis wurde durch Laws unverhohlenen Chauvinismus noch gesteigert. Er äußerte sich in aller Offenheit verächtlich über die englische Wirtschaft. »Er ließ keine Gelegenheit aus, ohne jegliche Zurückhaltung, ja sogar ohne jeglichen Anstand zu erklären, dass wir bankrott sind und gezwungen sein werden, unser Land unter den Schutz Frankreichs zu stellen«, schrieb Daniel Pulteney an den Staatssekretär James Craggs. Stair erzählte eine ähnliche Geschichte über Law: »Er sagte vor kurzem ganz offen an seiner Tafel, als Lord Londonderry anwesend war, dass es nur ein großes Königreich in Europa gebe. ... Law erzählte Pitt, dass er die Aktien unserer Ostindischen Kompanie zum Sinken bringen werde, und machte mit ihm ab, dass er ihm in zwölf Monaten Aktien im Wert von einhunderttausend Pfund für elf Prozent unter dem gegenwärtigen Preis verkaufen werde.«

Law war tatsächlich überzeugt, dass der Preis der Aktien der Ostindischen Kompanie fallen würde und nahm daher, um den modernen Terminus zu verwenden, die Position eines Baissespekulanten ein. Wahrscheinlich war dies aber vor allem ein Propagandaschachzug – mit dem er das Vertrauen in französische Anlagen steigern wollte, indem es das in englische minderte –, und weniger eine wohlüberlegte Vorgehensweise. Später sollte sich herausstellen, dass er sich entsetzlich irrte. Dennoch konnte England angesichts des Spotts, mit dem Law es überschüttete, nichts anderes tun, als sich zu winden. Trotz allem, was Stair berichtet hatte, war Law ein viel zu mächtiger Mann, als dass man es riskieren durfte, ihn zu beleidigen, und, Erzmanipulator, der er war, nutzte er diese Angst erbarmungslos aus, indem er sich zum Beispiel bei Pulteney über Kommentare in der englischen Presse beschwerte, in denen seine Gesellschaft »eine Schimäre« genannt worden war; er gab vor, Anstoß daran zu nehmen. Die Karriere Stairs, des Schwächlings, der sich auf einen Streit mit einem Berufsboxer eingelassen hatte, war zum Scheitern verurteilt. Als Lord Stanhope zu Beginn des Jahres 1720 Paris besuchte, kam er, wie vorherzusehen gewesen war, zu dem Schluss, dass man Law besser nicht provozieren sollte, und für Botschafter Stair kündigte sich das Ende einer brillanten diplomatischen Laufbahn an: Im Frühjahr wurde er in die Heimat zurückgerufen.

Bei all seinen prahlerischen Drohungen und den – immer sorgfältig kalkulierten – Beleidigungen, die er anderen über den Esstisch hinweg an den Kopf warf, hatte der Erfolg Law keineswegs in einen Egomanen verwandelt. Er hatte aber auch nicht den Dämon, der ihn antrieb, zum Schweigen gebracht: Laws Bedürfnis nach gesellschaftlicher Akzeptanz und sein Verlangen nach politischem Aufstieg blieb nach wie vor unbefriedigt. Er mag es genossen haben, sich anmaßend gegenüber dem englischen Establishment zu verhalten und die Rolle des nur oberflächlich geläuterten Flegels zu spielen, aber ein Teil seines Selbst verlangte nach Bestätigung seiner Leistungen und nach Anerkennung seiner ehrenwerten Absichten. Außerdem wollte er wegen des Geldes, das er beschaffen konnte, respektiert werden. Der Erfolg bot ihm die Chance, sich in dem Land, dem er so gute Dienste erwiesen hatte, zu etablieren, indem er sich einen Regierungsposten verschaffte. Der Regent begrüßte diese Idee, allerdings bestand ein verfassungsmäßiges Hindernis: Law gehörte immer noch dem protestantischen Bekenntnis seiner Vorväter an, und im katholischen Frankreich konnte ein Protestant keine Position innerhalb der Regierung übernehmen. Wenn Law ein öffentliches Amt bekleiden wollte, würde er konvertieren müssen.

Bemerkenswert genug für den Abkömmling einer Familie, deren Lebensunterhalt, deren gesamtes Schicksal einst von der Religion bestimmt worden war, scheint die Konfession für Law wenig von Bedeutung gewesen zu sein. Die Wahl seiner englischen Freunde in Paris bestätigt dies: Unter ihnen waren mehrere führende Jakobiten, obwohl er gleichzeitig auch dem Duke of Argyll und dem Earl of Ilay nahe stand, die standhafte Antijakobiten waren. Wenn er wegen seines Übertritts zum Katholizismus irgendwelche Gewissensbisse empfand, so ist jedenfalls nichts darüber bekannt. Es gibt allerdings Hinweise darauf, dass Katherine seine Einstellung nicht teilte; sie weigerte sich, seinem Beispiel zu folgen, und soll über die Ereignisse ganz außer Fassung gewesen sein, vor allem, so die Mutter des Regenten, als ihr Mann darauf bestand, dass auch ihre beiden Kinder Katholiken wurden. Law, der auf dem Höhepunkt seiner Karriere stand und dem sein Ehrgeiz offenbar Scheuklappen angelegt hatte, ignorierte Katherines Widerstand schlichtweg. Die Zeremonie, mit der er in den Schoß der römisch-katholischen Kirche aufgenommen wurde, fand im Dezember 1719 in Melun statt, unter der Leitung des Abbé de Tencin, des Bruders von Claudine de Tencin, der berüchtigten Nonne, die zur Kurtisane geworden war und zu deren zahlreichen Liebhabern auch Law gehört haben soll. Dass de Tencin den Akt vornahm, muss Katherine einen doppelten Schlag versetzt haben. Wie seine Schwester war der Abbé nämlich für seine Korruptheit bekannt, und er hatte vor allem deswegen in Laws Glaubensübertritt eingewilligt, weil er wusste, dass er davon profitieren würde. Tatsächlich erhielt er später Aktien im Wert von

200000 Livre. Wenige Tage nach seinem Religionswechsel, am Weihnachtstag, nahm Law zum ersten Mal in St. Roche, der Kirche seines Pfarrbezirks, an der Messe teil und feierte dieses Ereignis anschließend mit einem Ball und einem üppigen Diner. Weil er einerseits durch seinen Glaubensübertritt inneren Auftrieb erhalten hatte und weil er andererseits um die Zuneigung der Öffentlichkeit bemüht war, stiftete Law große Summen für gute Zwecke. Er gebe viele Almosen, von denen nie gesprochen wird und helfe vielen armen Menschen, schrieb Liselotte von der Pfalz. »Es ist unmöglich, die Mildtätigkeit und Großzügigkeit Mr. Laws in Worte zu fassen und klarzumachen, welche Unsummen Geld er für karitative und uneigennützige Zwecke hergibt«, bestätigte Daniel Defoe. »Neulich gab er 100000 Livre für die Renovierung der Kirche St. Roche in Paris, welches die Kirche des Sprengels ist, wo er lebt, und wo er, nach der Aufgabe seines alten Glaubens, seine erste Kommunion empfangen hat; am selben Tag schenkte er 100000 Kronen her, um seinen Landsleuten in St.-Germain Erleichterung zu bringen ... Er hatte vorher schon dem Krankenhaus La Charité große Summen zukommen lassen.«

Laws Kritiker blieben unbeeindruckt von seiner Großzügigkeit. Sie waren gezwungen, gute Miene zum bösen Spiel zu machen, insgeheim jedoch betrachteten viele Law als Parvenü, der mit seinen Reformen ihre finanzielle Macht ernsthaft geschädigt hatte. Gleichgültig wie sehr sie selbst von dem steil nach oben kletternden Kurs der Mississippi-Aktien profitierten, sie hatten immer noch das Gefühl, dass es ihnen besser ginge, wenn die alte Ordnung, in der ihnen niemand ihre Vorrangstellung streitig gemacht hatte, bestehen geblieben wäre. Überdies müssen sie von der Belohnung gewusst haben, die Law bald erhalten sollte.

Er empfing sie am 5. Januar 1720; an diesem Tag wurde bekannt gegeben, dass Law die letzte und höchste Auszeichnung zuteil geworden war: Er war zum Generalkontrolleur der Finanzen ernannt worden. Seine Erhebung in diesen Rang überraschte kaum jemanden. Law war seit vielen Monaten, wenn auch nicht nominell, der »erste Minister« der Nation gewesen. Der Titel schließlich verdeutlichte seinen Aufstieg unmissverständlich; die Welt konnte nicht länger ignorieren, dass er die Finanzen Frankreichs verwaltete und damit über die mächtigste und bevölkerungsreichste Nation Europas herrschte.

Zur Feier seiner Ernennung wurde ein Porträt des neuen Generalkontrolleurs Frankreichs angefertigt, vermutlich von dem damals bekannten Maler Hyacinthe Rigaud. (Das Gemälde galt lange Zeit als verschollen, tauchte aber 1993 bei einer Aktion von Sotheby's wieder auf.) Auf diesem Bild haftet Law immer noch etwas von einem Dandy an: Er trägt einen Samtrock mit goldenen Knöpfen und eine auffallende türkisfarbene Weste, die mit goldenen Blättern und bunten Früchten bestickt ist, und seinen Kopf ziert eine gepuderte graue Perücke. Das einst kantige Gesicht hat jetzt weichere Konturen: Das gute Leben hat die Wangen gerundet und sein Antlitz gerötet. Es ist aber in jedem Fall ein beeindruckendes Porträt, das einem verdeutlicht, dass man einen Mann von außergewöhnlichem Rang und Erfolg vor sich hat. Das Verträumte ist aus seinen Zügen gewichen. Die grüblerischen Augen unter den dicken schwarzen Brauen erwidern den Blick des Betrachters. Im Hintergrund ist das Emblem von Laws Imperium sichtbar: ein Schiff der Mississippi-Kompanie, das unter geblähten Segeln dem Horizont entgegenstrebt.

12 Mississippi-Fieber

Nach dem Tod von Louis XIV. machte der Schotte Law, eine sehr außerge-
wöhnliche Person, von deren Plänen sich viele als nutzlos und andere als
schädlich für die Nation erwiesen haben, die Regierung und das Volk glau-
ben, dass Louisiana so viel Geld hervorbringe wie Peru und bald in der Lage
sein werde, eine so große Menge an Seide zu liefern wie China. ... Die Sied-
ler kamen dort fast alle durch Entbehrungen um, und die Stadt belief sich
auf nicht mehr als ein paar armselige Häuser. Vielleicht wird eines Tages,
wenn Frankreich eine oder zwei Millionen überzählige Einwohner hat, mit
denen es nichts anzufangen weiß, Louisiana für seine Menschen von irgend-
einem Nutzen sein.

VOLTAIRE, *»Die französischen Inseln«*

Seit Law das Regiment über Louisiana übernommen hatte,
waren immer wieder verlockende Berichte über die Kolonie in
Frankreichs amtlicher Gazette, dem »Nouveau Mercure« erschienen. Die Korrespondenten beschrieben sie als ein Land, in dem
Milch und Honig flossen, wo das Klima mild und der Boden
fruchtbar waren, die Wälder voller Bäume standen, die sich zum
Bau von Häusern, aber auch zum Export eigneten, und die großen offenen Flächen von wilden, aber harmlosen Tieren bevölkert

179

waren, von »Pferden, Büffeln, Rindern, die jedoch keinem etwas tun, sondern beim Anblick eines Menschen davonlaufen«. In diesem Wunderland, so hieß es in einem im September 1717 veröffentlichten Artikel, strotzt der Boden vor Gold- und Silberadern. Andere wertvolle Erze und Mineralien – Kupfer, Blei und Quecksilber – warteten ebenfalls auf den Abbau, und die Eingeborenen hätten von einem gewaltigen Felsen am Fluss Arkansas gesprochen, der aus einer Art von Stein bestehe, der »dunkelgrün, sehr hart und sehr schön sei« und »Smaragden ähnele«. Zusammenfassend meinte der überaus fantasievolle Mississippi-Journalist: »Es mangelt beinahe an nichts…, außer an fleißigen Leuten und vielen Händen zur Arbeit.« Solche optimistischen Berichte machten in den folgenden drei Jahren immer wieder in Paris die Runde. »Die solideste Grundlage für die Hoffnung der Mississippier«, schrieb der Kapitän der *Valette*, eines Seglers, der gerade aus jenen Regionen nach Frankreich zurückgekehrt war, »sind die Silberminen, die man im Gebiet der Illinois [des dort ansässigen Indianerstammes] entdeckt hat.« Auf den Jahrmärkten und Marktplätzen und in den Schänken der Provinzstädte und Dörfer wurden die vielen Verlockungen der Kolonie in eingängigen Liedern angepriesen.

> Aujourd'hui il n'est plus question
> De parler de Constitution,
> Ni de la guerre avec l'Espagne;
> Un nouveau pays de cocagne,
> Que l'on nomme Mississippi,
> Roule a présent sur le tapis.

> Heute ist es nicht mehr Mode,
> Über die Verfassung zu reden
> Oder den Krieg mit Spanien;
> Ein neues Wunderland,
> Mississippi genannt,
> Erschien auf der Szene.

1719 hieß es, dass die Vorzeigesiedlung New Orleans, die ein Jahr zuvor gegründet worden war, und zwar in einer strategischen Position, an der Mündung des Mississippi, von wo aus sich auch der Handel auf dem Missouri kontrollieren ließ, eine blühende Stadt, bestehend aus »nahezu 800 sehr behaglichen und gut ausgestatteten Häusern« sei, »zu denen jeweils 50 Hektar Land für den Erhalt der Familien gehören«. Zudem übertrafen die Metallvorkommen alle Erwartungen, berichtete der »Nouveau Mercure« im April 1720: Proben, die man zur Analyse eingeschickt hatte, waren von erstaunlicher Reinheit gewesen: »Man findet nur selten den selben Erzgehalt in den reichsten Minen von Potosi.«*

Doch dies alles entsprang dem Reich der Fantasie. Die unter den Schleiern verführerischer Falschmeldungen verborgene Realität sah so aus, dass die Kolonie um ihr Überleben kämpfte. Zwischen 1717 und 1720 kamen von den Tausenden, die die anstrengende Fahrt nach Louisiana wagten, über die Hälfte unterwegs um oder kehrten erschöpft und enttäuscht von dem, was sie vorfanden, in die Heimat zurück. Von denen wiederum, die in Louisiana anlangten und sich dort niederließen, starben Hunderte an Krankheiten oder Hunger. Keine nennenswerten Silber- oder Goldvorkommen – von Smaragdbergen ganz zu schweigen – waren entdeckt worden, und dem Report zufolge, den de Bienville, der Gouverneur der Kolonie, der Gesellschaft erstattete, bestand New Orleans nur aus vier bescheidenen Häusern und die in ihnen untergekommenen Einwanderer überlebten nur, indem sie Tauschhandel mit den Ureinwohnern trieben.

Die schönfärberischen Berichte und verführerischen Lieder waren von Law ersonnen worden, wenn auch vorrangig, um Werbung für das Unternehmen zu machen, und weniger, um jemanden bewusst zu täuschen. Er war fest davon überzeugt, dass die Kolonie, wenn man nur genügend Zeit und Geld investierte, zu dem ertragreichen Territorium werden würde, für das jedermann

---

* Potosi im Süden Boliviens war zur damaligen Zeit das Zentrum des Silberbergbaus. (Anm. d. Ü.)

181

sie bereits hielt. Ihm wurde jedoch durch eine den Franzosen angeborene Abneigung zur Auswanderung ein Strich durch die Rechnung gemacht: Es mangelte einfach an wackeren Pionieren. Da er jedoch erkannt hatte, dass die Spekulationsschraube sich nicht nur wegen der mehr oder minder mit Sicherheit vorherzusagenden Gewinne aus den anderen von ihm erworbenen Rechten weiterdrehte, sondern dass dafür auch der Glauben der breiten Öffentlichkeit an die Prosperität der Kolonie und die Erwartung an ihr weiteres Wachstum entscheidend war, blieb ihm keine andere Wahl, als die wahren Fakten zu verschleiern, bis sich mehr potenzielle Siedler gefunden hatten.

Um mehr Menschen zur Auswanderung zu überreden, schuf er attraktive Anreize. Die Gesellschaft würde für die Ausgaben der Kolonisten aufkommen. Von ihrer Ankunft bis zu dem Zeitpunkt, da sie fest etabliert sein würden, und bis sie ihre erste Ernte eingebracht haben würden, sollten sie mit Ackerland, Vieh und dreißig Pfund Mehl pro Kopf versorgt werden. Doch wie erfolgreich er auch in der Vergangenheit die öffentliche Meinung manipuliert hatte, jetzt vermochte er die Franzosen nicht dazu zu bewegen, die heimische Scholle zu verlassen und sich in eine unbekannte, unerschlossene Wildnis zu wagen, obwohl ein großer Teil des nationalen Kapitals auf dieses Unternehmen gesetzt war.

In keiner Weise entmutigt und felsenfest überzeugt, dass andere ihm folgen würden, wenn er persönlich voranginge, erwarb Law 1719 selbst eine Konzession. Mit dem irischen Emigranten Richard Cantillon, einem der erfolgreichsten Bankiers von Paris, sowie dem englischen Spekulanten Joseph Gage als Partner, erwarb er die Rechte an einem Gelände von sechzehn Quadratmeilen am Ouchita River im Westen des Mississippi, im heutigen Staat Arkansas. Ungefähr hundert Kolonisten, darunter Zimmerleute, Bergleute und Gärtner, wurden eingestellt, um nach Erz zu schürfen und Tabak anzupflanzen, Law und seine Partner wollten sich darauf beschränken, die Entwicklungen aus der angenehmen Sicherheit ihrer Pariser Herrenhäuser heraus mitzuverfolgen. Ihre Leute, die unter der Leitung von Cantillons Bruder Bernard standen, verließen im März 1719 auf dem Sklavenfrachter

St. Louis den Hafen von La Rochelle. Drei Monate später gingen sie vor der Küste der schönen Neuen Welt vor Anker. Einem Bericht zufolge war Laws Expeditionstrupp ungewöhnlich gut ausgerüstet, mit »solch einer großen Menge an Handelswaren und anderem Hab und Gut, dass sie drei Boote voll luden, um zu dem ihnen überlassenen Stück Land zu gelangen«.

Wie Law gehofft hatte, ließ sein Beispiel andere Partnerschaften dieser Art entstehen. Eine Hand voll Adeliger, eine Reihe von Personen, die erfolgreich mit Mississippi-Aktien spekuliert hatten, darunter auch die Witwe Chaumont, und mehrere seiner englischen, irischen und schottischen Emigrantenfreunde, so auch die bezaubernde Fanny Oglethorpe, beteiligten sich an Unternehmungen, die den Anbau von Tabak und Reis, die Gewinnung von Seide oder den Abbau von Mineralien zum Ziel hatten.

Wenige Monate nachdem er vom wohlbehaltenen Eintreffen seiner Männer in Louisiana erfahren hatte, gab Law in lauten Tönen die ersten Erfolgsmeldungen weiter. In den Salons rumorte es nur so vor Gerüchten: Riesige Silbervorkommen sollten auf seinem Grund und Boden entdeckt worden sein, und hundert Unzen von dem Erz, das bereits aus einer Mine gefördert werde, sollten fünf Unzen Silber enthalten. Kaum jemand argwöhnte, dass diese Meldungen lediglich Laws Fantasie entsprangen. Von den Siedlern hätten sie gar nicht kommen können, denn trotz der üppigen Ausstattung waren sie bei ihrer Mission alles andere als erfolgreich.

Bernard Cantillon und seine Männer selbst hatten sich in einer trostlosen, feindseligen Umgebung wiedergefunden, wo der Kampf ums Überleben jeden Versuch, etwas anzubauen oder Erz zu schürfen, vereitelte. Die Einwanderer wurden von Skorbut, Ruhr, Malaria und Gelbfieber gepeinigt. Ihnen feindlich gesonnene Indianer bildeten eine ständige Gefahr; man musste sie dauernd mit irgendetwas bestechen, damit sie sich friedlich verhielten. Buvat zufolge wurden bei einem Angriff der Einheimischen, der im März 1719 stattfand und in Frankreich nie öffentlich bekannt gegeben wurde, 1500 Kolonisten in ihren Behausungen überfallen und massakriert. Gefahr ging aber auch von den spanischen Niederlassungen im Westen und den englischen im Osten aus, zwischen denen die französische Kolonie wie eingepfercht saß. Mit den Spaniern führte man in den Jahren 1719 und 1720 Krieg. Cantillon und seine Männer erkannten – wie viele andere vor ihnen – erst dann, wie übertrieben die Segnungen des Landes dargestellt worden waren, als sie dort eintrafen. Da war es aber bereits zu spät zur Umkehr. Innerhalb von vier Jahren wurde ihre Zahl durch Desertion, Krankheiten und Unfälle so dezimiert, dass nur noch ein Viertel von ihnen übrig blieb. Law und seine Partner erzielten keineswegs den erhofften schnellen Profit. Zwei Jahre später, als sein eigener Stern zu sinken begann, sah Law sich gezwungen, seine Einlagen aufzugeben; in einem Brief an einen seiner Kompagnons schrieb er: »Was meine Kolonie Louisiana betrifft, so danke ich Euch für Eure Angebote. Da ich nicht in der Lage bin, weiterhin die Kosten aufzubringen, sie zu unterstützen, so zögert nicht, den Teilhaber zu erwählen, der Euch der Beste dünkt. Mit dem Wunsch, dass Ihr in allem reüssieren möget, was Ihr unternehmet. ...«

Weitere zwei Jahrhunderte sollten vergehen, bis der wahre Schatz, der sich im Boden verbarg, entdeckt wurde – es war weder Gold oder Silber noch Smaragde, sondern Erdöl.

Da er sich bewusst war, dass der Kursanstieg seiner Aktien von dem Vertrauen der Öffentlichkeit abhing, dass die großen Einnahmen sich früher oder später einstellen würden, unternahm Law nun in Paris alles Erdenkliche, um die Entwicklung der Kolonie zu beschleunigen. Aus seiner Sicht waren die Haupthindernisse immer noch der Mangel an Siedlern und ein inadäquates System zu ihrer Unterstützung. Seine erste Maßnahme bestand darin, den Bau neuer Schiffe in Auftrag zu geben; er investierte dafür eine so große Summe, dass sogar der nüchterne Daniel Pulteney in Erstaunen geriet: »Außer den Schiffen, welche die Kompanie bereits in England bestellt hat, ich glaube, es waren acht oder neun, sind dort vor kurzem acht weitere angefordert worden. ... vier Schiffe werden zurzeit in Port Louis ausgerüstet«, schrieb er Anfang 1720, als die Flotte der Kompanie schon auf an die dreißig Segler angewachsen war, womit sie die ihrer Konkurrentin, der englischen Ostindischen Kompanie, an Größe übertraf.

Die Lösung des Problems, wo und wie man Siedler finden sollte, wurde zur selben Zeit auf drastische Weise angegangen; man hatte neue Gesetze verabschiedet, nach denen jeder Verbrecher, jeder Vagabund, jede Dirne und auch jeder Dienstbote, der länger als vier Tage ohne Anstellung war, ergriffen und dann zwangsweise in die Kolonie deportiert wurden. Eine Armee von Söldnern, die »Archer«, Bogenschützen, genannt wurden, wurde von der Kompanie eingestellt, damit sie die in Frage kommenden Männer und Frauen aufspürten, verhafteten und zur Deportation in die nächste Hafenstadt eskortierten. Mit dem Segen der Behörden ließ Law in Paris Waisenkinder und Jugendliche zusammentreiben, die in den so genannten »hôpitaux« lebten, von denen viele als Strafanstalten und Armenhäuser dienten. Schätzungen zufolge wurden allein in Paris an die 4000 Menschen – darunter die wehrlosesten, verrufensten und gefährlichsten der ganzen Gesellschaft –, aus Bicêtre, dem Hôpital Général und dem Armenhospital Salpêtrière herausgeholt, um die Zahl der Siedler zu vermehren und die Kolonie mit den notwendigen ungelernten Arbeitskräften zu versorgen. Den Berichten zufolge wurde die erste Schiffsladung weiblicher Deportierter bei ihrer Ankunft in Louisiana von den männlichen Kolonisten freudigst begrüßt. Die Frauen fanden sofort Partner, die willens waren, sie vom Fleck weg zu heiraten; dann aber gab es Probleme, als zwei Männer Anspruch auf die einzige noch übrig gebliebene Frau erhoben, und die Angelegenheit musste durch einen Ringkampf entschieden werden.

In Paris, in sicherer Entfernung von Raufereien auf dem Hafenkai, sprachen sich zunächst nur sehr wenige gegen die Deportationen aus. Saint-Simon gab die allgemeine Stimmung wieder, als er meinte: »Wenn dies alles mit der nötigen Klugheit, Einsicht und Umsicht vonstatten gegangen wäre, dann wäre das gesetzte Ziel erreicht, sowie Paris und die Provinzen von einer schweren, nutzlosen und manchmal gefährlichen Bürde befreit worden.« Die Öffentlichkeit billigte das Vorgehen aber nicht lange. Der unbestechliche Buvat hielt in seinem Tagebuch fest, welche Prob-

185

leme in Louisiana durch eine bestimmte Sorte weiblicher Einwanderer ausgelöst wurden: »Die zügellosen Weiber, die zum Mississippi und in andere französische Kolonien gebracht wurden, sind durch ihre freizügigen Handlungen und die Geschlechtskrankheiten, die sie verbreitet haben, die Ursache für mannigfaltigen Wirrwarr gewesen.«

Über die Brutalität der »Archer« wurde in der Öffentlichkeit zunehmend Unmut laut. Die Truppe wurde mangelhaft kontrolliert, besaß wenig Disziplin und galt als äußerst korrupt; kein Wunder also, dass sie allgemein verabscheut und gefürchtet wurde. Man wusste, dass die »Archer«, wenn ihnen zu wenig Menschen, die den zur Deportation bestimmten Gruppen angehörten, ins Netz gegangen waren, einfach jeden ergriffen, der das Unglück hatte, ihnen in die Quere zu kommen. Pulteney zufolge wurde ihre Bosheit dadurch verstärkt, dass sie für jeden Gefangenen eine Kommission erhielten. Dies wiederum führte zu häufigem Missbrauch des ganzen Systems. Es reichte, einem »Archer« ein Wort ins Ohr zu flüstern und ein paar Sou in die Hand gleiten zu lassen, um einen unerwünschten Verwandten, tölpelhaften Sohn, unwillkommenen Rivalen oder zu anspruchsvollen Ehegatten in die Sümpfe von Louisiana zu verbannen. Es gab sogar ein damals bekanntes Lied, mit dem Ehemänner vor dieser Gefahr gewarnt wurden:

O vous tous, messieurs les maris,
Si vos femmes ont des favoris,
Ne vous mettez martel en tête;
Vous auriez fort méchante fête.
Si vous vous en fachez, tant pis:
Vous irez a Mississippi.

Oh, all ihr Ehemänner,
Wenn eure Frauen Galane haben,
Macht euch keine Gedanken darüber.
Ihr werdet ein sonst schreckliches Fest erleben.
Wenn ihr euch darüber erregt, dann, oh Schreck,
Werdet ihr am Mississippi landen.

Trotz steigender Besorgnis der Öffentlichkeit gab es keine Anzeichen dafür, dass die von Laws Truppe begangenen Delikte abnahmen. Sogar Kinder sollen ihnen zum Opfer gefallen sein: »Ich habe vernommen, dass sie Kinder aus den Häusern herausgeholt haben; einige von ihnen lassen sie gegen Geld wieder frei; diejenigen, die kein Lösegeld aufbringen können oder wollen, werden in ein Gefängnis geschleppt, von wo sie dann zum Mississippi gebracht werden«, klagte Pulteney. Die Gefangenen, die sich nicht loskaufen konnten, wurden in brutalster Weise misshandelt. »Man unternahm nicht die geringsten Anstrengungen, für den Unterhalt dieser Unglücklichen auf der Reise oder an den Orten, an denen sie von Bord gingen, zu sorgen; sie wurden in der Nacht ohne Essen in Scheunen eingeschlossen oder in Kellern, aus denen sie nicht herauskamen. Ihre Schreie riefen sowohl Mitleid als auch Empörung wach«, hielt ein zorniger Saint-Simon fest. Die Ungerechtigkeit dieser Zwangsrekrutierungen fand in dem 1731 veröffentlichten Roman »Manon Lescaut« des Abbé Prévost literarischen Ausdruck. Prévost zeichnet das Schicksal eines jungen Mädchens nach, das während der Zeit der Régence durch die Verlockungen des Geldes von einem Leben als Nonne abgebracht wird. Manon betrügt ihren ersten Verehrer, der sie liebt und sie heiraten will, legt sich zahlreiche Liebhaber zu und wird schließlich als Kurtisane verhaftet und nach Louisiana deportiert, wo sie an den dort erlittenen Entbehrungen stirbt.

Die allmählich zunehmende öffentliche Missbilligung vermochte den Eifer, mit dem Law seine Suche nach Siedlern betrieb, nicht zu dämpfen; da er sich aber der Probleme bewusst war, die die Deportationen schafften, konzentrierte er sich immer stärker darauf, Freiwillige – vor allem junge Ehepaare – zu gewinnen und dazu zu bringen, in die Kolonie auszuwandern. Bei Besuchen in Pariser Armenhospitälern bot er jungen Leuten, die willens waren zu heiraten und zu emigrieren, großzügige Aussteuern an. »Sie holten 500 junge Burschen und Mädchen aus den Hospitälern Bicêtre und Salpêtrière, … die Frauen saßen auf Karren, und die Männer waren zu Fuß, und sie wurden von zweiunddreißig Aufpassern eskortiert«, notierte Buvat. Das bizarrste von Law in Szene gesetzte Ereignis fand im September 1719 statt, als lautes Glockengeläut im Pariser *quartier* von St. Martin eine Massenhochzeit ankündigte: Achtzig junge Mädchen von zweifelhaftem Ruf und achtzig eigens zu diesem Anlass begnadigte Verbrecher gaben sich das Jawort. Während der Zeremonie standen die Brautleute mit schweren Eisenketten aneinander gefesselt da. Danach wurden sie, immer noch in Ketten, unter den wachsamen Augen eines Trupps der »Archer« durch die Straßen von Paris geführt, bevor man sie dann zum Abtransport nach La Rochelle brachte. Die Ketten riefen bei den Zuschauern Bestürzung hervor, und kurze Zeit später band man bei einer ähnlichen Massenhochzeit die Heiratskandidaten mit Blumengirlanden aneinander – die wohl das fruchtbare Land symbolisieren sollten, welches sie erwartete – und ließ das Ganze bewusst im grellen Licht der Öffentlichkeit stattfinden.

Reklametricks und Propaganda sorgten für viel Klatsch und voll geschriebene Seiten in so manchem Tagebuch, hatten aber letztlich wenig Wirkung. Es ließ sich nicht verhindern, dass Gerüchte über das Leiden der Kolonisten auch die Mauern jener Einrichtungen durchdrangen, aus denen man sie herausgeholt hatte. Die Aussicht auf Freiheit konnte nichts gegen die wachsende Furcht der Deportierten ausrichten; einigen von ihnen widerstrebte es derart, nach Louisiana auszuwandern, dass sie Leib und Leben riskierten, um dem Abtransport zu entgehen. In Häfen und in Gefängnissen kam es zu Aufständen und Kämpfen. Am 20. Januar 1720 erfuhr man, dass neunzehn Ehepaare, die im Gefängnis auf ihre Abreise warteten, ihren Wächter angegriffen, seine Schlüssel an sich gebracht und sich befreit hatten. In La Rochelle gingen 150 junge Frauen, die gerade an Bord eines Schiffes gebracht werden sollten, auf die sie bewachenden »Archer« los und attackierten sie mit Zähnen und Fingernägeln. Die Bewacher konnten den Aufruhr nur beenden, indem sie das Feuer auf die Frauen eröffneten. Sie töteten zwölf von ihnen und zwangen die anderen mit vorgehaltener Waffe an Bord.

Anfang 1720 war die Zahl der Auswanderer so stark zurückgegangen, dass Law große Scharen von Ausländern rekrutieren musste: »Eine große Zahl schottischer Rebellen soll dort eingesetzt werden, und man sagte mir, dass sie Leute aus Irland haben und versuchen werden, mehr zu bekommen«, meldete Daniel Pulteney. Obwohl sich aber irische, schottische, schweizer, deutsche und andere nichtfranzösische Siedler leichter mit finanziellen Anreizen an Bord der neuen Schiffe der Kompanie locken ließen, setzten die Presskommandos ihre Tätigkeit fort, und die Gräuel gingen weiter. Man unternahm einen Versuch, die schlimmsten Exzesse der »Archer« einzudämmen, indem man sie zwang, in Gruppen und nicht mehr einzeln zu operieren. Um diese Änderung zu unterstreichen, kleidete man sie in elegante neue Uniformen – blaue Röcke und Dreispitze mit silbernen Litzen. Solche Pro-forma-Maßnahmen trugen aber so gut wie nichts dazu bei, ihre Brutalität zu mindern. Es war unvermeidbar, dass Law in den Verdacht geriet, ihre Aktivitäten zu billigen, und die Öffentlichkeit empörte sich über ihn. »Man könnte sich darüber wundern, wie Mr. Law, der spüren muss, wie verhasst er schon den Menschen im Allgemeinen hier ist, sie Tag um Tag durch eine neue Härte provoziert«, schrieb Daniel Pulteney, als eine weitere Gräueltat der Männer Laws bekannt wurde.

Ein großer Mann zu sein, meinte Ralph Waldo Emerson, bedeutet, missverstanden zu werden. In Laws Fall begriff niemand, dass seine anscheinende Gleichgültigkeit gegenüber der öffentlichen Kritik kein Zeichen für Unmenschlichkeit war, sondern vielmehr dafür, dass er mit weitaus dringlicheren Problemen zu kämpfen hatte. Wenige Wochen nach seiner Beförderung zum Generalkontrolleur der Finanzen sah er sich mit der bis dahin größten Schwierigkeit in seiner ganzen Karriere konfrontiert. Das Spekulationsfieber stieg immer noch, seine Feinde, die Financiers, Steuerinspektoren und Räte des *Parlement*, deren Einkommen er geschmälert hatte, hatten sich erneut gegen ihn verbündet. Der Fortbestand des ganzen von ihm geschaffenen Systems wurde durch die nach wie vor steigenden Aktienpreise und durch die erneut aufkeimende Verschwörung gegen ihn gefährdet. In solch einer Lage reagierte Law verständlicherweise nur schleppend auf die Empörung der Öffentlichkeit. Schließlich jedoch scheint die Botschaft in aller Deutlichkeit bei ihm angekommen zu sein, und die Deportationen wurden ab Mai 1720 eingestellt.

Zu jenem Zeitpunkt jedoch waren sich Paris und die gesamte übrige Welt der Gefahren des Papiergelds bewusst geworden, ebenso wie des verzweifelten Kampfes, den sein Erfinder auszufechten hatte: Bei dem Versuch, die Bank, die Mississippi-Kompanie und die Vermögen von tausenden von Investoren zu retten, entfesselte Law einen wahren Orkan.

13 Der Abstieg

Solange der Kredit dieser Bank weiter bestand, schien sie den Franzosen vollkommen solide zu sein. Als das Ganze wie eine Seifenblase zerplatzte, wurde die ganze Nation von Erstaunen und Bestürzung ergriffen. Niemand vermochte sich vorzustellen, wo der Kredit seinen Ursprung gehabt hatte, was solche riesigen Vermögen in so kurzer Zeit hervorgebracht hatte und welche Hexerei und Gaukelei sie in einem Nu, in der kurzen Zeitspanne eines einzigen Tages, hatten wieder verschwinden lassen.

SIR JAMES STEUART, *An Inquiry into the Principles of Political Oeconomy, Buch IV, 1770*

Am 20. Dezember 1719 betrat Law, wie immer tadellos gekleidet und mit einer Perücke auf dem Haupt, das Sitzungszimmer der Mississippi-Kompanie, um vor den dort zur Jahreshauptversammlung Zusammengekommenen eine Rede zu halten. Die angespannte Erwartung seines Publikums war beinahe körperlich spürbar. Innerhalb des vergangenen Monats war der Aktienpreis von über 10 000 Livre auf 7500 gefallen, hatte sich dann aber elf Tage später noch einmal erholt und war wieder auf 9400 geklettert. Sogar in diesem gut informierten Kreis von Mitdirektoren gab es wenige, die genau verstanden, warum so etwas passieren konnte. War die Kompanie wirklich das florierende Unternehmen, für das die Welt sie hielt? Wenn sie das war, warum hatte dann der Kurs derart fallen können? Wenn sie es nicht war, wie lange würde dann der neuerliche Kursanstieg anhalten? Law schien überhaupt nichts von den Ängsten der anderen zu bemerken. Mit seinem üblichen Charme und Selbstbewusstsein versicherte er ihnen, dass die Gesellschaft blühte und gedieh. Der Überseehandel sei weiter expandiert, und die Aussichten seien so günstig, dass er den Anteilseignern eine Dividende von 200 Livre zahlen werde. Für alle Anwesenden war dies eine frohe Botschaft, wie man sie sich besser kaum hätte erwarten können.

Wir wissen nicht, ob irgendjemand, der bei dieser Versammlung dabei war, in hinreichend engem Kontakt zu der Kolonie stand, um zumindest eine schwache Ahnung davon zu haben, wie es dort wirklich aussah. Auch lässt sich nicht sagen, wie viele, auch ohne solche Kenntnis, spürten, dass ihnen etwas vorgegaukelt wurde oder dass Law sich entschieden hatte, die Dividende nicht entsprechend den Gewinnen der Gesellschaft festzusetzen, sondern entsprechend dem Preis, den die Aktie gegenwärtig auf dem Markt hatte, damit die Zuversicht der Öffentlichkeit in ihre Investitionen erhalten blieb – was eine weitere geniale Geschäftslist war. Hinter den geschlossenen Türen diverser Geschäftsräume und Boudoirs begannen eine Hand voll aufgeweckterer Investoren allmählich voller Misstrauen über das nachzudenken, was Saint-Simon später mit dem gehässigen Ausdruck »die Mississippi-Schimäre« belegen sollte: »… diese Kompanie mit ihren Aktien, ihrem Geschäftsjargon, ihrem Fachwissen, … ihrem Hokuspokus, mit der sie einigen Geld abnahm, um es anderen zu geben.« Die Kolonie betreffende Gerüchte vergrößerten die sich regende Unruhe zusätzlich. »Ich habe mit einem Franzosen gesprochen, der vor kurzem vom Mississippi zurückgekehrt ist. … Seine Aussagen über die französische Siedlung dort würden mich nicht dazu ermutigen, mein Geld in jene Aktien zu investieren«, meldete Pulteney nach Whitehall. Laws gewinnende Art und seine Bekanntgabe der Dividendenausschüttung reichten nicht aus, um die Kritik zum Verstummen zu bringen und den Verdacht im Keim zu ersticken. Sogar Saint-Simon erkannte die alarmierenden Anzeichen. »Da die Kompanie weder Minen besaß noch den Stein des Weisen ihr Eigen nannte, war es abzusehen, dass ihre Aktien, langfristig gesehen, im Wert sinken mussten.« Der Aktienpreis war angekurbelt worden, indem man große Summen von Papiergeld in die französische Wirtschaft gepumpt hatte. Law erkannte, welche Risiken auf ihn lauerten, wenn er auf diesem Weg weitermachte: Die Reserven der Bank an Münzgeld würden bei einer solchen Expansion bald nicht mehr ausreichen. Wenn das Vertrauen in die Banknoten ins Wanken geriet, würde der Vorrat an Metallgeld in absehbarer Zeit erschöpft sein. Alles hing davon ab, ob Misstrauen und Zweifel sich abwenden ließen. Das System würde sich selbst zerstören, wenn die Leute begännen, nicht mehr daran zu glauben. Alles hing von ihrem Vertrauen – oder vielmehr von ihrer Vertrauensseligkeit – ab. Doch das Vertrauen in Law und seine Gesellschaft schwand zusehends.

Zur selben Zeit tätigte man aber in den schmuddeligen Büros und Hausfluren der Rue Quincampoix weiterhin lukrative Geschäfte. Einige Händler machten sich den ungeregelten Markt zu Nutze, sie wurden immer gieriger, leichtsinniger und gewissenloser. Zweifelhafte Praktiken griffen um sich, und der Handel mit dem, was man heute »Futures« nennt – bei denen ein Investor vertraglich einem bestimmten Aktienpreis zustimmte und eine Anzahlung leistete, damit sie ihm an einem festgesetzten Tag in der Zukunft ausgehändigt wurden –, stellte, was Law betraf, ein besonderes Problem dar. Im Herbst des Jahres 1719 wurden Aktien, die einen offiziellen Marktwert von ungefähr 10000 Livre besaßen, auf Grund solcher Kontrakte für 15000 Livre verkauft. Law schlussfolgerte daraus, dass die Investoren an einen weiteren Anstieg des Kurses glaubten. Ihm war bewusst, dass man sie kontrollieren musste. Er selbst hatte die große Baisse und anschließende Hausse im Dezember 1719 verursacht, indem er in dem Bemühen, die weitere Ausgabe von Geldscheinen einzudämmen, Darlehen verweigert hatte. Dann hatte er jedoch gesehen, wie schnell sich das Blatt wenden konnte, und seine Anweisungen zurückgenommen.

Um den dubiosen Geschäften in der Rue Quincampoix einen Riegel vorzuschieben, eröffnete Law im Jahr darauf Verkaufsbüros der Gesellschaft, in denen Aktien zu einem festgelegten Preis abgegeben und angekauft wurden. Um das Verlangen der Öffentlichkeit nach seinen Aktien zu befriedigen und den Handel mit »Futures« einzudämmen, wurde eine neue Investitionsmöglichkeit, die man »Primes« nannte, angeboten. Es war das Äquivalent dessen, was Makler heute als »Call-Optionsscheine« bezeichnen: Der Investor erhielt die Möglichkeit, für eine Hinterlegung von 1000 Livre das Recht zu erwerben, eine Aktie für einen Preis von 10000 Livre zu kaufen, die ihm innerhalb der darauf folgenden sechs Monate ausgehändigt werden sollte.

Viele Anleger glaubten immer noch, dass der Kurs auf über 10000 Livre klettern würde. Von der neuen Möglichkeit zur Kapitalanlage dazu verlockt, stürmten sie los, um ihre *mères, filles, petites filles* und *cinq cents* zu verkaufen. Eine für 10000 Livre abgestoßene Aktie versetzte sie in die Lage, ihren zukünftigen Besitz um das Zehnfache zu vermehren. Innerhalb von vier Tagen, nachdem die »Primes« erstmals angeboten worden waren, ging der Preis der Aktie steil nach unten, von 10000 auf 7000 Livre, da alle Leute ihre Anteile verkauften, um das Geld danach in »Primes« neu anzulegen. Law sah sich dazu gezwungen, große Summen auszugeben, um Aktien aufzukaufen, nach denen plötzlich keine Nachfrage mehr bestand.

Abgesehen von den schwankenden Kursen hatte Law noch mit einer weiteren Schwierigkeit zu kämpfen. Silber und Gold strömten nur so aus den Tresoren der Bank. Da sie ein Ende des Booms vorhersahen, stießen zahlreiche Aktionäre ihre Anteilscheine ab und ließen sich die ihnen zustehenden Beträge in Münzen auszahlen. Einer der Ersten, der die Instabilität des Marktes spürte, war Laws enger Freund, der irische Bankier Richard Cantillon, der vermutlich als Einziger begriff, wie riskant die Strategien des anderen waren. Ob es um Währungen ging, um Aktien, »Futures«, Wein oder Kunst, Cantillon hatte einen untrüglichen Blick für ein gutes Geschäft und besaß gleichzeitig eine Skrupellosigkeit, die verhinderte, dass persönliche Loyalitätsgefühle der Chance auf Gewinn in die Quere kamen.

Vielleicht profitierte Cantillon von Insiderinformationen, die er Law bei einigen Flaschen guten Burgunders entlockt hatte, jedenfalls war er einer der Ersten, die den jähen Kursanstieg der Mississippi-Aktien vorausgesehen hatte; er hatte angefangen, sie zu kaufen, als sie bei 150 Livre standen. Als sie im August 1719 auf über 2000 Livre geklettert waren, hatte er sich daran erinnert, was sein Bruder ihm aus Arkansas berichtet hatte, und es war ihm klar geworden, dass die ganze Hausse auf nicht viel mehr als Schall und Rauch und vor allem auf der ständig anwachsenden Menge von Papiergeld basierte. Aus dem Gefühl heraus, dass ein Kurseinbruch unvermeidlich war und kurz bevorstand, hatte er alles verkauft. Sein Gewinn aus diesen wenigen Wochen, in denen er etwas riskiert hatte, soll 50 000 Pfund betragen haben. Er hatte danach Paris mit seinen Einnahmen verlassen und eine Reise durch Italien angetreten, um sich die Sehenswürdigkeiten anzuschauen und in Kunstwerken zu investieren.

Cantillon war der Erste, der sich von Law abwandte, aber nicht der Einzige. Weitere Großaktionäre folgten im Laufe des Herbstes 1719 seinem Beispiel, und im Dezember war das Rinnsal von Abtrünnigen zu einem Strom angeschwollen, der eine ernsthafte Bedrohung für die Reserven der Bank darstellte. Die meisten Anleger tauschten die Banknoten, die sie beim Verkauf ihrer Wertpapiere erhielten, in Münzen um, die sie entweder horteten oder exportierten. Die Makler Bourdon und La Richardière taten es in aller Stille; sie wechselten Banknoten in Geld und Juwelen um, die sie dann ins Ausland schafften. Der Verkäufer, der am meisten Aufsehen erregte, war der Prince de Conti. Wütend darüber, dass Law sich weigerte, ihm weiter Geld zuzustecken, legte er Noten im Wert von rund 4,5 Millionen Livre vor und verlangte Münzen. Wie in den Anfangstagen seines Unternehmens hatte Law keine andere Wahl, als ihm zu Willen zu sein. Conti musste drei Fuhrwerke kommen lassen, um sein Geld fortzuschaffen.

Ende 1720 waren an die 500 Millionen Livre in Gold- und Silbermünzen aus dem Land gebracht worden, und es gab keinerlei Anzeichen dafür, dass diese Entwicklung nachlassen würde. Marktfrauen spürten die wachsende Anspannung ebenso wie Kaufleute und nahmen Papiergeld mit ausgeprägtem Widerwillen entgegen, oft nur, indem sie etwas von dem Nominalwert abzogen. Andere wiederum wiesen es kategorisch zurück. Im Februar weigerten sich Viehhändler, die ihre Tiere auf den Markt von Poissy brachten, etwas anderes als Gold und Silber entgegenzunehmen. Ihre Kunden, die Metzger von Paris, sahen sich gezwungen, in die Stadt zurückzukehren, die nötigen Münzen zu beschaffen und ein Fuhrwerk zu mieten, um sie nach Poissy zu transportieren.

Ein großer Teil des Geldes, das die Investoren abzogen, wurde nach London geleitet, wo die Südsee-Kompanie gerade dabei war, richtig in Gang zu kommen. Sie war eine von mehreren königlich-privilegierten Aktiengesellschaften Großbritanniens und wie im Fall der Ostindischen Kompanie und der Bank of England war ihr ein Privileg verliehen worden, nachdem die Gesellschafter der Regierung ein Darlehen gewährt hatten. 1711 hatten sie ihr 9,5 Millionen Pfund geliehen, damit die Staatsschulden getilgt werden konnten, und im Gegenzug das Monopol für den Handel mit den Südseeregionen und Südamerika erhalten. Anders als jedoch bei Laws Mississippi-Kompanie wurde nicht mit Einkünften durch die Kolonialisierung dieser Gebiete gerechnet. Die riesigen Einnahmen der Handelsgesellschaft würden, so machte man jedenfalls den Anlegern weis, durch ein Abkommen mit Spanien erzielt werden, das den Schiffen der Kompanie ungehinderten Handelsverkehr mit Häfen in Peru, Chile und Mexiko gewährte. In Wirklichkeit hatte die Gesellschaft nur die Abmachung mit Spanien getroffen, dass sie die betreffenden Regionen mit Sklaven versorgen und einmal im Jahr ein Schiff entsenden durfte, um dort Handel zu treiben.

Diejenigen unter Laws ehemaligen Investoren, die es klugerweise vorzogen, englische Südsee-Aktien zu ignorieren, hielten in Frankreich nach soliden Anlagemöglichkeiten Ausschau. Viele von ihnen – wie auch die schlaue Witwe Chaumont – legten es in Immobilien an, und innerhalb von wenigen Monaten bewirkte die große Menge von verfügbarem Papiergeld, dass der Preis für Grund und Boden sich verdreifachte oder vervierfachte. Auch auf anderen Gebieten kam es zu solch einer inflationären Entwicklung. Der erst kurz zuvor eingetroffene britische Diplomat David Pulteney hatte Schwierigkeiten, mit seinem Geld auszukommen, und musste um eine Erhöhung seiner Bezüge bitten. »Man sagt mir, dass die meisten Dinge wesentlich teurer sind, als sie es zu Zeiten von Mr. Bladen [seinem Vorgänger] waren. Ein Beispiel dafür liefert der Preis für eine Berline [eine bestimmte Art von Kutsche]. Er zahlte 34 Pistolen im Monat für die seine, während ich keine für weniger als 50 bekommen kann; die Preise für alle Dinge scheinen so schnell zu steigen, wie die Zeiger der Uhr sich vorwärts bewegen.« Weitaus gravierender war jedoch, dass auch die Kosten für Lebensmittel in die Höhe schnellten und die Armen unter immer größeren Entbehrungen litten. Allein im Zeitraum von Dezember 1719 bis Januar 1720 zogen die Preise um 25 Prozent an. Bei einigen Lebensmitteln war der Anstieg sogar noch steiler; für einen Laib Brot, der vor dem Boom einen Sou gekostet hatte, musste man im Dezember, wie Buvat in seinem Tagebuch festhielt, das Vier- bis Fünffache bezahlen.

Law war immer der Meinung gewesen, dass man den Märkten gestatten solle, sich frei zu entwickeln, und Eingriffe von Seiten der Bürokratie auf ein Minimum beschränkt sein müssten. »Zwang läuft den Prinzipien, auf denen Kredit aufgebaut sein muss, zuwider«, hatte er früher einmal geschrieben. Jetzt schlug er völlig andere Töne an: »Despotische Macht, der wir [für das System] zu Dank verpflichtet sind, wird dieses auch erhalten«, erklärte er. Er suchte Zuflucht bei strengen Gesetzen und ging dabei schonungslos und ohne zu zögern vor.

Um den Export von Metallgeld einzudämmen und vom Horten von Münzen abzuschrecken, erließ er am 28. Januar 1720, kaum drei Wochen nachdem er sein neues Amt angetreten hatte, eine Verfügung, die die Ausfuhr von Münzen und ungemünztem Edelmetall verbot. Wiederum jedoch hielten seine theoretischen Überlegungen der Praxis nicht stand: Wenn sie sich mit unbeliebten Regelungen konfrontiert sehen, tendieren die Menschen dazu, einen Weg zu suchen, diese zu umgehen. Da man sie davon abhielt, ihr Münzgeld in Amsterdam oder in England zu deponieren, hielten die Franzosen nach Alternativen Ausschau oder befolgten das neue Gesetz einfach nicht. Die Gewieftesten unter ihnen kauften Diamanten und andere Edelsteine, die sie dann ins Ausland schafften. Andere, Wagemutigere, schmuggelten Geld über die Landesgrenzen. Vermalet, ein erfolgreicher Aktienmakler, soll eine Million Livre in Münzen auf eine Bauernkarre geladen und Mist darüber geschaufelt haben. Danach zog er sich angeblich den Kittel eines Bauern an und kutschierte den Karren eigenhändig nach Belgien, von wo aus er sein Geld nach Amsterdam schicken konnte.

Law schlug viel drastischer zurück, als irgendjemand es von ihm erwartet hatte. Am 4. Februar wurde der Ankauf und das Tragen von Diamanten, Perlen und anderen Juwelen – Embleme eines jeden Mississippi-Millionärs – untersagt. Dieses Verbot vermochte jedoch die Massenflucht vor Papiergeld nicht aufzuhalten. Anstatt ihr Geld in Diamanten, Perlen und Rubinen anzulegen, kauften die Investoren jetzt goldene und silberne Gegenstände: Kerzenhalter, Terrinen, Schüsseln, Teller, sogar Möbelstücke, die aus wertvollem Metall gefertigt waren, wurden allenthalben von ihnen aufgestöbert und für überzogene Summen erworben. Zwei Wochen später wurde ihnen jedoch dieser Fluchtweg ebenfalls versperrt: Ein neues Gesetz stellte die Herstellung und den Verkauf von goldenen und silbernen Artefakten unter Strafe. Ausgenommen davon waren lediglich sakrale Utensilien, was zur Folge hatte, dass binnen weniger Tage die Preise von Kruzifixen und Abendmahlskelchen in die Höhe schossen.

Der aufgeblähte Aktienkurs und die überzogen große Menge an Papiergeld harrten noch Laws heilendem chirurgischen Eingriff. Er berief eine außerordentliche Versammlung der Aktionäre ein. An die zweihundert der reichsten Mississippi-Millionäre nahmen daran teil; sie waren einer Darstellung zufolge so prächtig gekleidet, dass der Regent, der Duc de Bourbon und der Prince de Conti, die ebenfalls anwesend waren, durch sie vollkommen in den

Schatten gestellt wurden. Law gab bekannt, dass die Königliche Bank von der Mississippi-Kompanie übernommen werden würde. Dies war anscheinend nur eine Formalität – er leitete bereits beide Institutionen –, erreichte jedoch eine weitere bedeutende Veränderung. Die 100 000 Mississippi-Aktien in königlichem Besitz würden von der Gesellschaft für 300 Millionen Livre – das war genau die Summe, die man gerade erst durch den Verkauf von »Primes« erzielt hatte – und für eine garantierte monatliche Zahlung von fünf Millionen Livre über die nächsten zehn Jahre hinweg zurückgekauft werden.

Law rechtfertigte diesen Ankauf, indem er argumentierte, dass eine Reduzierung der Gesamtzahl der Aktien, für die man Dividende zahlen musste, sich günstig auf die Bilanz der Gesellschaft auswirken und die Menge des Geldes, die in Umlauf gebracht werden musste, verringern würde. Einige fragten sich jedoch, ob Law nicht mit seinen Versuchen, den Strom abspringender Investoren zu stoppen, die Krone insgeheim darin bestärkt hatte, es diesen gleichzutun. Nachdem er 9000 Livre pro Aktie in die Kasse des Königs eingezahlt hatte, schloss er die Verkaufsbüros seiner Gesellschaft und stellte die Stützung des Aktienkurses von offizieller Seite aus ein.

Das waren schlechte Nachrichten für die Anleger. Innerhalb einer Woche sackten die Preise um 26 Prozent, von rund 9600 auf 7800 Livre. Die Öffentlichkeit kochte vor Wut. »Der Zorn der Leute auf Law ist so gewaltig und so uneingeschränkt, dass, wie ich glaube, die Chancen 20 zu 1 stehen, dass er noch innerhalb dieses einen Monats in Stücke zerrissen wird, wie auch, dass sein Herr ihn der Rage des Volkes überlassen wird«, frohlockte der Earl of Stair.

In die Enge getrieben, auf der einen Seite mit der Not und Verzweiflung der Öffentlichkeit konfrontiert, auf der anderen mit dem Problem der zur Neige gehenden Reserven an Münzgeld, sah Law keine andere Alternative, als zu noch despotischeren Maßnahmen zu greifen. Am 27. Februar 1720 erließ er ein Edikt, mit dem er den Besitz von Gold oder Silber im Wert von mehr als 500 Livre für ungesetzlich erklärte und verfügte, dass in Zukunft alle

Zahlungen von mehr als 100 Livre in Banknoten getätigt werden müssten. Alles Gold, das die festgesetzte Höchstsumme an Wert überstieg, sollte zur Bank gebracht und gegen Papiergeld eingetauscht werden. Zuwiderhandelnde müssten mit strengen Strafen rechnen. Hohe Belohnungen winkten demjenigen, der einen Zuwiderhandelnden anzeigte. Der geringste Verdacht, dass in einem Wohngebäude, ob es nun eine Hütte oder ein Palast war, illegales Gold versteckt war, würde bereits ausreichen, um eine Untersuchung in Gang zu setzen. Die gefürchteten Methoden der »Visa«, über die Law sich einst so verächtlich geäußert hatte, wurden jetzt von ihm selbst wieder eingeführt. Dienstboten wurden dazu ermutigt, gegen ihre Arbeitgeber auszusagen, Kinder dazu verleitet, ihre Eltern zu denunzieren. Tiefstes Misstrauen gegen alle und jeden griff um sich, und die vielen Menschen, die ihr Gold und ihr Silber zur Bank trugen, fühlten sich tatsächlich erleichtert, wenn sie mit Bündeln von Geldscheinen nach Hause zurückkehrten.

Wie vorauszusehen gewesen war, hielten sich aber nicht alle an die Vorschriften. Der auffallendste Gesetzesbrecher war der Duc de Bourbon, der Pferdefreund, der, als ihm, unmittelbar bevor es in Kraft trat, etwas über das geplante neue Gesetz zugetragen wurde, wie es hieß, 25 Millionen Livre in Goldmünzen eintauschte. Der Regent zitierte ihn zu sich, damit er erklärte, warum er »in einem Nu zerstört, was wir uns mehrere Tage aufzubauen bemüht haben«. Sowohl Bourbon als auch Conti, der seine Aktien schon früher zu Geld gemacht hatte, erhielten den strikten Befehl, sich sofort an die neuen Anordnungen zu halten und das Gold zurückzugeben, sonst würden sie riskieren, dass die Behörden ihre Besitzungen durchsuchten und es konfiszierten. Als beide sich sträubten, unterzogen Beamte, die ohne Zweifel vorher bestochen worden waren, ihre Schlösser einer flüchtigen Untersuchung und fanden, wie zu erwarten gewesen war, nichts.

Law wurde wegen seiner Maßnahme allgemein verdammt; kaum jemand zeigte Verständnis für ihn. Botschafter Stair gab den sarkastischen Kommentar ab, es sei nun unmöglich, daran zu zweifeln, dass er bei seinem Glaubensübertritt zum Katholizismus von aufrichtigen Gefühlen geleitet worden war. Schließlich habe er, nachdem er schon seinen Glauben an die Wandlung bewiesen hatte, indem er so viel Gold zu Papier gemacht hatte, dann auch noch die Inquisition eingesetzt. Die allgemeine Wut machte auch vor seinen Anhängern nicht Halt. Bourbon wurde auf der Straße angepöbelt, und sein Diener wurde mit Steinen beworfen, als er Einwände gegen diese verbalen Attacken erhob. Sogar der für gewöhnlich zurückhaltende Saint-Simon zeigte sich entsetzt: »Niemals wurde souveräne Macht so heftig angegriffen; noch niemals hatte sie sich in eine Angelegenheit eingeschaltet, auf die die Öffentlichkeit so sensibel reagierte oder die in so entscheidender Verbindung mit dem irdischen Wohlergehen der Gemeinde stand.«

Vom Palais Royal aus verfolgte der Regent voller Sorge die um sich greifenden Unruhen. Der Duc d'Orléans, von jeher dazu neigend, den Weg des geringsten Widerstands zu gehen, fürchtete jetzt, dass der Hass breiter Schichten der Bevölkerung auf Law seiner eigenen Position schaden könnte. Als Law spürte, dass der Glaube seines Mentors an ihn ins Wanken geriet, begann ihn sein Selbstbewusstsein zu verlassen. Anekdoten über ihn, die seine Widersacher in Umlauf brachten und die ihn demütigen sollten, trugen weiter dazu bei, dass er sich zunehmend bedrängt fühlte. Dem Earl of Stair zufolge hatte der Regent Law, als er zu einer Audienz im Palais Royal erschienen war, zu sich kommen lassen, während er sich »auf seinem Abortstuhl« erleichterte. Orléans sei, so Stair weiter, »so erregt gewesen, dass er mit bis zu den Knöcheln heruntergelassenen Beinkleidern auf Law zugestürzt« sei und ihm mit der Bastille gedroht habe, wenn sich nicht bald alles zum Besseren wenden würde. Selbst wenn Stair diesen peinlichen Zwischenfall vielleicht erfunden hatte, scheint sicher zu sein, dass Laws Angst um die Gunst des Regenten ihn gehörig aus der Bahn warf. Schließlich hingen davon sein Überleben als Politiker und das Schicksal seiner Familie ab. Jetzt, da er sich einem Trommelfeuer von Vorwürfen ausgesetzt sah, begann ihn seine übliche Beherztheit zu verlassen, und die Berichte von Dienstboten, Freunden und Feinden lassen zusammengenommen vermuten, dass er einen Nervenzusammenbruch hatte. Seine Diener erzählten, dass er an Schlaflosigkeit und Angstanfällen litt, zu plötzlichen Wutausbrüchen neigte und dass seine Stimmung, sogar im Umgang mit seiner Familie, stark schwankte und er sich irrational verhielt.»Er steigt fast jede Nacht aus dem Bett und läuft ganz irre vor sich hin starrend in seinem Schlafgemach umher, wobei er ein schreckliches Geräusch von sich gibt und manchmal auch singt und tanzt, während er zu anderer Zeit mit glasigen Augen fluchend auf dem Boden herumstampft und ganz außer Fassung ist«, wusste Stair zu berichten, der das alles von Laws Leibdiener erfahren haben wollte.»Vor ein paar Nächten war seine Frau, die auf das Geräusch hin, das er machte, in sein Gemach geeilt war, gezwungen, die Glocke zu läuten, damit man ihr zur Hilfe käme. Der Kommandant von Laws Wache war der Erste, der eintrat, und fand Law vor, wie er in seinem Nachthemd um zwei Stühle, die er in die Mitte des Raumes platziert hatte, herumtanzte und ganz den Verstand verloren hatte.« Die für gewöhnlich so gelassene Katherine muss sehr beunruhigt gewesen sein.

Die auf Laws Schultern lastende Bürde war in der Tat bedrückend. Jetzt, da er vom Regenten bedrängt wurde und sein Mut ihn zu verlassen begann, geriet auch seine Entschlossenheit ins Wanken, und er machte einen Rückzieher.

14 Die Stürme des Schicksals

Endlich wird Korruption, wie eine Flut,
Verschlingen jedermann,
Und Habgier (der so lang wachsame
Pfarrer widerstanden) wie nied'rer Nebel
Kriechend um sich greifen
Und die Sonne löschen aus.
Staatsmann wie Bürger führ'n den Pflug.
Gräfin und Diener sich teil'n die Loge;
Die Richter schaffen mit der Hand,
Die Bischöf' Schaden tun der Stadt,
Und mächt'ge Fürsten Karten packen
Für 'ne halbe Kron':
Seht an Britannien,
Von Mammons schmutzg'em Reiz besiegt.

ALEXANDER POPE, *»Epistle to Lord Bathurst«*

Zwei Wochen nachdem er beschlossen hatte, den Aktienkurs nicht weiter zu stützen, nahm Law seine Entscheidung wieder zurück. Er gab bekannt, dass das Verkaufsbüro für Aktien wieder eröffnet werde, und setzte den Kurs jedes Anteilscheins auf 9000 Livre fest. Diese Geste brachte zwar seine Kritiker vorübergehend zum Schweigen, verschlimmerte aber gleichzeitig eine sowieso schon verfahrene Situation noch mehr. Weil sie von dem plötzlichen Wechsel seiner Strategie erschreckt waren und das Prekäre der Lage deutlich spürten, strömten die Menschen nun umso mehr in seine Bank, um ihre Aktien einzulösen, und die Druckerpressen liefen Tag und Nacht, damit man genügend Papiergeld hatte, um die vielen Anleger auszuzahlen.

Da der Ansturm auf die Bank alle Erwartungen übertraf, fällte Law die radikalste Entscheidung seiner bisherigen Karriere. Wenn zwischen Papiergeld und Münzen kein ausgeglichenes Verhältnis wiederhergestellt werden konnte, dann bestand seiner Meinung nach die einzige Alternative darin, Gold- und Silbermünzen vollkommen abzuschaffen. Während die Banknoten stabil blieben, sollten Münzen aus Edelmetallen allmählich gegenüber dem Livre abgewertet und stufenweise aus dem Verkehr gezogen werden. Was Goldmünzen anbelangte, so würden sie innerhalb von zwei Monaten in Frankreich nicht mehr als Zahlungsmittel zirkulieren. Bei Silbermünzen würde diese Frist neun Monate betragen. Das Land würde dann völlig auf Papiergeld angewiesen sein.

Damit ging Law jedoch einen Schritt zu weit. In einem Land, das für seinen Konservatismus in allen Gelddingen bekannt war, schien ein monetäres System, das auf etwas anderem basierte als auf Gold und Silber, schlicht undenkbar. Man verdächtigte den Schotten, die Fundamente, auf denen die Gesellschaft errichtet und zur Erhaltung ihrer Stabilität angewiesen war, zu unterhöhlen. Saint-Simon zum Beispiel tobte:

> Sie versuchen, die Nation davon zu überzeugen, dass von den Tagen an, da Abraham für Sarahs Begräbnis vierhundert Silberschekel zahlte – damals die gängige Münze –, bis zum heutigen Tag die weisesten Völker der Erde sich im größten Irrtum und in größter Täuschung befunden hätten, was Geld anging und die Metalle, aus denen es gemacht; weiter, dass Papier das einzig profitable und notwendige Medium sei und dass wir

ausländischen Nationen, die voller Neid auf unsere Größe und unsere Vorteile blicken, durch nichts herberen Schaden zufügen könnten als dadurch, ihnen all unser Silber und unser Gold und unsere kostbaren Steine zukommen zu lassen.

Sogar die Mutter des Regenten, die Law bislang bewundert hatte, war gegen seinen letzten Schachzug. Es erschien ihr als ein hartes Vorgehen, dass man kein Gold mehr zu sehen bekam. Immerhin sei sie seit achtundvierzig Jahren niemals ohne einige Goldstücke in der Tasche gewesen. Monsieur Law werde gewiss ganz schrecklich gehasst, schlussfolgerte sie.

Andere glaubten, dass sich hinter Laws anscheinender Verrücktheit ein viel finsterer Grund verbarg. »Das Silber soll für solchen Handel mit dem Ausland eingesetzt werden, der ohne es nicht vonstatten gehen kann, oder Mr. Law mag vorhaben, uns und die Holländer auf diese Weise aus diesem Handel herauszudrängen.... Mr. Law hat gesagt, dass er uns all unser Silber nehmen wird«, notierte Daniel Pulteney nachdenklich. Die Meinungen darüber, was genau Law erreichen wollte, gingen damals auseinander, und so ist es heute noch. Pulteney glaubte, dass er den Wert von Gold und Silber herabsetzen wollte, um beides seiner Bank einzuverleiben, und dass er dann das Gold benutzen werde, um das Silber ganz Europas aufzukaufen und es nach Frankreich zu holen. »Man berichtet mir, dass Mr. Middleton, der Goldschmied in The Strand, welcher Mr. Laws Agent und Bankier ist, in seinem Haus bereits beträchtliche Mengen Silbers angehäuft hat«, versicherte er. Laws Feinde waren überzeugt, dass er geheime Silbervorräte für seine persönliche Bereicherung und nicht etwa zum Wohle der Nation anlege. Einige spätere Biografen meinten, indem sie seine labile geistige Verfassung stärker berücksichtigten, dass er einfach nicht mehr ein noch aus gewusst und sich wie ein Ertrinkender verhalten hat, der sich an einen Strohhalm klammert.

Der immer heftiger tosende finanzielle Strudel zog eine weitere heimtückische Konsequenz nach sich, für die Law ebenfalls verantwortlich gemacht wurde: Eine Welle von Verbrechen brach über Paris zusammen. Es kam zu einer noch nie da gewesenen Häufung von Überfällen, Entführungen, brutalen Raubzügen und schauerlichen Morden, die in weiten Kreisen der Bevölkerung auf die Habgier, den Neid und die Ungewissheit zurückgeführt wurden, welche die von Law verursachten großen Gewinne und großen Verluste hatten aufkeimen lassen. Einmal machten Mitglieder der Stadtwache einen besonders grässlichen Fund: In einer umgestürzten Kutsche entdeckten sie den Leichnam einer Frau, der in tausend Stücke gehackt worden war. Man erzählte sich, sie sei ermordet worden, nachdem man ihr 300000 Livre in Geldscheinen abgenommen hatte. Auch Daniel Defoe war über das Ausmaß der Verbrechen erstaunt; Anfang April berichtete er: »Nicht weniger als 25 Leichen sind in ungefähr zehn Tagen aus den *filets* von St. Cloud herausgeholt worden. Dies ist ein Netz, das man an einer engen Stelle quer über den Fluss Seine gespannt hat ... und in das hinein die Körper der Gemeuchelten, die man in der Stadt von den Brücken geworfen, vom Strome getragen werden.«

Eine der Horrorgeschichten ließ ganz Europa erschauern: In ihrem Mittelpunkt stand ein zügelloser und prinzipienloser junger Adeliger, der Comte Antoine Joseph de Horn. In seiner Gier nach Geld, mit dem er am Aktienmarkt spekulieren konnte, plante de Horn zusammen mit zwei Komplizen, Laurent de Mille, einem Soldaten aus dem Piemont, und einem Höfling namens d'Etampes, den reichen Makler Lacroix zu berauben, von dem man wusste, dass er stets größere Mengen an Aktien und große Summen Bargelds mit sich führte. Unter dem Vorwand, Aktien von ihm kaufen zu wollen, verabredete de Horn ein Treffen mit Lacroix in der Epée de Bois, einer Taverne, die für musikalische Darbietungen berühmt war und an der Ecke von Rue de Venise und Rue Quincampoix lag. D'Étampes stand Wache, während die beiden anderen den Makler in ein Hinterzimmer lockten, ihm dort ein Tischtuch über den Kopf warfen und ihm mehrere Messerstiche in die Brust versetzten. Als er die Schreie des sterbenden Lacroix hörte, begriff jedoch einer der Angestellten der Schänke, was da vor sich ging, und schloss die Angreifer zusammen mit ihrem Opfer in dem Raum ein. Den beiden Verbrechern gelang jedoch durch einen Sprung aus dem Fenster die Flucht. D'Etampes lief zu einer Straße in der Nähe, wo Pferde bereitstanden, und entkam. De Mille hingegen eilte zur Rue Quincampoix, wo er in der Menschenmenge untertauchte, aber dennoch bald verhaftet wurde. De Horn, der sich bei der Flucht einen Knöchel verstaucht hatte, versuchte seinen Kopf mit einem Bluff aus der Schlinge zu ziehen: Er behauptete, ein Opfer des Raubüberfalls zu sein. Als aber de Mille in die Schänke gebracht wurde, wurde der junge Adelige identifiziert und verhaftet. Am Tag darauf kamen die beiden Männer vor den Richter, der sie für schuldig befand und zum Tod verurteilte: Sie sollten aufs Rad geflochten werden.

Diese besonders grausame Methode der Hinrichtung (ihr wurde später durch Hogarth auf dem Stich, mit dem er sich über die Südsee-Kompanie lustig machte, ein unrühmliches Denkmal gesetzt: Eigeninteresse bricht dort Ehrenhaftigkeit auf dem Rad) war normalerweise für gewöhnliche Verbrecher bestimmt. Der Delinquent wurde mit gespreizten Armen und Beinen auf ein großes Rad gebunden und dann wurde ihm Glied für Glied durch Schläge mit einer Eisenstange gebrochen. Ein zeitgenössischer Besucher Frankreichs beschrieb das ganze Spektakel: Es gibt da »ein Schafott, aus Holz gezimmert, auf welchem sich ein Rad erhebt, auf dem einzig die Leiber von Mördern gefoltert und mit bestimmten eisernen Instrumenten gebrochen werden, mit denen sie erst deren Arme zerschlagen, dann die Waden und die Schenkel und schließlich den Brustkorb. Jener Schlag auf die Brust ist als *coup de grace* bekannt, da er ihnen schnell das Leben raubt.«

Da sie verständlicherweise entsetzt darüber waren, dass einer der ihren einen solchen Tod erleiden sollte, bat die Adelsfamilie de Horn den Regenten um Gnade. Sie brachten vor, dass der Delinquent als entfernter Verwandter der königlichen Familie verschont oder zumindest auf eine einem Adeligen geziemende Weise exekutiert werden müsse. Der Regent gab jedoch nicht nach – was für ihn ungewöhnlich war – und antwortete mehreren Berichten zufolge mit den Worten Racines: »*Le crime fait la honte, et non pas l'échafaud*« – »Das Verbrechen bereitet Schande und nicht das Schafott.«

Vier Tage nach dem Mord, am 26. März 1720, um vier Uhr

nachmittags, versammelte sich eine sensationslüsterne Menge auf der Place de Grève, um mit anzusehen, wie de Horn und sein Komplize dem Urteilsspruch gemäß auf dem Rad hingerichtet wurden. De Horn, der als Erster aufs Schafott geführt wurde, litt, nachdem er die Schläge mit der Stange erhalten hatte, eine Dreiviertelstunde, bis er starb.

Law machte sich eiligst die Berühmtheit, die dieses Verbrechen erlangte, zu Nutze. Er hatte immer das Hysterische, das Niederträchtige und das Betrügerische verabscheut, das mit der hektischen Geschäftigkeit in der Rue Quincampoix einherging. Jetzt hatte er Grund dazu, dem allen ein Ende zu bereiten. Kurze Zeit nach der Exekution de Horns wurde eine Anordnung erlassen, die Menschenansammlungen in der Rue Quincampoix verbot und jeden Handel mit Aktien oder »Primes« außerhalb der offiziellen Verkaufsbüros der Gesellschaft für ungesetzlich erklärte.

Während der ganzen Zeit, in der die finanzielle Misere anhielt, liefen die Druckerpressen unaufhörlich weiter. Im Mai 1720 waren Banknoten im Wert von mehr als 2,6 Milliarden Livre ausgegeben worden, womit sich die Menge, die vor dem Januar in Umlauf gewesen war, verdoppelt hatte. Das ganze Land war mit Papiergeld überschwemmt. Aus Furcht, dass sein System kurz vor der Auflösung stand, nahm Law seinen verzweifeltsten und – wie viele später meinten – verfehltesten Schachzug vor.

Am 21. Mai, einem Sonntag, der gleichzeitig Feiertag war und an dem sich die meisten seiner Widersacher nicht in der Stadt aufhielten, verkündete er, dass die Aktien, deren Preis gegenwärtig bei 9000 Livre stand, nur noch 5000 Livre wert sein würden. Auch der Wert der Banknoten würde allmählich verringert, bis er nur noch 50 Prozent des gegenwärtigen betragen werde. Er rechtfertigte diese Schritte damit, dass sie das ausgewogene Verhältnis zwischen Papiergeld und den Münzreserven wiederherstellen würden, auf das Frankreich für seinen Außenhandel angewiesen war. Die Maßnahmen dienten also dem nationalen Wohl, und niemand würde unter ihnen leiden. Es würde die gleiche Dividende ausgeschüttet werden, und das Verhältnis zwischen dem Wert der

Banknoten und dem von Silber würde wieder so sein, wie es vor den im März angekündigten Abwertungen gewesen war. Niemand schenkte ihm den geringsten Glauben. In den vergangenen fünf Monaten hatte die Öffentlichkeit vieles einstecken müssen; sie hatte eine Veränderung des Wertes ihrer Währung nach der anderen erlebt, das Münzgeld des Landes war für ungesetzlich erklärt worden, das Anlegen von Schmuck war unter Strafe gestellt worden, sogar das Tragen von Kruzifixen hatte man verboten. Law hatte ihnen nichts als bedrucktes Papier gelassen. Bei allem Auf und Ab, bei allen Drehungen und Kehrtwendungen in seiner finanziellen Strategie hatte er bisher eisern daran festgehalten, dass Papiergeld gefeit gegen jede Änderung, das heißt vor allem gegen jeden Wertverlust, sei. Was die Öffentlichkeit anbelangte, so entpuppte er sich jetzt, da er diesen fundamentalen Glaubenssatz einfach aufgab, als Scharlatan. Die bereits bestehende Unruhe schlug beinahe in einen öffentlichen Aufstand um, als sich die geradezu unglaubliche Nachricht von seiner neuen Verordnung verbreitete. Jedermann hatte das Gefühl, dass er der Hälfte dessen, was er besaß, beraubt werden sollte. Wie Pulteney es formulierte, hatte Law »den offenkundigsten Betrug ins Werk gesetzt, der jemals begangen worden war, und es ist jetzt ganz deutlich, dass Mr. Law genauso wenig Geschick wie Anständigkeit besitzt«.

Einen Tag nach der Bekanntgabe der Abwertungen zog ein verärgerter Mob zu Laws Bank. Als sie dort die Türen verschlossen fanden, begannen sie, Steine zu werfen. Drei Tage lang kam es in den Straßen von Paris zu Ausschreitungen. Jeden Morgen rotteten sich vor der Bank aufs Neue Scharen von Menschen zusammen, die alle möglichen Wurfgeschosse schleuderten, die Fensterscheiben zertrümmerten und ihrem Unmut lauthals Luft machten, während sich in den Geschäftsräumen die Angestellten verzweifelt bemühten, mit dem Ansturm der Investoren fertig zu werden, die ihre Banknoten zu der neuen Wechselrate gegen Münzen eintauschten.

Es war unvermeidlich, dass der allgemeine Hass auf Law schließlich auch seine Familie in Gefahr brachte. Als sie eines

Tages mit ihrer Tochter, nur von einem Diener und einer Zofe eskortiert, das Haus verließ, fand Katherine sich plötzlich inmitten eines wüste Drohungen ausstoßenden Volkshaufens wieder und war gezwungen, in einem nahe gelegenen Gebäude Zuflucht zu suchen. Die Erkenntnis, dass sein Vorgehen die Sicherheit seiner Familie ernsthaft gefährdete, muss Laws Kummer noch weiter verstärkt haben. Von nun an verbrachten die Kinder einen großen Teil der Zeit im Exil, das heißt in den Landhäusern von Anhängern ihres Vaters wie zum Beispiel dem Duc de Bourbon. Katherine, die sich zunehmend Sorgen um die psychische Widerstandskraft ihres Mannes machte, harrte treu an seiner Seite aus.

Im Palais Royal versuchte der Regent derweil die Ruhe zu bewahren und einfach abzuwarten, bis der Sturm sich wieder gelegt hatte. Er hatte die Wut nicht vorausgesehen, die das Edikt vom 21. Mai entfesselt hatte, und bedauerte jetzt, seine Einwilligung zu den neuen Maßnahmen gegeben zu haben. Da sie erkannten, wie unbehaglich ihm zu Mute war, ergriffen Laws Feinde die Gelegenheit, energisch für ihre eigenen Interessen einzutreten. Am Montag, dem 22. Mai, wurde das *Parlement* zu einer Krisensitzung einberufen, und »in einem einzigen Augenblick wurde die Nation von äußerstem Vertrauen zu äußerstem Misstrauen befördert«. Das *Parlement* klagte Law und seine Mitdirektoren an, korrupt zu sein und Bankrott gemacht zu haben, und erklärte, dass sie die Todesstrafe verdienten. Es verlangte, dass der Regent die Verordnung zurücknehmen solle. Der Duc d'Orléans hatte sich niemals zuvor in seinem Leben so eingeschüchtert gefühlt. Voller Furcht, dass seine Herrschaft zu Ende sein könnte, gab er in privatem Kreis zu, »er bedaure es sehr, sich jemals in Mrs. Laws Geschäfte eingelassen zu haben«, und kapitulierte. Law wurde vor den Regentschaftsrat zitiert, um zu erklären, wie es zu der misslichen Lage gekommen war. Um Würde bemüht stand er vor den Ratsmitgliedern, während sowohl sein langjähriger Feind d'Argenson als auch sein früherer Verbündeter, der Duc de Bourbon, ihn attackierten. Der Regent gab zu Laws Auftreten nur den Kommentar ab: »Ein einzelner Pfeiler kann dem reißenden Strom nicht standhalten.«

Der Verrat traf Law mitten ins Herz. Jahre später schrieb er über diesen Augenblick:

Als M. le D. [de Bourbon] die Zurücknahme des arrêt vom 21. Mai mit solcher Wut verlangte, glaubte er, im Sinne des öffentlichen Wohles zu handeln. Als M. le D. vor dem Rat eine so flammende Rede gegen mich hielt, wusste er nicht, dass er gegen sein eigenes Interesse sprach. Als die verschiedenen Parteien sich zusammenschlossen, um sich meiner zu entledigen, der alte Hof, der Siegelbewahrer usw., glaubte jeder, dass ihre eigenen Geschäfte davon profitieren würden. Sie irrten sich. Der Regent, der die Situation besser begriff als jeder von ihnen und der tief in seinem Herzen mir gegenüber gerecht sein wollte, gab ihnen aus Angst vor größerem Übel nach. Aber auch er täuschte sich.

Die Schlacht war verloren. Da er sich im Klaren darüber war, dass der Widerstand des *Parlement* nur noch wachsen würde, wenn er im Amt bliebe, reichte Law sein Rücktrittsgesuch ein. Der Regent nahm es nicht an. Eine Woche später jedoch gab der Duc d'Orléans der Gruppe derer, die sich gegen Law verschworen hatten, nach und ordnete an, dass die Gesetze, die den Wert der Banknoten und der Aktien herabsetzten, zurückgenommen werden und das Geld wie auch die Aktien wieder so viel wert sein sollten wie zuvor. Law war klar, dass das Vertrauen der Öffentlichkeit in die Bank und das Papiergeld unter einer solchen Kehrtwende nur noch weiter leiden würde.»Glückliches Frankreich, wenn jene, die die Zurücknahme des *arrêt* erzwangen, sich selbst dieselbe Zeit vergönnt hätten wie der Regent, über die Folgen dessen, was sie verlangten, nachzudenken«, schrieb er voller Verzweiflung. Ein paar Tage später wurden all die früheren Einschränkungen des Besitzes von Gold und Silber aufgehoben. Wie eine lose Zunge sarkastisch kommentierte, kam aber »die Erlaubnis, als niemand mehr etwas übrig hatte«.

Von dem ganzen Auf und Ab in Panik versetzt, stürmten die Anleger los, um ihre Mississippi-Aktien abzustoßen und ihr Geld sicherer zu investieren, selbst wenn sie dabei erst einmal schwere Verluste hinnehmen mussten. Der Kurs befand sich bald in freiem

Fall, innerhalb einer Woche sackte er auf 4000 Livre ab. Defoe berichtete aus der französischen Hauptstadt, dass die »Landleute mit solcher Hast von Paris weglaufen, wie sie einst dorthin strömten«.

Der Ruin Frankreichs war der Gewinn Englands. Zahlreiche Mississippi-Aktionäre, die Federn gelassen hatten, entschieden sich, ihr Geld nun in Aktien der englischen Südsee-Kompanie anzulegen. Im Vormonat hatte die Kompanie, die die Entwicklungen in Frankreich sorgfältig im Auge behalten hatte, ihre Rivalin, die Bank of England, zu schlagen vermocht und ein zweites wichtiges Abkommen mit der Regierung geschlossen; sie hatte weitere 30 Millionen Pfund Staatsschulden übernommen und eine neue Emission von Aktien in die Wege geleitet. Eine große Zahl englischer und ausländischer Anleger fiel jetzt in London ein, ähnlich wie die Investoren nur ein Jahr zuvor »mit so viel [Geld], wie sie tragen konnten« nach Paris geströmt waren und »Aktien gezeichnet oder erworben hatten«. In der Exchange Alley – dem Londoner Äquivalent der Rue Quincampoix – spülte die plötzliche Flut an neuem Geld auch eine Fülle anderer Gesellschaften empor, die eilig gegründet wurden, um aus der neuen Neigung zu finanziellen Lotteriespielen Profit zu ziehen. Viele von ihnen, wie die »Kompanie zur Ausführung von äußerst vorteilhaften Unternehmungen, von denen niemand wissen soll, welcher Art sie sind«, waren ebenso eine Schimäre wie der Smaragdberg, der am Mississippi aufragen sollte.

In Paris verflog jede Euphorie, und die Atmosphäre verdüsterte sich. Gegen Ende des Monats Mai suchte Claude le Blanc, der Innenminister des Regenten, der sich von sechzehn Schweizergardisten eskortieren ließ, Law auf, um ihn davon in Kenntnis zu setzen, dass der Regent sich entschlossen habe, ihn seiner Position als Generalkontrolleur der Finanzen zu entheben. Law wurde angewiesen, sein Haus nicht zu verlassen. Die Gardisten sollten zu seinem Schutz vor seinem Wohnsitz an der Place Vendôme Posten beziehen – das sagte Le Blanc jedenfalls. Eigentlich war aber jedem klar, dass Law unter Hausarrest stand.

Als er bemerkte, dass sich die Schlinge um seinen Hals zusammenzog, erbleichte Law, bewahrte dennoch Haltung. In seinem Inneren lähmte ihn jedoch die Furcht, dass seine Feinde als Nächstes seine Hinrichtung verlangen könnten – und dass der Regent, wenn es wirklich so weit kommen sollte, nichts mehr dagegen unternehmen würde.

15 Der Aufschub

Lundi j'achetai des actions;
Mardi je gagnai des millions;
Mercredi j'arrangeai mon ménage;
Jeudi je pris un équipage;
Vendredi je m'en fus au bal;
Et samedi à l'Hôpital.

Montag hab ich Aktien gekauft;
Dienstag Millionen verdient;
Mittwoch hab ich mich eingerichtet;
Donnerstag eine Kutsche angeschafft;
Freitag bin ich zum Ball gegangen
Und Samstag im Armenhaus gelandet.

Vor allem indem er sich an die alten Maximen des Glücksspielers hielt – seine Gefühle zu verbergen und unbeirrt der Strategie zu folgen, die man sich zurechtgelegt hat –, überwand Law seine Furcht und vermochte seinen Feinden erneut die Stirn zu bieten. Mit für ihn typischen Wagemut besiegte er sie ein weiteres Mal. Am Morgen nachdem er aus dem Amt entlassen worden war, während ein Kontingent von Gardisten vor seiner Tür Stellung bezogen hatte und mehrere Untersuchungsbeamte in der Bank seine privaten Unterlagen durchgingen, hatte er über Lord Peterborough dem Regenten die dringende Bitte um eine Audienz unterbreiten lassen. Der Regent reagierte umgehend: Der Duc de la Force wurde ausgesandt, um Law zum Palais Royal zu geleiten, wo man ihn in einer kleinen Galerie warten ließ. Nach mehreren Stunden informierte ein Diener ihn, dass der Regent nicht in der Lage sei, ihn zu empfangen. Law kehrte in dem Bewusstsein zu seinem Haus zurück, dass ihm diese öffentliche Demütigung in voller Absicht zugefügt worden war – und dass seine Kritiker jubelten.

Obwohl das Gegenteil der Fall zu sein schien, hatte der Regent ihn aber nicht fallen lassen. Der öffentliche Aufruhr bot der Heerschar von Laws Feinden – angeführt von d'Argenson, den der Schotte bei zahlreichen Gelegenheiten in spektakulärer Weise düpiert hatte, sowie den Brüdern Pâris, die durch ihn ihre lukrativen Steuereinnahmebezirke eingebüßt hatten – die Gelegenheit, Druck auf den Regenten auszuüben, dass dieser sich von Law und dessen *Système* abwenden solle. Dem Duc d'Orléans blieben noch drei Jahre als Regent – dann würde Louis XV. großjährig sein; im *Parlement* wurde allerdings bereits geflüstert, dass man vielleicht doch versuchen sollte, ihn früher abzusetzen. Aus Sorge um sein eigenes politisches Überleben hatte er beschlossen, sich nach außen hin mit seinen Gegnern zu arrangieren, keinen Widerstand zu leisten, sondern ihnen die Zügel schießen zu lassen, um dann mit anzusehen, wie sie sich darin verfingen. Seine Abwendung von Law war, ohne dass dieser es erkannte, Teil dieser Scharade. Er hatte viel zu viel in seinen Protégé und dessen Unternehmungen investiert, um ihn kampflos fallen zu lassen. Nur wenn alles andere nichts half, würde der Duc d'Orléans Law opfern.

Law konnte neue Hoffnung schöpfen und begann zu ahnen, dass er nach wie vor in der Gunst des Regenten stand, als er spät in der Nacht zu einem heimlichen Treffen in das Palais Royal bestellt wurde. Dort wurde er von Orléans herzlich begrüßt – mit *mille amitiés*, wie Law es ausdrückte –, und der Herzog hörte aufmerksam zu, als sein alter Freund eine Idee nach der anderen entwickelte, wie man die Probleme der Bank und der Kompanie lösen könne.

Am nächsten Tag wurde die Wache vor Laws Haus abgezogen, und seine Verbündeten fühlten sich wieder sicher genug, um für ihn einzutreten – als »den einzigen Mann, der in der Lage war, sie aus dem Irrgarten herauszuführen, in dem sie sich befanden«. Law, der die geheime Anweisung erhalten hatte, wieder seinen Amtspflichten nachzukommen, arbeitete in den nächsten achtundvierzig Stunden ohne Unterbrechung. Er nahm seine ursprüngliche Idee wieder auf, das Kreditwesen zu erhalten, es aber einer strengen Kontrolle zu unterstellen. Bei einer Ratsversammlung, die zwei Tage später stattfand, betrat plötzlich Law zum großen Erstaunen der Anwesenden den Saal, so als habe es das Drama der jüngsten Vergangenheit nie gegeben. Er verkündete, dass er eine neue Strategie ersonnen habe.

Laws Gegner waren völlig verblüfft. Irgendwie war es ihm gelungen, sich einer Gefangennahme zu entziehen und aus der Ungnade, in die er gefallen war, wieder aufzusteigen. Überdies hatte der Regent sie ganz beiläufig wissen lassen, dass ihr Erzfeind erneut ein hohes Amt bekleiden würde – das des Intendant Général du Commerce sowie des Geschäftsführenden Direktors der Bank und der Mississippi-Kompanie. Der Duc d'Antin hielt fest, was für ein allgemeines Erstaunen diese unerwartete Wendung hervorrief; am 2. Juni 1720 notierte er in seinem Tagebuch: »Wir waren heute Zeugen eines seltenen Vorkommnisses: Ein Minister, der ein paar Tage lang seines Amtes enthoben gewesen war, der durch einen Major der Schweizergarde unter Arrest gestellt worden war, kehrte am Sonntag in die Ratssitzung zurück, um eine neue Politik vorzuschlagen und die Zustimmung der ganzen Versammlung zu erhalten.«

Die Wiedererlangung der königlichen Gunst bedeutete aber, wenn auch hoch willkommen, beileibe nicht, dass Laws Sorgen damit vorüber waren. Die Loyalität vieler Personen ihm gegenüber nahm jeden Tag zu oder ab, je nach dem unbeständigen Verlauf der politischen Entwicklung. Bourbon, Conti und La Force, die sich bewusst waren, wie viel sie durch ihn gewonnen hatten, aber auch Angst davor hatten, wie viel sie ohne ihn verlieren könnten, scharten sich für gewöhnlich um ihn, doch wie rückhaltlos ihr Beistand war, hing von ihrer Einschätzung der gerade herrschenden politischen Situation ab. Niemand wollte mit dem Misslingen irgendeiner Sache in Zusammenhang gebracht werden und dadurch seine eigene Position gefährden.

Dass Law vom Regenten in Gnaden wieder aufgenommen wurde, waren schlechte Neuigkeiten für seine Feinde. D'Argenson, der am meisten unternommen hatte, um das Vertrauen des Regenten in Law zu unterhöhlen, und den einer seiner Kritiker höchst treffend mit dem Spruch charakterisierte, er habe »eine Seele so schwarz wie seine Perücke«, wurde als Siegelbewahrer entlassen und in den Ruhestand geschickt. Die Brüder Pâris wurden in die Provinz verbannt. Doch waren die Veränderungen zu Laws Gunsten begrenzt: Das *Parlement* war ihm nach wie vor feindselig gesonnen, und die meisten seiner Kritiker im Regentschaftsrat bleiben ebenfalls bei ihrer ablehnenden Haltung.

Eine Untersuchung der Geschäftsunterlagen, die in den prächtigen Büroräumen der Bank vonstatten gegangen war, näherte sich inzwischen ihrem Ende; es wurde gemunkelt, dass es sich dabei nur um eine formale Geste handelte, die es berechtigt erscheinen lassen sollte, dass der Regent Law wieder unterstützte. »Man meint, dass er [der Regent] die Kommissare dahingehend beeinflussen wird, dass sie sich mit Mr. Laws Unterlagen befassen, um dann einen Bericht zu seinen Gunsten abzulegen«, meinte Pulteney scharfsinnig. Als die Kommissare eine Woche später bekannt gaben, dass sie keinerlei Anhaltspunkte für Unregelmäßigkeiten gefunden hätten, glaubten ihnen nur wenige. Später zeigte sich, dass ihre Skepsis gerechtfertigt gewesen war. Eine erneute Untersuchung zeigte, dass große Mengen Banknoten ohne amtliche Genehmigung ausgegeben und in Umlauf gebracht worden waren. Doch um den Regenten nicht in Verlegenheit zu bringen, wurde das Ganze vertuscht.

Andernorts in Europa begann die Spekulationswelle erst richtig ins Rollen zu kommen. Im Sommer 1720 war die riesige Seifenblase, um die es sich bei der Unternehmung »Südsee-Kompanie« in Wirklichkeit handelte, bis zum Platzen gespannt. Die Aktien, die in den schmutzigen Hauseingängen und Fluren von Londons Exchange Alley im Januar des Jahres noch für 130 Pfund gehandelt worden waren, wechselten Ende Juni für 1050 Pfund den Besitzer. Wie in Frankreich wurden auch in England Angehörige einer jeden gesellschaftlichen Schicht vom Spekulationsfieber gepackt: Landpfarrer, verarmte Witwen, Könige, Fürsten, Kurtisanen, Bauern, herausragende Wissenschaftler, Philosophen, Schriftsteller, Künstler. Da Darlehen ohne weiteres zu bekommen waren, gesellten sie sich zur Menge der anderen Hasardeure, obwohl die wenigsten von ihnen die verschwommenen und komplexen Regeln des Spiels wirklich begriffen. Sogar Isaac Newton machte einfach blind mit und soll, als man ihn in der Sache um Rat fragte, gesagt haben, er könne zwar die Bewegungen der Himmelskörper berechnen, nicht aber die Tollheit der Menschen. »Unsere Südsee-Equipagen werden jeden Tag mehr«, schrieb Daniel Defoe Anfang August. »Die feinen Damen der Stadt kaufen Südsee-Juwelen, stellen Südsee-Zofen ein und beziehen neue Südsee-Landhäuser; die Gentlemen schaffen Südsee-Kutschen an und erwerben Südsee-Besitzungen.« Der Boom der anderen Schwindelgesellschaften Londons hielt ebenso hektisch an. »Die Betriebsamkeit unserer mit Aktien spekulierenden Schaumschläger ist diese Woche so groß gewesen, dass sie alles übertroffen hat, was wir bisher kannten. Da war ein einziges Gerenne von einem Kaffeehaus zum anderen und von einer Taverne zur nächsten, um Aktien zu zeichnen, ohne überhaupt zu überprüfen, was angeboten wird. Die allgemeine Devise hat gelautet: ›Um Gottes willen, lasst uns irgendetwas zeichnen, egal, was es ist‹«, berichtete das »London Journal« am 11. Juni 1720. Das europäische Festland wurde ebenfalls vom Verlangen danach, ohne jede Anstrengung reich zu werden, angesteckt. Auch die Wertpapiermärkte von Amsterdam und Hamburg boomten wie nie zuvor. Die Händler schlugen sich um holländische Westindien-Aktien, die im Sommer zweimal so viel wert waren wie zu Beginn des Jahres. Die Aktien der niederländischen Ostindien-Gesellschaft waren ebenso begehrt und stiegen von 800 auf 1000 Pfund; in zumindest einem halben Dutzend holländischer Städte stiegen zudem die Kurse von Versicherungsaktien.

In Paris hingegen sah es ganz anders aus. Law kehrte Anfang Juni in die Geschäftsräume seiner Bank zurück, wo er mit dem erschreckenden Anblick großer Menschenhorden konfrontiert wurde, die sich in der brütenden Sommerhitze zusammengefunden hatten, weil sie hofften, ihre Banknoten gegen Münzen eintauschen zu können. Solch ein sichtbarer Beweis für das geschwundene Vertrauen in ihn, wie dieser Ansturm auf seine Bank, war das, was ein Bankier am meisten fürchtete. Daran hat sich bis heute nichts geändert. Law war immer ein Mann mit hohen Idealen gewesen. Er hatte stets behauptet, der Wunsch, Gutes zu tun, den Menschen zu Glück und Erfolg zu verhelfen, habe ihn stärker angespornt als das Verlangen nach persönlichem Reichtum oder Status. Dass er jetzt mit ansehen musste, wie die einfachen Menschen, die an ihn geglaubt hatten, litten, muss ihn tiefer getroffen haben als irgendwelche kritischen Attacken von Seiten derer, die ihm ebenbürtig waren. Er musste unbedingt eine Lösung finden.

Nur bei zwei Prozent des Geldes, das sich im Umlauf befand, handelte es sich noch um Gold- oder Silbermünzen. Um den schrumpfenden Vorrat so gerecht wie möglich zu verteilen und sicherzustellen, dass die Bedürftigsten in den Besitz von Münzen kamen, führte Law ein Rationierungssystem ein. Von Anfang Juni an wurde nur ein einziger Zehn-Livre-Schein pro Person eingetauscht, und die Bank öffnete ihre Schalter zweimal in der Woche, damit die Kunden 100-Livre-Scheine in kleinere umwechseln konnten. Law war zu dem Schluss gekommen, dass wieder finanzielle Stabilität eintreten könnte, wenn man die Menge der Aktien und Banknoten reduzierte. Ganz in die Aufgabe vertieft, das Gleichgewicht zwischen Münz- und Papiergeld wiederherzustellen, bemerkte Law nicht, dass seine Feinde sich entschlossen hatten, ihn erst einmal gewähren zu lassen. Nachdem jedoch genügend Papiergeld eingezogen und das System geschwächt sein würde, wollten sie erneut zuschlagen. Law war dabei, sich selbst die Schlinge um den Hals zu legen.

Die Aktionen, mit denen Banknoten und Aktien aus dem Umlauf gezogen wurden, begannen mit mehr als einem Hauch des Melodramatischen: Riesige Papierhaufen wurden in aller Öffentlichkeit, vor tausenden von verblüfften Zuschauern in Brand gesetzt. Das erste Feuer dieser Art, das 100000 Aktien aus dem Besitz der Krone und 300000 aus dem der Gesellschaft verschlang, loderte vor dem Hôtel de Ville auf. In den folgenden Wochen, als eine Reihe genialer Pläne mit dem Ziel, das Papiergeldsystem zurechtzustutzen und die Münzwährung partiell wieder einzuführen, in die Tat umgesetzt wurden, stopfte man Geldscheine und Aktien im Wert von Tausenden von Livre in eiserne Behältnisse und zündete sie an. Die Mutter des Regenten schüttelte den Kopf über die bittere Ironie des Ganzen: Während niemand in Frankreich einen Sou besaß, scherzte sie, gab es Toilettenpapier im Überfluss.

Vertrauen, das einmal verloren gegangen war, ließ sich aber nur sehr schwer wiedererlangen, und große Mengen von Papier zu verbrennen schien nicht die richtige Methode zu sein. Jedes auflodernde Feuer zerstörte auch weiter das Vertrauen in Papiergeld, und die Forderung nach Münzen wurde immer nachdrücklicher gestellt. Den Armen blieb nichts anderes, als auf den Straßen nach Münzen zu suchen oder Tauschgeschäfte zu treiben, um sich zu ernähren. Die Krise wirkte sich auch auf die lebensnotwendigsten Dinge aus. Man musste den Bäckern von Gonesse, die Paris mit Brot versorgten, eigens Münzen schicken, damit sie Weizen kaufen konnten: Die Getreidehändler weigerten sich, ein anderes Zahlungsmittel anzunehmen.

Während die Armen auf der Suche nach Essbarem durch die Gassen streiften, tanzten und feierten die Bewohner der prächtigen *hôtels* und *palais* weiter. Sie waren von einer Art schützendem Kokon umgeben: Keiner ihrer Lieferanten wagte es, ihnen einen Kredit zu verweigern, und so gaben sie sich immer größeren Ausschweifungen hin, als ob sie durch ihre Verschwendungsorgien die Bedrohung abwenden könnten. Ähnlich wie in den Dreißigerjahren des zwanzigsten Jahrhunderts, als das Waldorf Astoria in New York immer voll belegt war, gab man auch 1720 in Paris das Geld mit vollen Händen aus: Für die Oper wurde zehnmal mehr aufgewendet als im vorherigen Jahr, die Theateraufführungen waren verschwenderischer inszeniert als je zuvor, die Leute kleideten sich immer extravaganter und auffälliger und stopften sich bei Banketten mit exotischen Köstlichkeiten voll. Liselotte von der Pfalz schrieb im August 1720, es gebe immer noch viel Geld in Frankreich. Die Franzosen liebten den Luxus sehr, dem sie nie zuvor in solchem Ausmaß gefrönt hätten.

Für ausländische Anleger, die französische Banknoten besaßen, war die Lage besonders schlimm. Ihre Verluste wurden weiter vergrößert, als die Wechselrate der französischen Währung noch steiler nach unten ging als der Aktienkurs. Ein Pfund Sterling, das im Mai 39 Livre wert war, brachte im September 92 Livre, und in den folgenden drei Monaten wurde es an der Börse gar nicht offiziell notiert. Ein Exilant, dem es gelang, vom Verfall der französischen Währung zu profitieren, war Laws Freund und zeitweiliger Geschäftspartner Richard Cantillon, der auf der Suche nach neuen Anlagemöglichkeiten nach Paris zurückgekehrt war. Mit einem Weitblick, der ihn über jeden anderen Finanzfachmann der damaligen Zeit erhob, ahnte er den Niedergang der französischen Währung voraus. So erwarb er sich durch verschiedene Devisengeschäfte zum zweiten Mal ein Vermögen. Er gab zum Beispiel Darlehen in einer Währung und akzeptierte Bürgschaften in einer anderen, oder er fixierte die Höhe von Darlehen, die er in französischem Geld auszahlte, in Pfund Sterling und wartete dann darauf, dass der Livre fiel. Einige seiner Geschäfte waren von einem Umfang, dass sie den Wert des Livre noch weiter nach unten drückten und die Münzknappheit steigerten und daher unvermeidlich die Aufmerksamkeit Laws erregen mussten. Der Legende nach stattete er Cantillons Geschäftsräumen einen Besuch ab, um ihm ohne Umschweife ein Ultimatum zu stellen: »Wenn wir in England wären, könnten wir miteinander reden und zu einer Übereinkunft kommen, doch hier in Frankreich werdet Ihr, wie Euch wohl bekannt ist, noch heute Abend in der Bastille sitzen, wenn Ihr mir nicht Euer Wort gebt, das Land binnen achtundvierzig Stunden zu verlassen.« Cantillon begriff, wie wichtig es war, das Feld zu räumen, solange er noch die Möglichkeit dazu hatte, und reiste umgehend nach London ab, wo er seine Aufmerksamkeit den Südsee-Aktien zuwandte, um ein ähnlich spektakuläres Vermögen zu machen.

Die brennenden Haufen aus Geldscheinen und Wertpapieren sowie die Rationierung des geprägten Geldes hatten die Situation für Laws Bank in keiner Weise verbessert. Die Münzvorräte reichten auch nach Einführung der Restriktionen nicht aus, um das vorgelegte Papiergeld einzuwechseln. Die Reserven waren bald derart geschrumpft, dass riesige Mengen von Kupfermünzen geprägt werden mussten, dennoch stand bei weitem nicht genug Metallgeld zur Verfügung. Die Bank öffnete für immer kürzere Zeiten und immer sporadischer, und die Schlangen der Wartenden wurden immer länger. Wenn die Türen dann geöffnet wurden, brach ein hektisches Gerangel um einen Platz in der vordersten Reihe aus. »Das Verlangen nach dem Geld ist so gewaltig groß und der Gedanke in den Köpfen aller, dass man in ein paar Tagen wieder mit den Auszahlungen aufhören wird, derart Angst erregend, dass die Leute wie verrückt an ihr Geld heranzukommen versuchen und sogar ihr Leben dafür riskieren«, schrieb Daniel Defoe, wobei er sich auf einen Vorfall bezog, bei dem bewaffnete Wachposten gezwungen gewesen waren, das Feuer auf die Menge zu eröffnen, damit kein totales Chaos ausbrach. Drei Menschen waren getötet worden, doch es sollte sich zeigen, dass dies lediglich das Vorspiel zu Schlimmerem war.

Am 17. Juli 1720, um drei Uhr in der Nacht hatte sich schon eine Menge von ungefähr 15 000 Menschen in den Straßen um die Bank herum versammelt; die meisten von ihnen waren aus entfernten Vorstädten hierher gekommen. Es war verbreitet worden, dass zwischen neun und zehn am Morgen zum ersten Mal seit einer Woche wieder Zehn-Livre-Noten in Münzen eingewechselt werden sollten. Man hatte mit einer größeren Zahl von

Menschen gerechnet und daher hölzerne Absperrungen errichtet; so viele waren hier noch nie zuvor zusammengekommen. Wie sich dann herausstellen sollte, war eine derartige Masse von Menschen einfach nicht mehr kontrollierbar. Um fünf Uhr sprangen einige Arbeiter, erzürnt durch das lange Warten und aufgestachelt vom Alkohol, über die Absperrungen und mischten sich in die Menge, die sich schon auf der anderen Seite, also näher an der Bank, befand. An der Mündung der Rue Vivienne kam es zu ähnlichen Szenen. Einige Männer krochen über die Trümmer der Häuser, die Law hatte abreißen lassen, um Platz für die neue Börse zu schaffen, kletterten über die Gartenmauer und schwangen sich von einem Kastanienbaum zum nächsten, um an die Spitze der Schlange zu gelangen. Von allen Seiten strömte ein hysterischer Mob auf die Bank zu, und diejenigen, die sich vorne befanden, waren dem panischen Andrängen der Menge hinter ihnen hilflos ausgeliefert.

Als der Morgen dämmerte, waren bereits mehrere Leute umgekommen; sie waren gegen die Absperrungen gequetscht oder von der rasenden Menge zertrampelt worden; ihre Mitleid erregenden Schreie hatten sogar das Gebrüll des Pöbels übertönt. Buvat, der in seinem Tagebuch einen der ergreifendsten Berichte über die Vorfälle hinterließ, war selbst mitten in dem Getümmel gewesen und hatte erlebt, wie fünf oder sechs Männer sich von einer der Absperrungen heruntergestürzt hatten, zu Fall gekommen und nur um Haaresbreite dem Zerstampft- oder Erdrücktwerden entgangen waren. Defoe zeigte sich von den Berichten der Augenzeugen erschüttert: »Es ist unmöglich, das Geschiebe und Gedränge um Geld vor der Bank zu beschreiben, die Schreie jener, die beinahe getötet wurden, klangen ganz schrecklich.«

Ein riesiger Mob trug drei Leichen in einer wütenden Prozession zum Palais Royal, wo vor den verschlossenen Toren verlangt wurde, dass der Regent sich die Opfer anschauen solle. Während der Regent noch nach Truppen zur Verstärkung seiner Garde sandte – ungefähr 6000 uniformierte Soldaten hatten am Rand der Stadt ihre Lager aufgeschlagen –, trafen Le Blanc, der Innenminister, und der Duc de Tresmes, der Statthalter von Paris, vor dem Tor ein, das zum Vorhof des Palastes führte. Als man die Torflügel aufstieß, um sie einzulassen, drängten vier- bis fünftausend Menschen mit ihnen hinein. Der Duc, der noch in seiner Equipage saß, streckte die Arme heraus und warf mehrere Hand voll Gold- und Silbermünzen unter die aufgebrachte Menge, um sie ruhig zu stellen. Sekunden später waren die Ärmel seines Rocks völlig zerfetzt. Le Blanc vermochte die Vortreppe des Palasts nur mit einer bewaffneten Eskorte unversehrt zu erreichen. Dort angekommen, wandte er sich um, um mit dem wütenden Haufen zu verhandeln. Nachdem sie ihm das Versprechen abgerungen hatten, dass in der ganzen Stadt Geld verteilt werden sollte, begannen die Menschen sich langsam zu zerstreuen.

Die Stimmung auf den Straßen blieb aber gereizt. Ein zweiter Mob rottete sich zusammen und marschierte zur Place Vendôme, um Law zu lynchen. Nachdem es ihnen gelungen war, die Tore zu seinem Anwesen einzurennen, schleuderten sie alle möglichen Gegenstände gegen die Fassade und zerschmetterten die meisten Fensterscheiben, bevor Männer der Stadtwache eintrafen und die Rädelsführer verhafteten. Law hatte von dem Tumult gehört und sich klugerweise nicht nach Hause kutschieren lassen, sondern war ins Palais Royal geflüchtet. Kaum jemand hatte Zweifel daran, was sonst mit ihm geschehen wäre. »Der Pöbel, der alles so nimmt, wie er es versteht, ob es nun richtig ist oder nicht, schob es alles auf Mr. Law, und wäre jener wieder in seine Kutsche gestiegen, so hätten alle seine Pläne und Vorhaben gewiss ein jähes Ende gefunden«, bestätigte Daniel Defoe.

Später an jenem Morgen wurde Laws leere Equipage gesichtet, wie sie gerade aus einem Seitentor des Palais Royal auf die Rue Richelieu rollte. Eine wütende Horde versperrte den Weg und ging zum Angriff über. Laws Kutscher trug neben Schnittwunden und Prellungen auch ein gebrochenes Bein davon, bevor er in letzter Sekunde entkommen konnte. Von dem Gefährt blieb nicht mehr als ein Haufen Kleinholz übrig.

Zu seinem Schutz zog Law in das Palais Royal. Die Gewalttätigkeiten hatten ihn zutiefst erschüttert, und wie schon zuvor gab er Anzeichen akuter Mutlosigkeit zu erkennen. Der Mutter

des Regenten zufolge blieb er nach dem Vorfall wochenlang
»weiß wie ein Laken«. Auch als er in seine eigene Residenz zurückkehrte, lag die Gefahr eines Angriffs auf ihn nach wie vor in
der Luft. Jugendliche, die angeblich von der ständig größer werdenden Menge seiner Feinde bezahlt wurden, beobachteten ihn
auf Schritt und Tritt, in der Hoffnung, dass sich irgendwann die
Gelegenheit zur Rache ergeben würde. Laws Kinder waren immer
noch auf dem Landsitz des Duc de Bourbon untergebracht, Katherine jedoch war mehr oder weniger in ihrem eigenen Haus gefangen, und die Feindseligkeit, mit der man ihr und Law begegnete,
muss sie zutiefst geängstigt haben. Buvat zufolge patrouillierten
Wachposten, zu Fuß und zu Pferd, bei Tag und Nacht um das Haus
an der Place Vendôme und um die Bank. Law traute sich nur noch
mit einer Leibwache auf die Straße, und ließ immer sorgfältige
Vorsichtsmaßnahmen treffen. »Wenn er sich nach draußen begibt«, schrieb Pulteney, »dann nicht in seiner eigenen Equipage,
und man kann beobachten, dass Schweizergardisten auf jenen
Straßen verteilt sind, durch die er hindurchkommen wird.«

Während auf den Straßen der Mob tobte, befanden sich die
Mitglieder des *Parlement* in einer Sitzung. Nachdem der Präsi-
dent von dem Angriff auf den Kutscher Laws erfuhr, soll er mit
einem plötzlichen Aufflackern von dichterischer Begabung und
Witz zu seinen Kollegen gesagt haben:

Messieurs! Messieurs! Bonne Nouvelle!
La carosse de Lass [!] est reduite en cannelle!

Meine Herren! Meine Herren! Ich hörte mit Behagen
Laws Karosse ist zu Splittern ganz zerschlagen!

Das *Parlement* sollte eigentlich über ein Edikt beraten, mit dem
die Handelsprivilegien der Mississippi-Kompanie gegen die Zahlung einer substanziellen Summe ausgeweitet werden sollten,
durch die es dann möglich sein würde, weitere Banknoten aus
dem Umlauf zu ziehen. Seine Mitglieder zögerten nicht, Laws
System die Schuld an den Unruhen zu geben, sie machten sich die

Gelegenheit erbarmungslos zu Nutze und weigerten sich, das Edikt zu verabschieden, in der Hoffnung, dass ihr Dissens im Verein mit dem öffentlichen Aufruhr endlich ausreichen würde, um Law zu Fall zu bringen. Der Regent schlug jedoch zurück und verbannte das gesamte *Parlement* kurzerhand nach Pontoise, ein vierzig Meilen von Paris entferntes Dorf. Dies wurde von den Aktionären als eine Maßnahme zu Gunsten von Law gewertet, und der Aktienkurs zog leicht an. Diese Verschnaufpause sollte aber nur von kurzer Dauer sein, und die Freude darüber wurde bald von neuen Schreckensnachrichten erstickt: Frankreich war von der Pest bedroht.

Zuerst war die Seuche in Marseille ausgebrochen, als die Besatzung eines Handelsschiffes, das aus Syrien gekommen war, wo die Krankheit wütete, die üblichen strengen Quarantänevorschriften umgangen und einfach im Hafen angelegt hatte. Erst nachdem die aus Seide und Wolle bestehende Ladung bereits gelöscht worden war, stellte man fest, dass die Seeleute sich infiziert hatten. Acht Leute starben plötzlich in den schmutzigen Bretterbuden, die die Anlegestelle umgaben. Langsam und heimtückisch verbreitete sich die Krankheit in den von Menschen überfüllten Slums am Hafen und drang dann in die geräumigen Villen der Reichen vor. »Der Grimm dieser Krankheit lässt sich nicht beschreiben«, berichtete ein verängstigter Defoe. »Es fängt mit einem leichten Stechen im Kopf an, dem Schüttelfrost folgt, der dann in Krämpfe übergeht, die mit dem Tod enden; und – was noch schrecklicher ist – wir haben gehört, dass nicht eine Person bekannt ist, ja, nicht eine, welche von … ihr berührt wurde und sich erholt hat, und man lebt selten mehr als sechs Stunden, nachdem man zuerst von ihr ereilt wurde.« Ende Juli wurde offiziell bestätigt, dass es sich um eine Epidemie handelte, und ein *cordon sanitaire* um die Stadt Marseille gelegt, der Menschen aus dem Gebiet, wo die Krankheit schon wütete, davon abhielt, diese zu verlassen, es aber gleichzeitig verhinderte, dass die Einwohner mit den von ihnen dringend benötigten Lebensmitteln versorgt werden konnten. Als die Seuche sich ihrem Höhepunkt näherte, türmten sich die verwesenden Leichen so hoch, dass man Galeerensklaven herbeiholte, um sie zu beerdigen. Im August war ein Drittel der Bürger von Marseille, rund 15 000 Menschen, an der Pest gestorben oder verhungert – und der Sperrgürtel hatte versagt. Wie eine exotische Schlingpflanze hatte die Seuche ihre Ranken immer weiter durch die ganze Provence getrieben. In Toulon forderte sie 9000 Opfer, weitere 7500 hatte Aix zu beklagen, eine Stadt, die, wie Defoe meldete, »völlig verlassen« war: »Die Einwohner, ob reich, ob arm, sind in die Berge der Haute Provence geflohen, in der Hoffnung, dass die Kühle der Luft – diese Berge sind nämlich immer schneebedeckt – sie vor der Ansteckung bewahren mag.« Einen Monat später hielt der Advokat Marais die schrecklichen Schilderungen eines Arztes fest, der vor kurzem die betroffenen Gebiete besucht hatte: »Eine Stadt, elend und klagend, ganze Familien ausgelöscht, Ärzte und Chirurgen fast alle tot …, die Außenbezirke voller Plünderer und Räuber, die die Landhäuser der reichen Bürger leer räumen, welche nicht wissen, wie sie der Pest oder den Dieben entgehen sollen.«

Europa zeigte große Anteilnahme, war aber auch voller Furcht, dass die Seuche Paris erreichen könnte und danach die Niederlande und möglicherweise sogar London. »Groß angelegte Kollekten sind in den Städten Frankreichs zur Hilfe der leidenden Bevölkerung von Marseille und anderen Orten veranstaltet worden und werden es noch«, berichtete Defoe, der die Stadt Genua mit einer besonderen Erwähnung bedachte, weil man von dort sowohl Geld als auch ein Schiff voller Lebensmittel und medizinischer Hilfsmittel geschickt hatte. Auch Law und der Regent versuchten mit großen Summen die Not zu lindern.

Um die weitere Ausbreitung der Krankheit zu stoppen, wurden drakonische Quarantänevorschriften erlassen. Schiffe mussten damit rechnen, wochenlang festgehalten zu werden. In Holland kam es zu einem besonders extremem Vorfall: Drei Frachtschiffe, die von der Levante eingetroffen waren, wurden in Brand gesteckt und ihre Besatzungen gezwungen, nackt an den Strand einer Insel zu waten, wo sie dann eine ganze Zeit lang isoliert wurden. Privatreisende wurden durch eine unbequeme Prozedur behindert; sie mussten sich in jeder Stadt, durch die sie kamen, ihre Gesundheitsbescheinigungen abstempeln lassen, und in einigen Gegenden wie zum Beispiel in Tirol konnte es ihnen geschehen, dass sie trotzdem in Quarantäne kamen, wenn bekannt wurde, dass ihr Weg sie vorher durch Frankreich geführt hatte. In den Köpfen vieler wurde die Pest zu einer Metapher für die ökonomische Misere, und Law, dessen Pläne das ansteckende Spekulationsfieber entfacht hatten, wurde gleich auch noch die Schuld an allem anderen gegeben. Nicht nur für die Menschen, auch für Laws System erwies sich die Seuche als tödlich. Marseille und Toulon, die beiden wichtigsten Häfen, waren geschlossen, der Handel mit Afrika und den Mittelmeerländern kam zum Erliegen. »Kein Schiff kommt nach Marseille von irgendeinem Ort, wo man von allem erfahren hat«, wusste Defoe. »Der Handel ruht allgemein.« Er hätte noch hinzufügen können, dass auch die Geschäfte der Mississippi-Kompanie weitgehend ruhten und kaum noch Einnahmen hereinkamen. Als der Handel generell zurückging, wurden immer weniger Güter hergestellt, und die Steuern auf sowohl importierte als auch exportierte Waren sanken; die Besitzer von Staatsanleihen konnten nicht ausgezahlt werden und mussten daher ihre Mississippi-Anteile verkaufen. »Man kann nicht sagen, was für eine Auswirkung das Verlangen nach Silber hatte«, schrieb Law später, »doch jedermann verkaufte einen Teil seiner Aktien, um genügend zu haben, dass er seine Familie während dieser allgemeinen Kalamität ernähren konnte.« Am Ende der Epidemie waren ihr über 100 000 Menschen zum Opfer gefallen und ebenso – genau wie Law befürchtete hatte – das System, das er erschaffen hatte.

16 Im Strudel der Zeit

Cy git cet Ecossais célèbre,
Ce calculateur sans égal,
Qui par les règles de l'algèbre,
A mis la France à l'hôpital.

Hier ruht der berühmte Schotte,
Dieser Rechner ohnegleichen,
Der mit der Algebra Regeln
Ganz Frankreich ins Armenhaus gebracht.

ANONYM, *Paris (1720)*

Im dämmerigen Innenraum von Jonathan's Coffee House in der Londoner Königlichen Börse kommen die Leute zusammen, um miteinander zu plaudern, Intrigen zu schmieden, zu verhandeln – an diesem bestimmten Tag vielleicht aber auch nur, um den neuen Druck anzustarren, der an der Wand vor ihnen aufgehängt worden ist. Die Abbildung ist zutiefst beunruhigend. Ein sich bauschender Vorhang wird von Harlekin und Scaramouche – zwei bekannten Figuren der *Commedia dell'arte* – zur Seite gezogen, um den Blick auf die Hölle auf Erden freizugeben: die Rue

Quincampoix, auf der ein wirres Knäuel ängstlicher Investoren mit wild rudernden Armen, flackerndem Blick, flehend geöffneten Mündern schlangenförmige Banknoten über den Köpfen schwenkt. Inmitten des ganzen Wirrwarrs stehen drei Männer, die das irrsinnige Treiben um sie herum offenbar gar nicht bemerken, ganz zufrieden und vergnügt auf einem Podest aus Papier: Es sind ein englischer, ein französischer und ein deutscher Investor. Ein Bittender – John Law – kauert in obszöner Pose zu ihren Füßen und lässt zu, dass sie Münzen in seinen aufgerissenen Rachen schütten, während er gleichzeitig aus seinem nackten Hintern Geldscheine ausscheidet, die von einer der aufgeregten Gestalten, die unten im Schlamm stecken, aufgeschnappt werden. Im Vordergrund weint eine in einem Käfig steckende Verkörperung des Merkur – der normalerweise das Aufblühen des Handels symbolisiert, hier aber für die in den Ruin getriebenen Spekulanten steht – bittere Tränen, während ein Mann im Vordergrund verschiedene Taschenspielertricks vorführt. Das Bild kündet von Käuflichkeit, Narrheit, Erniedrigung und Chaos, es erregt in seiner Deutlichkeit Ekel – und genauso ist es beabsichtigt. Doch als dieser Stich, der zu einer berühmten 1720 in Holland veröffentlichten Serie mit dem Titel »Der Spiegel der Torheit« gehört, vervielfältigt, verteilt, gierig gekauft und dann in ähnlich schäbigen Räumen wie denen von Jonathan's angestarrt wurde, war er keineswegs der Einzige seiner Art.

In ganz Europa herrschte eine verbitterte Anti-Law-Stimmung. Es gab Dutzende ähnlich bissiger Kompositionen, Blätter, auf denen meistens Windmühlen zu sehen waren, Windrädchen, Blasen, Kohlköpfe und Allegorien der Korruption, der Torheit und der Grausamkeit. Auch in hunderten von satirischen Gedichten, Possen, Geschichten, die man sich in Kabaretts, Tavernen, Kaffeehäusern und in anderen Versammlungslokalen jeder kleinen und großen Stadt weitererzählte, ja sogar auf Medaillen und Spielkarten verschaffte sich die Wut auf Law Luft. In Gotha wurde eine Reihe von Münzen aus Silber ausgegeben, die Law voller Ironie in genau dem Metall verewigten, das er so energisch aus den Taschen der Leute zu verbannen versucht hatte.

Law konnte vielleicht über die Gehässigkeit solcher Angriffe hinwegsehen, aber die Tatsache, dass es sie gab und dass sie allgemeinem Hass entsprangen, konnte er schwerlich ignorieren. Für einen Mann, der immer das Wohl aller im Sinn gehabt, der dem Traum nachgehangen hatte, alle zufrieden stellen zu können, war eine solche Verurteilung durch die Massen äußerst schmerzhaft. Laws Verhalten wurde immer unberechenbarer. An einem Tag zeigte er die alte Bravour, besuchte zusammen mit dem Regenten und Katherine ein Konzert in der Residenz des Financiers Crozat, überzeugte andere und sich selbst davon, dass die Wirtschaft sich erhole und dass er alles unter Kontrolle habe, und sagte zu Freunden, »was sein gewesen sei, gehöre ihm immer noch, und er werde immer der Herrscher über alles Geld in Europa sein«. Am nächsten Tag wurde er von Zweifeln geplagt, verhielt sich ungewöhnlich gereizt und anmaßend gegenüber Ratsmitgliedern und wollte immer strengere Gesetze einführen, um das System wieder funktionsfähig zu machen. Bisweilen zog er sich völlig zurück, als ob ihm die Verantwortung zu viel geworden wäre. Später kam ihm ein solcher Tag in Erinnerung, den er einsam in seinen Wohngemächern im Palais Royal verbracht hatte, als die Mitglieder der königlichen Familie sich außerhalb von Paris aufgehalten hatten und die Dienstboten von ihm angewiesen worden waren, niemanden zu ihm vorzulassen. Er schrieb: »Mir kam damals der Gedanke, dass man sich weniger unglücklich fühlen würde, wenn man in einer verseuchten Stadt eingeschlossen wäre, wie in Marseille zum Beispiel, als wenn man in Paris von Menschen erdrückt würde – wie es mir für gewöhnlich geschah.«

Er stürzte sich wie besessen in seine Arbeit. Sechshundert Arbeiter wurden eingestellt, um eine neue Münzanstalt zu bauen – vermutlich erwartete Law, dass es nach Fertigstellung des Gebäudes genügend Metall geben würde, um neues Geld zu prägen. Die Wertpapierbörse, die an der Place Vendôme wieder eröffnet worden war, wurde jetzt in den Garten des Hôtel de Soissons verlegt, das in »La Bourse« umbenannt wurde. Die offizielle Eröffnung fand am 1. August 1720 mit dröhnenden Kesselpauken und schmetternden Trompeten statt. Die Makler, fliegenden Händler, Jongleure, Feuerschlucker, Gauner, Taschendiebe, Huren und zahlreichen Investoren glitten durch einen Wald von mit Papierschlangen und Wimpeln geschmückten Pavillons: Das ganze Spektakel kündete aber nicht, wie beabsichtigt, von königlicher Stärke, sondern vielmehr von der schwindenden Macht des Papiergeldes.

Um seinen Ruf wiederherzustellen und zu festigen, veröffentlichte Law anonym eine Verteidigung seines Systems. In dieser Schrift hieß es, als er nach Frankreich gekommen sei, habe die Staatsschuld über zwei Milliarden Livre betragen. Jetzt sei das Land dank einer Reihe von Reformen und der gegründeten Mississippi-Kompanie finanziell erstarkt. Die Leser dieser aalglatten Argumentation waren jedoch erbost darüber, dass in dem ganzen Pamphlet kein Wort über die aktuell herrschenden wirtschaftlichen Probleme verloren wurde. Die Inflation, der Wertverfall von Banknoten und Aktien, die Münzknappheit sowie der Schaden, der den Anlegern entstanden war, wurden schlichtweg übergangen. Pulteney brachte es auf den Punkt: Die Schrift erscheine »genau zur falschen Zeit, da sie zu zeigen vorgibt, dass die Leute reicher und glücklicher sind, während sie in Wirklichkeit auf Grund der Entbehrungen und des Zusammenbruchs [der Wirtschaft] lamentieren«.

Law wandte sich derweil an den einen Mann um Hilfe, vor dessen Scharfsinn in finanziellen Dingen er tiefen Respekt empfand: seinen alten Freund Richard Cantillon. Seit Cantillon mit der Drohung, er werde in der Bastille eingekerkert, aus Frankreich vertrieben worden war, hatten die beiden Männer ihre Differenzen längst beigelegt, und Law hatte sich Cantillons in Amsterdam als Makler bedient, um Kupfer zu kaufen. Wahrscheinlich war es seine Absicht gewesen, es zu Münzen prägen zu lassen, um der leidenden französischen Wirtschaft beizustehen. Jetzt, da sein ganzes System unmittelbar vor dem Zusammenbruch stand, versuchte Law Cantillon »mit großen Angeboten, weiteren Avancements« dazu zu verlocken, nach Frankreich zu kommen und ihm dabei zu helfen, das finanzielle Chaos zu entwirren. Welches genau das Lockmittel war, mit dem Law seinen Freund zu ködern versuchte, bleibt unbekannt, doch war der Anreiz in jedem Fall stark genug, damit Cantillon das Angebot sorgfältig in Erwägung zog und auch seine Freunde um Rat befragte. Als er jedoch erkannt hatte, wir prekär die Lage war, in der Law sich befand, lehnte er am Ende ab. Zunächst zeigte Law sich nicht sonderlich berührt von dieser Absage; er schickte weitere Briefe nach Holland, um Cantillon umzustimmen, doch als dieser sich nicht erweichen ließ, war es mit Laws Freundlichkeit vorbei, und der Ton seiner Briefe wurde unverhohlen drohend: »Wenn er [Cantillon] die Angebote nicht annehmen wird, werden sie ihm nicht Noten im Wert von 20 000 Pfund zahlen, die er sich durch das Kupfer, das er im Auftrag der Kompanie in Holland gekauft und hierher hat schicken lassen, verdient hat«, berichtete Pulteney. Daran, dass Law sich gezwungen fühlte, auf eine für ihn ungewöhnlich skrupellose Weise vorzugehen, lässt sich ermessen, unter welchem Druck er in Frankreich stand. Einen schlauen Menschen wie Cantillon konnte man allerdings mit Drohungen nicht beeindrucken – wenn überhaupt, so bestärkten sie ihn in seinem Entschluss, Paris und Law um jeden Preis fernzubleiben.

Law war unversehens zu jemandem geworden, der den Duc d'Orléans in Verlegenheit brachte, und der Regent konnte es sich kaum leisten, durch ihn kompromittiert zu werden. Laws schlechte Presse färbte auch auf ihn ab, und er reagierte, in für ihn untypischer Weise, sehr empfindlich auf die Flut von kritischen oder boshaften Artikeln. Todesdrohungen waren ebenso gegen ihn gerichtet worden wie Anschuldigungen, dass er Inzest getrieben und einen Mord begangen habe, seine Mutter war terrorisiert worden und man hatte ihr geraten, ihren eigenen Sohn zu vergiften. In der Vergangenheit hatte der Duc solche Verleumdungen einfach schulterzuckend zur Kenntnis genommen, doch mittlerweile trafen sie ihn bis ins Mark. Die anonyme Veröffentlichung eines besonders bösartigen Schauspiels brachte den Duc so in Rage, dass er eine Belohnung von 100 000 Livre dafür aussetzte, wenn man ihm den Namen des Verfassers meldete. Alles, was ihm dieses Angebot jedoch einbrachte, war ein weiteres freches Couplet:

Tu promets beaucoup, o Régent.
Est-ce papier ou argent?

O Regent, viel versprecht Ihr.
Gebt Ihr denn Silber oder Papier?

Der Regent glaubte inzwischen, dass es zu keinem wirtschaftlichen Wiederaufschwung kommen könne, solange die Leute überzeugt waren, dass Law und seinem Banknotensystem nicht zu trauen sei und solange das *Parlement*, die Financiers und die wohlhabende Elite so felsenfest entschlossen waren, dem Schotten Widerstand entgegenzusetzen. Hinter den Kulissen hatte er bereits die ersten diskreten Eröffnungszüge gemacht, um von anderer Seite Hilfe zu erhalten. Er hatte sich an Privatbankiers und Financiers gewandt in der Hoffnung, dass sie das unter seiner Regentschaft auf ein Riff gelaufene Staatsschiff mit harter Münze wieder flottbekommen würden. Ihre Antwort allerdings entsprach keineswegs seinen Erwartungen. Sie hätten sich die Krone zwar gern zu Dank verpflichtet, doch war ihnen bewusst, dass jedes von ihnen gewährte Darlehen auch dazu beitragen konnte, damit Law seinen Kopf noch einmal aus der Schlinge zog. Sie boten daher keine finanzielle Hilfe an, sondern gaben dem Regenten nur den abgedroschenen Ratschlag, dass man zur alten Metallwährung zurückkehren und das Papiergeld abschaffen solle – dann würden bald alle Probleme aus der Welt geschafft sein. Die Saat, die viele Male zuvor in den Wind gestreut worden war, schien endlich aufzugehen.

Wenig später erlitt Laws Laufbahn einen neuen Tiefpunkt, als er nämlich am 15. September 1720 ein Edikt veröffentlichte, das zu den meistgehassten gehörte, die er erlassen hatte: »Die Feder gleitet einem aus der Hand, und mit Worten vermag man nicht die Reichweite dieses Dekrets zu beschreiben, das all die Gräuel aus dem hinsterbenden System herausdestillierte. Mit Gift war es durchtränkt«, kommentierte der Advokat Marais die neuen Regelungen. Diese sahen vor, dass Geldscheine von hohem Wert nicht mehr länger legale Zahlungsmittel sein würden, dass, mit sofortiger Wirkung, alle Banknoten nur dann benutzt werden konnten, wenn man 50 Prozent der zu zahlenden Summe in Münzen beglich, dass die Beträge auf Bankguthaben, die seit August zwingend vorgeschrieben waren, um 75 Prozent abgewertet und der Aktienkurs auf 2000 Livre festgesetzt werden sollte. Mit anderen Worten, meinte Marais, der jede einzelne Bestimmung genauestens durchgelesen hatte: Die Bank war zu drei Vierteln bankrott und die Mississippi-Kompanie zu fünf Sechsteln.

Wirtschaftshistoriker sind sich bis heute uneinig darüber, ob das Edikt wirklich das geistige Kind Laws war oder ob es nicht, was wohl wahrscheinlicher ist, ein Ergebnis der Konsultationen des Regenten mit den Privatbankiers darstellte. Kein Zweifel besteht aber daran, dass die Öffentlichkeit diese Ideen für diejenigen Laws hielt und ihn für die neue Bedrängnis, in die sie geriet, verantwortlich machte. »Der Jammer«, schrieb Marais, »hat jede Familie gepackt. Man muss für die Hälfte von allem mit Münzen bezahlen, und es gibt keine, und überdies geht alles im Preis nach oben anstatt nach unten.«

Der rasende Preisanstieg wurde noch durch Kaufleute und Angehörige der Aristokratie verschlimmert, die möglichst viel Profit machen wollten und daher Kartelle bildeten, wichtige Rohstoffe horteten und dann erpresserische Preise für sie verlangten. Einige der schlimmsten Halunken dieser Art waren Anhänger Laws: »Die Not, die viele Leute auf Grund der exzessiven Preise für alle Dinge leiden, wird noch durch gewisse Monopole stark vergrößert, die einigen der großen Befürworter des Systems gewährt wurden: der Maréchal d'Estrées besitzt das Kaffeemonopol, Mr. William Law das auf Blei, andere das auf die verschiedenen Zuckersorten, der Duc de la Force das auf Wachs und Talg«, meldete Pulteney. Law muss gewusst haben, dass eine üble Geschäftemacherei in Gang war, doch weil er befürchtete, die wenigen ihm noch verbliebenen Verbündeten zu verlieren, drückte er beide Augen zu. Der Regent war ähnlich parteiisch; gegen die Gaunereien von Außenseitern wetterte er heftig, doch wenn seine Günstlinge diverse Gaunereien begingen, schwieg er. Als eine Deputation von Kaufleuten bei ihm erschien, um sich über die Reduktion ihrer Bankkonten zu beschweren, beschimpfte der Regent sie als Scharlatane, die im ganzen vergangenen Jahr exorbitant hohe Preise gefordert hätten. Einige von ihnen fragte er voller Verachtung:»Mein Freund, seid Ihr denn zu dumm, um zu verstehen, dass das Viertel, was Euch bleibt, mehr wert ist als das Ganze?« Als der Mann antwortete, dass sein Geschäft ruiniert sein werde, antwortete Orléans:»Umso besser, ich bin entzückt.«

Das Edikt traf nicht nur die französischen Staatsangehörigen, sondern auch die zahllosen Ausländer, die mit Frankreich Handel trieben. Die Kaufmannsgilden von Savoyen, Piemont und Brüssel, deren Mitglieder große Mengen an Seide und Spitze nach Frankreich lieferten, sandten ebenfalls Delegationen aus. Da sie in französischen Banknoten, deren Wert sank und die kaum noch jemand haben wollte, bezahlt worden waren, hatte der Erlass sie besonders hart getroffen. Für die englischen Investoren war die Entwicklung noch tragischer. London taumelte mittlerweile unter dem Schlag, den ihm der Absturz der Südsee-Aktien versetzt hatte, die im Juni 1050 Pfund wert gewesen waren, Ende August einen steilen Flug nach unten angetreten hatten und Mitte September für nur 380 Pfund gehandelt wurden. Zahlreiche Anleger hatten große Darlehen aufgenommen, um in diese Aktien zu investieren, als sie noch hoch im Kurs standen, da sie davon ausgingen, dass sie noch weiter steigen würden. Jetzt waren sie gezwungen, andere Wertpapiere zu verkaufen, um die Kredite zurückzahlen zu können. Die Börsenmärkte in Frankreich, Holland und anderswo gaben unter dem Einbruch des Londoner Aktienmarkts ebenfalls nach.

Als die Bestürzung immer größer wurde, Wut und Niedergeschlagenheit um sich griffen, wurden Law und seine Familie von ihrer Umgebung zunehmend frostiger behandelt. Über den früher einmal gefeierten Berühmtheiten, die in Versailles zum Tanz geladen gewesen waren und denen internationale Würdenträger die Hände geküsst hatten, schwebte jetzt ständig das Damoklesschwert, dass sich die Wut des Volkes an ihnen entladen könnte. Der Anwalt Barbier sah, als er einmal auf der Place Etoile spazieren ging, Laws Frau und seine zehnjährige Tochter Katherine in einer sechsspännigen Equipage vom Jahrmarkt in Bezons zurückkehren. Die Livree der Bediensteten wurde erkannt, und der Wagen war im Nu von einem Mob umgeben, der Law wegen seiner Weigerung, die Banknoten einzulösen, mit einer Kanonade von Schimpfwörtern bedachte und die beiden Insassen mit Pferdeäpfeln und Steinen bombardierte. Bevor der Kutscher die Pferde antreiben und schnell die Flucht ergreifen konnte, wurde die Tochter von einem solchen Wurfgeschoss getroffen und verletzt.

In dieser hasserfüllten Atmosphäre konnte jeder, der einem Mitglied der Familie Law auch nur entfernt ähnelte, in Gefahr geraten. Madame de Torcy, die Frau des Außenministers, wurde mit Katherine verwechselt und beinahe in einem Teich ertränkt, bevor sie ihre Angreifer davon überzeugen konnte, dass sie nicht die Person war, für die sie sie hielten. Als zwei Droschkenkutscher in der Rue St. Antoine darüber in Streit gerieten, wer von ihnen die Vorfahrt hatte, behauptete einer von ihnen fälschlicherweise, dass der Passagier im Gefährt des anderen kein anderer als John Law sei. Er wusste, dass dies für einen Tumult sorgen und ihn über seinen Rivalen triumphieren lassen würde. Im Nu rottete sich ein wüster Haufen zusammen, der auf den unschuldigen Fahrgast losging. Der Mann konnte sich nur retten, indem er zu einer nahe gelegenen Kirche rannte und sich dort unter den Schutz des Priesters stellte.

Darüber, wie Katherine auf diesen dramatischen Umschwung in der Karriere ihres Mannes reagierte, ist bedauerlicherweise wenig bekannt. Die liebevollen beruhigenden Nachrichten, die Law ihr später schickte, lassen aber vermuten, dass sie ihm weiterhin treu zur Seite stand, durch die unbeständige politische Situation, die die Sicherheit ihrer Familie bedrohte, aber immer mehr in Angst versetzt wurde. Nach dem Schrecken, den sie gemeinsam mit ihrer Tochter hatte durchleben müssen, verließ sie kaum noch das Haus, und wenn sie sich doch einmal nach draußen wagte, dann verkleidete sie sich oft als Schwangere – eine beträchtliche Zumutung für eine Frau, die immer für ihre elegante Erscheinung bekannt gewesen war. Besuche zu gesellschaftlichen Anlässen waren nicht nur gefährlich, sondern konnten auch ausgesprochen demütigend sein. Als Katherine einmal die Duchesse de Lauzun aufsuchte, eine alternde Kurtisane, die für ihren Sarkasmus bekannt war, wurde sie mitleidslos verspottet:»*Mon dieu*, Madame, Ihr habt uns mit dieser Visite eine gar große Gunst erwiesen. Wir wissen, in welche Gefahr Ihr Euch begebt, wenn Ihr Euch dem Volk aussetzt, das gänzlich *ohne jeden Grund* gegen Euch meutert!«

Lediglich eine Hand voll Freunde hielt weiter zu den Laws. Der Duc de Bourbon bot der Familie seinen Landsitz in St. Maur als Zufluchtsstätte an, als man fürchten musste, dass der Mob ihr Haus in Paris stürmen würde. Die Malerin Rosalba Carriera kam weiterhin zu ihnen, nachdem andere, noblere Bekannte ihre Besuche eingestellt hatten, und anders als ihr Verwandter Pellegrini, der einen Teil seines Honorars für die Deckengemälde in der Bank erhalten hatte, aber mehr wollte, bedrängte ihre Freundin Rosalba die Laws nie um Geld.

Den entscheidenden und endgültigen Schlag erhielt Laws bereits äußerst geschwächtes Imperium am 10. Oktober, als eine weitere schmerzliche, wenn auch vorhersehbare Verordnung bekannt gegeben wurde. Angesichts der allgemeinen Geringschätzung der Papierwährung und der Tatsache, dass niemand mehr Vertrauen in sie hatte, würde Frankreich die Banknoten völlig abschaffen und vom 1. November an wieder zu geprägtem Geld zurückkehren. Besitzer von Banknoten waren verpflichtet, sie in Rentenbriefe umzutauschen. Laws Rivalen hatten es endlich geschafft, den Regenten auf ihre Seite zu ziehen. Als er die Neuigkeiten vernahm, bemerkte Voltaire nur voller Sarkasmus, dass Papier jetzt wieder den alten ihm innewohnenden Wert besitze, Marais hingegen reagiert weitaus emotioneller; er schrieb:»Damit endet das System des Papiergelds, das eintausend Bettler reich gemacht und einhunderttausend ehrenwerte Männer an den Bettelstab gebracht hat.« Als die Bank am 27. November ihre Pforten für immer schloss, betrauerte kaum jemand ihr unrühmliches Ende.

Die Besitzer von Mississippi-Aktien allerdings wurden gewaltig aufgeschreckt, als sie von der bevorstehenden Schließung der

Bank erfuhren, und Laws Gegenspieler, die mittlerweile Auftrieb bekommen hatten, machten sich eiligst die Gelegenheit zu Nutze, sich an denen zu rächen, die vorher über sie triumphiert hatten. Mit Spekulationen Profit zu machen, galt jetzt als suspekt. Mitte Oktober kündigte sich die große Wende mit der bedrohlich klingenden Erklärung an, dass man Nachforschungen anstellen werde, um jeden aufzuspüren, der nicht »in guter Absicht« gehandelt habe oder sich eines Überflusses erfreue, der »der Öffentlichkeit zuwider und dem Wohl des Staates abträglich« sei. Den neuen Gesetzgebern waren besonders die weniger privilegierten Investoren ein Dorn im Auge, die Erfolg gehabt hatten – die »tausend Bettler«, auf die Marais angespielt hatte. Jetzt würde man die alte Ordnung zwischen Arm und Reich wiederherstellen. Die Sieger würden zu Opfern werden.

Um alle, die über die Maßen von Laws System profitiert hatten, identifizieren zu können, wurden die Investoren angewiesen, ihre Anteilscheine in die Geschäftsräume der inzwischen geschlossenen Bank zu bringen, um sie registrieren zu lassen: Jeder Schein, der nicht registriert war, würde vollkommen wertlos sein. Falls man keine Anzeichen für unlautere Geschäfte entdeckte, sollten die Aktien nach einer Woche zurückgegeben werden. Diejenigen, die man für schuldig befand, auf unrechtmäßige Weise an Geld gekommen zu sein, würden durch die Konfiszierung eines großen Teils ihres Besitzes bestraft werden. Das ganze Verfahren war im Grunde genommen nichts weiter als eine auf ganz subjektiven Kriterien basierende Hexenjagd.

Während man so voller Eile Vergeltung übte, wurde »La Bourse«, von der man zuvor behauptet hatte, sie sei Versammlungsort einer »aufrührerischen Gesellschaft«, geschlossen. Als die Nachricht von der bevorstehenden Schließung sich verbreitete, besuchte Marais die Aktienmakler. Wie er sich erinnerte, waren sie alle äußerst bestürzt und völlig am Boden zerstört. »Der Ausdruck ihrer Gesichter veränderte sich, es war eine Niederlage, so als ob eine Schlacht verloren gegangen wäre.« Wie Tausende andere brachte Marais seine Aktien zur Bank, und er war beunruhigt über die langwierige und anscheinend chaotische bürokratische Abwicklung des Ganzen; ein Formular nach dem anderen wurde ausgefüllt und mit verschiedenen Stempeln versehen. Später hielt Marais seine Erfahrungen fest: »Man bekommt nur ein kleines, nicht unterschriebenes Stück Papier ausgehändigt, auf welchem der eigene Name steht, die Anzahl der Aktien, die man besitzt, und die Seite im Register, auf der sie verzeichnet sind. ... Es gab viel Empörung über diese Prozedur, die in dem Dekret nicht erwähnt wurde, doch mussten sich ihr schließlich alle Aktienbesitzer unterziehen, obwohl es da drinnen zum Ersticken war, und niemand weiß, was geschehen wird.«

Viele hatten eine derartige Angst vor Nachforschungen, dass sie ihre Koffer und Kisten mit so viel Wertsachen wie irgend möglich voll stopften und sich für eine Abreise vorbereiteten. Mindestens vier höhere Angestellte von Laws Bank machten sich in aller Hast davon; zweifellos fürchteten sie, dass man sie einer besonders rigorosen Überprüfung unterziehen würde. Vernezobre, einer der leitenden Angestellten, floh nach Holland und nahm mehrere Millionen mit, von denen ihm ein Teil gar nicht gehörte. Angelini, Laws italienischer Sekretär, trat eines Morgens in Trauerkleidung vor ihn, teilte ihm mit, sein Vater sei gestorben, und bat um Urlaub, um nach Italien reisen und sein Erbe antreten zu können. Er kehrte nie nach Paris zurück, sondern verbrachte die ihm verbleibenden Jahre in seiner italienischen Heimat, wo er durch das Einkommen aus Immobilien, die er in der Campagna erworben hatte, in allem Komfort leben konnte.

Obwohl es mit ihr so steil nach unten ging, war die Mississippi-Kompanie noch nicht völlig am Ende. Die Anti-Law-Fraktion, die seit Monaten bestrebt gewesen war, den »Konzern« ihres Feindes zu zerschlagen, versuchte lautstark, sich noch die restlichen Rosinen aus dem Kuchen zu picken. Als Erstes hatten sie es auf die lukrativen Rechte abgesehen, Münzen zu prägen sowie Steuern einzunehmen. Laws Kompanie mangelte es derweil – wie jeder anderen im Land – an Münzgeld. Um verschiedene Darlehen zurückzahlen und weiter Geschäfte abschließen zu können, brauchte man dringend geprägtes Geld. Weitere drastische Maßnahmen erschienen daher notwendig. Ende November wurde verfügt, dass jeder Anteilseigner verpflichtet war, der Gesellschaft 150 Livre pro Aktie zu leihen; zwei Drittel dieser Summe waren in Münzen zu entrichten, ein Drittel in Scheinen, von denen sich, obwohl sie per Gesetz abgeschafft worden waren, nach wie vor eine begrenzte Menge im Umlauf befand, da es einfach nicht genügend Münzen gab. Die Aktien eines jeden, der diese Abgabe nicht entrichtete, sollten für ungültig erklärt werden. Für die Investoren waren dies erneut Nachrichten von der allerschlimmsten Art.»Man glaubt, dass viele nicht in der Lage sein werden, die ihnen mit diesem *arrêt* abverlangten Summen zu zahlen, da sie ihr ganzes Einkommen in Aktien angelegt haben, und dass viele, die zahlen könnten, es vorziehen werden, ihre Aktien zu opfern«, schrieb Pulteney voll düsterer Vorahnungen.

Law zog sich vor dem Misstrauen, das ihm allenthalben entgegenschlug, und den zahlreichen Beschuldigungen in sein Haus zurück, von wo aus er einsam und voller Trübsinn die weitere Entwicklung verfolgte. Katherine war die Einzige, die ihn in seinem Kummer tröstete, aber sogar sie vermochte ihn nicht von der Tatsache abzulenken, dass er jetzt, da die Bank geschlossen hatte und die Mississippi-Kompanie dem Untergang entgegensteuerte, seine Stellung nicht mehr würde halten können. Er bat um seine Entlassung sowie um die Erlaubnis, außer Landes gehen zu dürfen. Der Regent, der Zeit gewinnen wollte, ignorierte sein Gesuch. Wieder einmal war Law ein bereits verurteilter Mann, der nur darauf wartete, dass das Verdikt verkündet werden würde.

Er vertrieb sich die Zeit, indem er versuchte, mit Katherines Hilfe seine persönlichen finanziellen Angelegenheiten zu ordnen. Während der vorangegangenen Wochen hatten diese sich hoffnungslos mit denen der Kompanie verflochten. Law war immer noch ein weichherziger und nachgiebiger Mensch, und wenn ein Investor ihm erzählte, von welchem Pech er verfolgt gewesen sei, dann bot er ihm unweigerlich seine Hilfe an. Viele der finanziellen Probleme, die ihn in den folgenden Jahren quälten, ergaben sich daraus, dass er verarmten Anlegern Wechsel ausstellte, um sie für ihre Verluste zu entschädigen, und das Geld dafür seinem Privatvermögen entnahm.

Nach außen hin konnte er, wenn nötig, noch etwas von seinem alten Elan aufbringen. Als man ihm von der Annäherung seiner Gegner an den Regenten erzählte, erwiderte er:»Der Regent schlägt diesen Kurs nur ein, um sich zu amüsieren; er zieht Vergnügen daraus.« Marais war Augenzeuge, als Law sich einmal aus seinem Haus wagte, um die Registrierung der Aktien zu überwachen. Als er am 21. November 1720 die Geschäftsräume der Gesellschaft betrat, waren diese gedrängt voll mit Menschen, die ihre Aktien abgaben. Er sah sich sofort einer geschlossenen Front gegenüber:»Man nannte ihn einen Dieb, einen Scharlatan, einen Schurken. Er trug seinen Kopf so hoch wie möglich, obwohl jedermann wünschte, dass er ihn hängen ließ.« Zehn Tage später, Anfang Dezember, versetzte man ihm den nächsten Schlag. Die Anzeichen mehrten sich, dass die Rückkehr des *Parlement* in bedrohlicher Weise näher rückte, und – wie Law bereits gefürchtet hatte – basierte seine Einwilligung zur Kooperation auf der Forderung, ihm endgültig den Garaus zu machen. Der Regent gab dem Druck derer, die Law bestraft sehen wollten, nach und ignorierte weiterhin dessen wiederholte und immer dringlicher werdenden Bitten, das Land verlassen zu dürfen. Am 10. Dezember kam das Gerücht auf, Law sei verhaftet worden oder entlassen und auf seinem Besitz bei Effiat verbannt. Marais, der alles genauestens mitverfolgte, wusste, dass Law nach wie vor keine Erlaubnis erhalten hatte, die Hauptstadt zu verlassen. Der Druck, unter dem er stand, wurde jetzt für Marais offensichtlich:»Er ist in einem Zustand großer Niedergeschlagenheit und Verzweiflung. Ein fürchterlicher Sturm braut sich zusammen, und wir werden bald die Folgen sehen. Jedermann macht sich bereit, ihn zu peinigen, und sogar in der Bank hört man viel Schmähreden über ihn und den Regenten.«

Während die in der Luft liegende Spannung von Stunde zu Stunde anwuchs, bat Law erneut um eine Audienz beim Regenten, bekam aber nur zu hören, dass dieser zu krank sei, um ihn zu empfangen. Er deutete diese Ausflucht dahingehend, dass seine Entlassung und Verhaftung unmittelbar bevorstanden. Einen Tag später erhielten diejenigen, die Law zu Fall bringen wollten, weiteren Zulauf: »Es gibt keine Zweifel, dass er diesmal unterliegen wird, die Partei [seiner Gegner] ist gut zusammengesetzt«, meinte Marais, der nicht nur die übliche Mischung von Mitgliedern des Parlaments, Finanziers und Höflingen nannte, sondern jetzt auch Madame de Parabère zu Laws Feinden zählte, eine Geliebte des Regenten, die sich diesem entfremdet hatte und ihn wissen ließ, sie werde nur in sein Bett zurückkehren, wenn er den Schotten seines Amtes enthob. Marais zufolge war der Regent unfähig, einer solchen Forderung zu widerstehen, und laufe »wie ein Kind« hinter ihr her. Angesichts eines solch massierten Aufgebots von Widersachern räumte sogar Laws wackerster Fürstreiter, der Duc de Bourbon, ein, dass Law gehen müsse. Es blieb eigentlich nur noch die Frage, wie man ihn loswerden sollte und – die noch entscheidendere – ob man sein Leben retten könnte.

Vom Duc de Bourbon bedrängt, räumte der Regent ein, dass es Zeit sei, etwas zu unternehmen, und zwar schnell. Law erhielt endlich seine Audienz und schlug vor, dass das Ratsmitglied Le Pelletier de la Houssaye zum Generalkontrolleur der Finanzen ernannt werden solle. Der Regent war jedoch von de la Houssayes Fähigkeiten nicht überzeugt und sagte angeblich vor dem Ratskollegium, »er sehe in den Reihen der Franzosen niemanden, der über genügend Intelligenz und Scharfblick verfügt, um mit größerer Aussicht auf Erfolg sein [Laws] Nachfolger in dieser Stellung zu werden«. De la Houssaye erklärte sich, wenn auch widerstrebend, bereit, das Amt zu übernehmen, aber nicht solange Law sich auf freiem Fuß in Paris aufhalte, und empfahl, dass man diesen in die Bastille bringen solle. Orléans schenkte diesem Vorschlag keine Beachtung und wies Law an, er solle seine Abreise vorbereiten. Dem britischen Diplomaten Sutton fiel die hektische Aktivität auf, die im Hause Law plötzlich einsetzte: »Er [Law] geht aus, um mit jenen zu sprechen, mit denen er Geschäfte macht, er empfängt Leute in seinem Wohnhaus mit so viel, wenn nicht sogar mehr Freiheit als zuvor. Er bringt seine Finanzen in Ordnung und gibt all die Erklärungen, die man von ihm haben will.«

Als am 12. Dezember die neue Inszenierung von Lullys Oper

»Thésée« vorgestellt wurde, war die versammelte *Beau Monde* höchst erstaunt, als man sah, dass zu der Gesellschaft des Duc de la Force auch John Law, Katherine und die Kinder der beiden gehörten (die Kinder, räumte ein zeitgenössischer Berichterstatter ein, waren »recht hübsch gestaltet«). Was die Beobachter anbelangte, so war dieses unverfrorene Auftreten Laws in der Öffentlichkeit in einem Moment der größten Krise ein Beispiel für »englische Unverschämtheit, die ihr Spiel spielt«. Law, der aalglatte, selbstsichere Glücksspieler, war anscheinend zurückgekehrt.

In Wirklichkeit nahm Law auf diese Weise Abschied von Paris. Früher an jenem Tag hatte der Regent ihn zu einer letzten Audienz zu sich vorgelassen. Das Treffen soll äußerst emotional gewesen sein. »Ich gestehe«, hatte Law gesagt, »dass ich viele Fehler gemacht habe. Ich habe sie begangen, weil ich ein Mensch bin, und alle Menschen fehlbar sind; ich erkläre Euch aber feierlichst, dass keiner dieser Fehler bösartigen oder unehrenhaften Motiven entsprang.« Am 14. Dezember fuhr er mit seinem Sohn John aus Paris ab; sein Ziel war sein Landsitz Guermande in der Nähe von Brie, eines von einer ganzen Reihe von großartigen Besitzungen, die er erworben, die zu besuchen er aber bislang nur selten Zeit gefunden hatte. Er hatte vor, dort einige Tage zu warten, bis die Pässe und Passierscheine eintrafen, die es ihm gestatteten, das Land zu verlassen. Katherine und Kate blieben zunächst in Paris, um noch ausstehende Schulden zu begleichen, er erwartete aber, dass sie ihm bald folgen würden. Zwei Tage später wurde das *Parlement* wieder einberufen, und nun erst wurde wirklich zur Hetzjagd auf Law geblasen.

17 Die Rückkehr des verlorenen Sohnes

Der Regent wünscht, dass ich mich nach Rom zurückziehe, das hat mich zu
einem Entschluss gebracht. Die Feinde des Systems nehmen Anstoß daran,
dass ich darauf vorbereitet bin, nach Frankreich zurückzukehren, und ver-
suchen mich sogar außerhalb des Königreiches zu behelligen.
Es kostet mich nichts, sie zufrieden zu stellen. Ich habe immer die Arbeit
gehasst; die redliche Absicht, einer Nation Gutes zu tun und einem Regen-
ten, der mir sein Vertrauen schenkte, von Nutzen zu sein, diese beiden
Grundgedanken haben mich mit Stolz erfüllt und mir in einem unangeneh-
men Metier Halt gegeben. Ich habe zu mir selbst zurückgefunden.

Aus einem Brief LAWS *an den Duc de Bourbon, Dezember 1720*

In Guermande wurde Laws anfängliche Erleichterung darüber,
aus Paris fortgekommen zu sein, bald von Besorgnis und Unruhe
verdrängt. Seine Zuneigung zu dem Regenten bestand unverändert weiter. In einem Brief, den er kurz nach seiner Abreise aus
Paris an den Duc d'Orléans schickte, kommt ganz deutlich zum
Ausdruck, wie sehr er sich ihm verbunden fühlte: »Es fällt schwer,

zwischen dem Verlangen, welches ich verspüre, mich ganz aus dem öffentlichen Leben zurückzuziehen, um nicht die Missgunst jener auf mich zu ziehen, die Eure Majestät mit der Verwaltung der Finanzen beauftragt hat, und jenem anderen Verlangen, welches ich immer fühlen werde, nämlich Euren Ruhm zu mehren, zu entscheiden. ... Ich hatte jegliche Eitelkeit von mir abgestreift, bevor ich mich entschloss, Eure Königliche Hoheit um die Erlaubnis zu ersuchen, mich zurückzuziehen, doch ich werde immer meine Liebe für den Staat behalten und meine Zuneigung zu Eurer K. H. Wenn Ihr also glaubt, dass meine Ansichten von Nutzen sein könnten, werde ich sie jederzeit gerne äußern.«

Laws Freunde in der königlichen Familie schienen ähnlich betrübt über seine Abreise gewesen zu sein. Bourbon schrieb ihm einen Abschiedsbrief, in dem er seine Gefühle nicht zurückhielt: »Ich kann meinem Kummer über Eure Abreise nicht genügend Ausdruck verleihen. Ich hoffe, dass Ihr nicht daran zweifelt und Euch gewiss seid, dass ich Euch nie fallen lassen werde. Ich werde niemals einen Anschlag auf Eure Freiheit oder Euren Besitz zulassen. Was dies betrifft, habe ich auch das Wort des Regenten, und ich werde niemals tolerieren, dass er es zurücknimmt.« Dieser Gefühlsausbruch schmeichelte Law und beruhigte ihn gleichzeitig: Die Unterstützung des Duc de Bourbon wie auch des Regenten war das einzige Verteidigungsmittel, das er gegen jene besaß, die mit allen Mitteln seine Festsetzung zu erreichen versuchten. Er antwortete dem Duc: »Meine Feinde gehen voller Inbrunst gegen mich vor, aber indem sie gegen mich tätig werden, arbeiten sie auch gegen die Interessen des Königs und des Volkes – doch ich zähle auf die Gunst und den Beistand des Regenten und Eurer Lordschaft. Steht vereint, Sire. Von Eurem Bund hängt das Wohl des Staates ab und meine Sicherheit hier in meiner Zurückgezogenheit.«

In Wirklichkeit entsprang Bourbons Sorge um Laws Wohlergehen noch anderen Motiven, als man auf den ersten Blick vermuten könnte. Sowohl er als auch der Regent waren so sehr darauf bedacht, Law vor seinen Gegnern zu schützen, weil dieser allein genau wusste, wie viel Geld gedruckt worden und wo alles abgeblieben war. Wenn er verhaftet und unter der Folter ein Geständnis ablegen würde, würden auch die Herzöge d'Orléans und de Bourbon belastet sein. Wenn sie sich darum bemühten, dass Law einen Ort fand, wo er in sicherem Exil leben konnte – und zwar nach Möglichkeit außerhalb Frankreichs –, war das ebenso sehr in ihrem eigenen Interesse als in seinem. Guermande war von der Hauptstadt leicht zu erreichen, deshalb bedrängte Law, der sich der Gefahr, in der er dort schwebte, ebenfalls bewusst war, Bourbon, dass man ihm bald einen Pass ausstellen solle. Er brachte vor, dass seine Ausreise im nationalen Interesse liege. »Vielleicht wird es sie [seine Feinde] milder stimmen, wenn eine größere Entfernung zwischen uns liegt, und die Zeit wird sie vielleicht die Lauterkeit meiner Absichten erkennen lassen.«

Am Morgen von Laws erstem Tag im Exil suchte der englische Diplomat Crawford ihn unangekündigt voller Neugierde auf. Die Engländer, die Laws glänzende Karriere immer in Atem gehalten hatte, waren von seinem plötzlichen Fall ebenso gefesselt, und die Zeitungen waren voll mit Geschichten über den Absturz »des hell erleuchteten Meteors, der zwei Jahre lang die Blicke der Zuschauer auf sich gezogen hat. ... Ein Minister, der weit über allem stand, das die Vergangenheit gekannt hat, die Gegenwart sich vorstellen kann oder die Zukunft glauben wird«. Crawford traf einen optimistisch gestimmten Law an; dieser befand sich in der Gesellschaft von Lord Mar, einem befreundeten Jakobiten, der ihn in früheren, glücklicheren Tagen überredet hatte, dem Prätendenten auf den englischen Thron und anderen mittellosen Anhängern der Stuarts, die in Frankreich im Exil lebten, Geld zu leihen. Laws langjährige Verbindungen zu den Jakobiten kompromittierten ihn jetzt, da sie ihn in den Ruch brachten, subversive Pläne gegen England zu hegen. Das konnte seinem Ruf auf beiden Seiten des Ärmelkanals schaden, da Frankreich seit dem Beitritt zur Tripelallianz im Jahr 1717 George I. aus dem Hause Hannover als Englands rechtmäßigen Souverän anerkannte. Law wies alle Vorwürfe vehement zurück: »Ich habe heute erfahren, dass man mich beschuldigt hat, dem Pretender* geholfen und in Liaison mit Spanien gewesen zu sein. Ich habe einige arme Menschen unterstützt, die kein Brot hatten. Unter diesen waren auch einige, die mir früher zu Dienst gewesen waren: Der Duke of Ormond hat mir das Leben gerettet«, schrieb er umgehend an den Regenten.

Crawford war von Law ebenso eingenommen wie der Rest des englischen Establishments, und er wollte so viel wie möglich über die Gründe und Umstände seines Niedergangs in Erfahrungen bringen; unter dem Vorwand, über eine ausstehende Schuld sprechen zu wollen, lud er sich selbst dazu ein, ein paar Tage in Guermande zu bleiben. Law war dieser Gast willkommen – sich zu unterhalten hatte eine therapeutische Wirkung, und, was wichtiger war, er konnte durch seine Gespräche mit Crawford sicherstellen, dass die britischen Behörden seine Schilderung der Vorfälle aus erster Hand erfuhren.

In den folgenden zwei Tagen ließ ein nachdenklicher Law in längeren Gesprächen mit dem Engländer seine Karriere in Frankreich Revue passieren. Er trat immer noch recht großspurig auf und entschuldigte sich für keine seiner Handlungen; er war ungeheuer stolz darauf, dass der Regent ihm bereits mitgeteilt habe, »er brauche sich nicht zu weit zu entfernen und könne auf seine Freundschaft und seinen Beistand gegen seine Feinde rechnen«. Er überschüttete die Schar der Verschwörer und Ränkeschmiede, die ihn zu Fall gebracht hatten, mit Hohn und hielt voller Trotz daran fest, dass es seinem Handeln zu verdanken sei, wenn Frankreich »der beste und florierendste Staat der Welt sei – und dies immer noch«! Als Crawford ihn über seine Pläne für die Zukunft auszuhorchen versuchte, deutete Law an, dass er sich nicht vorstellen könne, noch längere Zeit in Frankreich zu bleiben. Er erzählte, dass er beim Regenten um die Erlaubnis nachgekommen sei, sich die 500 000 Livre zurückerstatten zu lassen, mit denen er ursprünglich aus Holland gekommen war, um sich mit diesem Geld in Rom niederzulassen.

---

* James Francis Edward Stuart, der Sohn des 1689 gestürzten englischen Königs James II. war als »Old Pretender« (Alter Prätendent) bekannt. (Anm. d. Ü.)

Bald nachdem Crawford nach Paris zurückgekehrt war, um einen detaillierten Bericht über alles, was er erfahren hatte, zu Papier zu bringen, kamen der Marquis de Lassay und de la Faye, der Sekretär des Duc de Bourbon, nach Guermande, um Law im Auftrag des Duc die Legitimationspapiere zu überbringen, um die er gebeten hatte; außerdem wollten sie ihm noch eine größere Summe Geldes aushändigen, mit der er nicht gerechnet hatte. Law nahm die Papiere dankbar entgegen, wies aber das Geld zurück; er sagte, dass er über genügend Mittel für seine Reise und für die nächste Zukunft verfüge. Später erinnerte er sich, dass er 800 Louis d'or besaß, die ihm von einem der Angestellten der Bank geschickt worden waren, weil er keine Barmittel »im Wert von zehn Pistolen im Hause« gehabt hatte. Außer ein, zwei Diamanten war dies das Einzige von Wert, das er mitnehmen würde. Er erwartete, dass man ihm den Rest seines Geldes, wie Bourbon und der Regent versichert hatten, zukommen lassen würde, sobald seine finanziellen Angelegenheiten geregelt wären. Es schien kein Grund zu bestehen, an der Integrität der beiden Männer zu zweifeln; dabei handelte es sich jedoch um eine Fehleinschätzung, die Law für den Rest seines Lebens bedauern würde.

In aller Eile wurden die für die Abreise aus Frankreich notwendigen Vorbereitungen getroffen. Da seine Feinde immer noch vehement seine Verhaftung verlangten, musste er inkognito reisen. Daher war es unmöglich, dass er eine seiner eigenen, mit seinen Insignien versehenen Kutschen benutzte. Bourbon stellte ihm zwei Equipagen zur Verfügung, eine seiner eigenen und eine zweite, die seiner Geliebten, der verführerischen und lebenslustigen Madame de Prie gehörte, der man nachsagte, ihr »Geist sei von derselben Anmut wie ihr Gesicht«.

Die Gesellschaft verließ Guermande am Abend des 17. Dezember 1720. Law wurde von seinem Sohn, drei Dienern und mehreren Männern aus der Leibwache des Duc de Bourbon begleitet, die lange graue Umhänge über ihren Uniformen trugen, damit sie nicht erkannt wurden. Law führte zwei Pässe mit sich, einer war auf »du Jardin« ausgestellt, in dem anderen stand sein richtiger Name; außerdem hatte er noch mehrere Briefe von Freunden dabei, darunter auch einen vom Duc de Bourbon, mit der Anweisung, ihn ungehindert passieren zu lassen. Die Fluchtroute, die von Bourbon so geplant worden war, dass sie – falls nötig – jederzeit auf frische Pferde zurückgreifen konnten, führte nördlich an Paris vorbei und dann über St. Quentin nach Valenciennes und von dort aus über die flandrische Grenze nach Mons und Brüssel.

Als sich am nächsten Tag die Nachricht von Laws Abreise verbreitete, gaben die Klatschmäuler von Paris manch fantasievolle Theorie über seinen neuen Aufenthaltsort zum Besten. Einige meinten, er sei heimlich in St. Denis mit dem Regenten zusammengetroffen, andere behaupteten, er sei nach Paris gekommen und habe einen Abend im Palais Royal verbracht oder sich in Chantilly versteckt.

Tatsächlich war der Plan trotz aller sorgfältigen Vorkehrungen fehlgeschlagen. Die Gesellschaft war am Grenzübergang Valenciennes von dem obersten Beamten, der es genoss, Reisende zu drangsalieren, angehalten worden. Zu Laws Unglück war dieser Mann der älteste Sohn seines alten Gegners, des Marquis d'Argenson. Die anfängliche Verwirrung des *intendant* über die falschen Pässe wich unverhohlener Freude, als er erkannte, wen er da in Wirklichkeit vor sich hatte. Um seinen Vater, der ja wegen Law abgesetzt worden war, zu rächen, weigerte er sich strikt, den Schotten und seine Begleiter passieren zu lassen, mit der Behauptung, Law habe die Pässe durch Betrug erworben. Nachdem er Laws Geld und den Brief des Herzogs konfisziert hatte, hielt er die ganze Gesellschaft fest und ließ die zuständigen Stellen in Paris benachrichtigen. »Ich habe Law große Angst gemacht, ich habe ihn verhaftet und vierundzwanzig Stunden lang festgehalten, und ihn erst wieder in Freiheit entlassen, als ich den offiziellen Befehl dazu vom Hof erhalten hatte«, erinnerte er sich. Law selbst erzählte jedoch später, dass er entlassen worden sei, bevor der Kurier zurückgekehrt war, doch nur nach »vielem Argumentieren« und nachdem er zugestimmt hatte, dass d'Argenson seinen Pass, die Briefe und das Gold behielt. Das Gold würde er nie wieder sehen. Als er es zurückforderte, soll d'Argenson ihn darauf hingewiesen haben, dass die Ausfuhr von Gold ungesetzlich war – gemäß einer von Law selbst eingeführten Verfügung.

Als Law in Brüssel ankam, war er erschöpft und verstört, letzten Endes überwog aber die Erleichterung über seine Flucht. Da er immer noch darum bemüht war, unerkannt zu bleiben, schrieb er sich im Hôtel du Grand Miroir als Monsieur du Jardin ein. Da aber ganz Europa nach ihm suchte, war es unmöglich, die Identität der kleinen Reisegesellschaft geheim zu halten. »Ich hatte gehofft, es würde mir möglich sein, hier durchzureisen, ohne erkannt zu werden, und ich ließ mich am Tor als du Jardin anmelden; aber es half nichts, sie wussten schon, dass ich eintreffen würde, und ich habe gerade Besuch von den wichtigsten Leuten hier empfangen – eine Tatsache, die mich zu dem Entschluss kommen ließ, so kurze Zeit wie möglich hier zu bleiben«, schrieb er voller Verdruss an den Duc de Bourbon.

Man rollte den roten Teppich für ihn aus. Er verbrachte den ersten Morgen in einer Beratung mit dem französischen Botschafter, dem Marquis de Prie, dem Gatten der hinreißenden Mätresse des Duc de Bourbon, und nahm am Abend an einem Bankett teil, bei dem die versammelte Elite der Stadt zugegen war. Am nächsten Abend besuchte er das Theater, und als er den Zuschauersaal betrat, erhoben sich ihm zu Ehren alle Anwesenden und brachen in Applaus aus. »Dieses Gebaren« bemerkte der englische Diplomat Sutton voller Vorahnungen, »wird Aufmerksamkeit erregen.«

Währenddessen überschlugen sich in Paris die Lästerzungen geradezu, um Gerüchte von einer »gewaltigen Zahl von Lastkarren, die mit Gold und Silber gefüllt« ebenfalls über die Grenze nach Flandern hineingerollt seien, zu verbreiten. Es wurden zahlreiche Theorien darüber aufgestellt, für wen oder für was das Geld eigentlich bestimmt sei: Es diene dazu, sich politische Unterstützung zu erkaufen, es sei in einem Heiratsabkommen vom Duc de Chartres seiner künftigen Ehefrau, einer Erzherzogin, versprochen worden, oder es handele sich um einen Privatfond, den sich der Regent für die Zeit angelegt hatte, wenn der König großjährig geworden sei und er sich zurückziehen werde. Über eine Sache allerdings waren sich alle einig: »Es ist gewiss, dass Law an einem Abkommen mit dem Regenten teilhat, und dass ihm als seinem Unterhändler an nichts mangelt.« In England wurden in der Presse ähnliche Beschuldigungen veröffentlicht: der »State of Europe« berichtete: »Die generelle Meinung lautet immer noch, dass er nach Rom zieht, wohin er einen Teil der von ihm in Frankreich zusammengerafften Beute in Sicherheit gebracht hat und wo er einen prächtigen Palast sein Eigen nennt. Er hat seinen Sohn mit sich genommen und seine Frau und seine Tochter in Frankreich gelassen. Aus Briefen aus Paris haben wir diesbezüglich erfahren, dass er plant, sich scheiden zu lassen in der Hoffnung, zum Kardinal ernannt zu werden. Ich weiß nicht, ob man die rote Mütze so leicht kaufen kann, aber es gibt bestimmte Ehen, die sich leicht auflösen lassen.«

Die Beschuldigungen, dass er sich unrechtmäßigerweise französisches Geld angeeignet habe, verfolgten Law noch jahrelang und bereiteten ihm großen Kummer. Seine Briefe an Bourbon, Orléans und de Lassay sind voller Erklärungen und Beteuerungen seiner Unschuld: »Was diese Gerüchte vielleicht hat aufkommen lassen, waren die Silbersendungen, die im Auftrag des Staates und zu seinen Diensten oder auch zu denen der Indischen Kompanie, vorgenommen wurden. … Diese Sendungen wurden in Paris in den Büchern registriert und auch an der Grenze. … Ich erkläre Eurer Königlichen Hoheit hiermit, dass ich nie irgendeinen Wagen im Geheimen losgeschickt habe, und auch keine Überweisung vorgenommen habe, außer denen, die öffentlich getätigt wurden«, ließ er den Duc de Bourbon wissen. »Was Diamanten anbelangt, so besaß ich vier, die zusammen 4000 Pfund wert waren, und, bevor das Ausfuhrverbot für Diamanten erlassen wurde, überließ ich sie meinem Bruder, damit er sie zusammen mit den seinen nach England zum Verkauf schicke. Er gab mir jedoch einen zurück, da er von minderer Qualität war. Dies war der einzige Diamant, der ganze Schatz, den ich mitnahm, als ich Frankreich verließ.«

Das Aufsehen, das er in Brüssel erregte, erfüllte Law mit Unbehagen, und er entschloss sich so schnell wie möglich weiterzuziehen. Er hatte immer beabsichtigt, nach Süden zu reisen und sich in Italien niederzulassen, entweder in Venedig oder in Rom. Da aber sein Geld an der Grenze konfisziert worden war, verbrachte er die nächsten zwei Tage erst einmal damit, zweihundert Pistolen zusammenzubringen, entweder am Spieltisch oder indem er Darlehen aufnahm. Dann setzte er mit neuen Pässen versehen, die de Prie in aller Eile besorgt hatte, die Fahrt Richtung Süden fort, obwohl die Überquerung der Alpen mitten im Winter voller Gefahren war. Ein anderer furchtloser Reisender, George Berkeley, der diese Überquerung am ersten Tag des Jahres 1714 wagte, hätte ihn vor den Schrecken, mit denen er zu rechnen hatte, warnen können. »Wir wurden in offenen Sänften von Männern getragen, die daran gewöhnt sind, auf diesen Felsen und in diesen Schluchten herumzuklettern, die in dieser Jahreszeit viel rutschiger und gefährlicher sind als sonst im Jahr, und schon zur besten Zeit hoch, zerklüftet und steil genug sind, um das Herz des tapfersten Mannes in seiner Brust schmelzen zu lassen. Mein Leben hing oft von einem einzigen Schritt ab. Niemand, der bedenkt, was es heißt, die Alpen am Neujahrstag zu überqueren, wird das Gefühl haben, dass ich übertreibe.«

Zu den Risiken, die das schlechte Wetter und die tückischen Wege mit sich brachten, kamen noch die Gefahr, die von seinen Gegnern drohte, und der Schmerz darüber, von Katherine getrennt zu sein. Law benutzte seine falschen Papiere, dennoch wurde er oft erkannt, und in mehreren Städten wurde er von enttäuschten Investoren und Menschen, die ihre Banknoten nicht rechtzeitig umgetauscht hatten, hart bedrängt, dass er sie entschädigen solle. Einem Biografen zufolge gestattete in Köln der Kurfürst nicht, dass man Law neue Pferde zur Verfügung stellte, bevor dieser nicht eingewilligt hatte, seine Banknoten in Münzen umzuwechseln. Law war dazu nicht in der Lage und sah sich schließlich gezwungen, dem Kurfürsten eine schriftliche Garantieerklärung auszuhändigen, dass die Scheine zu einem späteren Zeitpunkt eingelöst werden sollten.

Die Liebe, die Law und Katherine füreinander empfanden, muss in den Monaten, die so voller Kummer und Sorgen gewesen waren, noch gewachsen sein, und die Unsicherheit ihrer Lage wie auch ihre zwangsweise Trennung voneinander schmerzte beide. Die Zärtlichkeit, die aus einem Brief spricht, den er ihr schrieb, als er unterwegs nach Italien war, lässt auf seine Zuversicht schließen, dass Katherine alles überstehen und in der Lage sein würde, selbst Entscheidungen zu treffen, auch wenn sie noch so betrübt über seine Abreise gewesen war.

Es ist mir bewusst, dass du in extremer Weise leidest, weil ich mich entschlossen habe, nach Italien zu gehen, doch in meiner Lage blieb mir keine andere Wahl. Holland ist nicht das richtige Land. Dein Sohn und ich sind wohlauf, obwohl wir durch das schlechte Wetter und auch durch die schlechten Straßen sehr erschöpft sind. Es verlangt mich danach, Kate und dich bei mir zu haben, doch kann ich euch nicht mit gutem Gewissen raten, euch zu dieser Jahreszeit aufzumachen. Du wirst besser als ich beurteilen können, was zu tun ist. Ich befürchte jedoch, ihr werdet in Frankreich eine unangenehme Zeit haben, und ich würde es lieber sehen, dass meine eigenen Angelegenheiten Schaden nähmen, als auf eure Gesellschaft zu verzichten.

Am 21. Januar 1721 trafen Law und sein Sohn in Venedig ein. Law, der nach den Strapazen der Reise zum Umfallen erschöpft war, besuchte oder empfing in den folgenden Tagen niemanden. Als er sich wieder erholt hatte, suchte er einen alten Freund auf, der in der Stadt lebte, den Vertreter Großbritanniens, Oberst Burges. Burges meldete die Ankunft von Law in Venedig nach England: »Er nennt sich Gardiner, weil er nicht will, dass sein Aufenthalt hier öffentlich bekannt wird, bis er entschieden hat, ob er hier bleiben will oder nicht, was ihm nicht möglich ist, bis er seinen nächsten Brief aus Frankreich erhalten hat. ... Er spricht davon, sich in Rom niederzulassen, wenn er von hier wieder weggeht, doch ich glaube, es würde ihm viel mehr gefallen, wenn er sich in England ansiedeln könnte.«

Law meinte, dass er keinen die Zukunft betreffenden festen Entschluss treffen könne, bevor er Geld erhielt und bevor Katherine und seine Tochter zu ihm gestoßen waren. Zu seinen persönlichen Sorgen kamen noch jene über die finanziellen Verhältnisse Frankreichs hinzu. Vorläufig ertrug er den Kollaps des Papiergeldsystems relativ gelassen: »Es ist besser, zu dem alten Geldsystem zurückzukehren, als mein System in einer Atmosphäre der Opposition überleben zu lassen.« Doch ihm lag viel daran, dass die Mississippi-Kompanie – als sein Vermächtnis an Frankreich – bestehen blieb. »Ich hoffe, dass die Kompanie, da sie jetzt frei ist, Fortschritte machen wird. Die Einnahmen aus der Südsee werden sie in die Lage versetzen, ihre Expansion fortzusetzen und etwas unter den Investoren zu verteilen. Ich hoffe, dass ... die Geschäfte wieder aufgenommen werden können. Voraussetzung ist, dass die Pest nicht weiter um sich greift; davor habe ich am meisten Angst, was den Staat betrifft.«

In den nächsten Wochen lebte er sich, während er ungeduldig auf Nachrichten aus Frankreich wartete, in Venedig ein. Der »State of Europe« berichtete, Law nehme an »all den Unterhaltungen, die dieser Karneval bietet« teil, und hielt für seine Leser fest, wie die abschließenden Veranstaltungen aussahen:

Am 20. d. M. [d. i. Februar 1721] war der große Platz von Sankt Markus mit Zuschauern einer großen Stierhatz gefüllt, bei der wackere Kavaliere wie gewöhnlich vielen dieser Tiere gegenübertraten und sie töteten. Mehrere Spektakel folgten: Man zeigte die Taten des Herkules, und eine Person flog an einem Seil von der Spitze des Markusturms herunter, zum großen Wohlgefallen des Publikums. Der Doge selbst wohnte diesen Vergnügungen bei, er saß in scharlachroten Samt gehüllt in seinem Altan; und um das Karnevaltreiben zu beenden, wurde ein feines Feuerwerk entzündet, und viele Figuren und Gestalten, die mit verschiedenen Arten brennbaren Materials kunstfertig vorbereitet worden waren, loderten sehr schön eine gute Weile lang.

Die Karnevalsbelustigungen ließen Law Katherine und seine Tochter nur noch mehr vermissen. An Kate schrieb er voller Gefühl: »Wir denken oft an dich, dein Bruder und ich, und wünschten, du wärst mit Madame hier, um dich an den Karnevalsvergnügungen zu erfreuen. Ich hoffe, dich bald wieder zu sehen, bis dahin muss es deine Hauptpflicht sein, Madame zu gefallen und den Schmerz zu lindern, den sie wegen meiner Angelegenheiten erleidet.«

Er hatte vom österreichischen Botschafter in Venedig, Conte Colloredo, einen Palazzo gemietet, der in bequemer Nähe zum *ridotto*, der Spielbank, lag, begab sich jeden Abend in die Oper und begann, an einem Leben in Abgeschiedenheit Vergnügen zu finden: »Mir gefällt es gut, für mich allein zu sein, ohne Diener, Pferde und Kutsche, überall zu Fuß hingehen zu können, ohne aufzufallen, sodass ich ein Leben als Privatmann mit bescheidenen Mitteln allen Ämtern und Ehren vorziehen würde, die der König von Frankreich mir verleihen könnte.«

Nach wie vor war kein Geld eingetroffen, und so musste er sich auf die Unterstützung von Freunden wie de Lassay verlassen, der ihm 30 000 Pfund lieh, sowie auf sein Glück im Spiel, um genügend Geld zu besitzen, um davon leben und die zahllosen Gläubiger zufrieden stellen zu können, die an seine Tür klopften – die meisten hatten durch Mississippi-Aktien schwere Einbußen erlitten. Das finanzielle Debakel, das Law in Frankreich verursacht hatte, machte ihn in bestimmten Kreisen äußerst unbeliebt: »Die wichtigsten Bankiers von Venedig haben dem Senat unterbreitet, dass die großen Verluste, die sie erlitten haben, in erster Linie auf die Ratschläge jenes Herren zurückzuführen sind«, berichtete der »State of Europe«.

Es demütigte Law, dass er seinen Verbindlichkeiten nicht nachzukommen vermochte, und er war darum bemüht, sich mit der abrupten Wendung seiner Karriere zu arrangieren. »Was geschehen ist, ist sehr ungewöhnlich, überrascht mich aber keineswegs. Im letzten Jahr war ich der reichste Mann, den es je gegeben hat, und heute bin ich ein Habenichts, der nicht einmal genügend zum Leben besitzt – und was mir die größte Verlegenheit bereitet, ich habe Schulden und keine Mittel, sie zu begleichen.« Seine alten Fertigkeiten im Glücksspiel sowie seine Kenntnisse auf dem Gebiet der Wahrscheinlichkeitsrechnung waren schnell wieder aufpoliert, doch die Gelegenheit für einen spektakulären Gewinn scheint sich nicht ergeben zu haben. Vielleicht gestattete man ihm wegen seiner Mittellosigkeit nicht mehr, die Rolle des Bankhalters zu übernehmen. Ein Freund aus Paris berichtete, dass er »vom frühen Morgen bis tief in die Nacht spielt. Er ist immer glücklich, wenn er am Kartentisch sitzt, und schlägt jeden Tag ein anderes Spiel vor.« Bei einem besonders Gewinn bringenden Streifzug durch die Salons soll er 20000 Livre gewonnen haben. Doch bei zahlreichen anderen Gelegenheiten schien er weniger vom Glück begünstigt, und seine Briefe enthalten Anspielungen auf Verluste, die er sich nur schlecht leisten konnte. Um Geld zu machen, wettete er vor allem gerne um 10000 zu 1, dass ein anderer Spieler nicht sechsmal hintereinander eine Sechs würfeln konnte – die Chancen, dass man eine solche Sequenz würfelt, stehen 1 zu 46656. Auch bot er häufig jedem, der es schaffte, mit sechs Würfeln sechs Sechsen zu werfen eintausend Pistolen; der Gegenspieler musste sich bereit erklären, ihm jedes Mal wenn er vier oder fünf Sechsen warf, zwei Pistolen zu zahlen. Die Chancen, dass man sechsmal die Sechs würfelt, liegen ungefähr bei 1 zu 5000.

Wenn er sich nicht an den Spieltischen aufhielt, schrieb er Briefe an den Regenten und an den Duc de Bourbon, die immer eindringlicher wurden; er bat sie inständig, sich an die Abmachung zu halten und ihm die 500000 Livre zukommen zu lassen, die er damals mit nach Frankreich gebracht hatte. Alle seine anderen Besitztümer, darunter auch Aktien, deren Wert sich seiner Schätzung nach immer noch auf 100 Millionen Livre belief, sowie seine Immobilien übereignete er der Kompanie, damit seine Schulden beglichen und denen geholfen werden konnte, die am meisten Schaden durch den Zusammenbruch des Systems erlitten hatten. »Ich kann nur darauf trauen, dass Ihr dem zustimmen werdet, was ich, um die Sicherheit meiner Kinder zu gewährleisten, vorzuschlagen die Ehre habe. Im Fall, dass Eure Königliche Hoheit mir diese Gerechtigkeit nicht erweisen sollte, bliebe mir nichts übrig, als alles, was ich besitze, meinen Gläubigern zu überlassen, welche mir dann eine bescheidene Pension in einer Höhe, wie sie ihnen zusagt, gewähren werden.«

Als die sehnlichst erwarteten Nachrichten aus Paris eintrafen, erwiesen sie sich als höchst alarmierend. Nach Laws Abreise hatte de la Houssaye bei einer Sitzung des Rates, die einberufen worden war, um die Finanzlage zu diskutieren, Report erstattet, dass eine Summe von 2,7 Milliarden Livre noch bezahlt werden müsse, die durch die Ausgabe von Banknoten, die Aufnahme von Krediten, für die die Krone gebürgt hatte, sowie durch andere Formen der Schuldverschreibung angefallen war. Ein großer Teil der Banknoten war ohne Autorisation ausgegeben worden, und angesichts der bereits erschöpften Münzreserven gab es keine Hoffnung, sie einlösen zu können.

In ihrem angestrengten Bemühen, sich öffentlich von Law zu distanzieren, bezichtigten der Regent und der Duc de Bourbon sich gegenseitig, Laws Entkommen sanktioniert zu haben, und die Ratssitzung artete zu einem unwürdigen Gezänk aus. Bourbon verlangte zu wissen, wie Orléans, dem diese Zahlen bekannt gewesen waren, es hatte zulassen können, dass Law das Land verließ. Der Regent parierte mit den Worten:»Ihr wisst, dass ich ihn in die Bastille schaffen lassen wollte; Ihr wart es, der mich davon abgehalten hat und ihm Pässe zuschickte, sodass er sich davonmachen konnte.« Der Duc gab zu, dass er Law die Pässe *geschickt* habe, doch nur weil der Regent sie *ausgestellt* und er geglaubt habe, es läge nicht im Interesse des Regenten, zuzulassen, dass ein Mann, der ihm so gut gedient hatte, ins Gefängnis geworfen werde. Hätte er jedoch von der nicht genehmigten Ausgabe von Banknoten gewusst, hätte er anders gehandelt. Orléans, der jetzt in arge Verlegenheit geraten war, konnte nur das schwache Argument vorbringen, er habe Laws Flucht zugelassen, weil er gemeint hatte, seine Anwesenheit würde der Glaubwürdigkeit des Staates schaden.

In Anbetracht der katastrophalen finanziellen Situation kam der Rat überein, dass die Untersuchung der Bank sowie von Laws privaten Geschäften als auch die Überprüfung der Spekulanten, die große Vermögen erworben hatten, mit dem Ziel, die Schulden der Krone zu reduzieren, beträchtlich ausgeweitet werden sollten. Laws langjährige Widersacher, die Brüder Pâris, wurden aus dem Exil zurückgeholt, um diese Untersuchungen zu überwachen. Crozat, ein weiterer bedeutender Privatbankier, dem Law die Rechte auf die Kolonisation der Gebiete am Mississippi abgejagt hatte, wurde damit beauftragt, sich mit Laws privaten Geschäften zu befassen. Achthundert Untersuchungsbeamte wurden in die alten Geschäftsräume der Bank entsandt, was allein schon 9 Millionen Livre kostete. Jeder, der große Mengen Aktien, Rentenbriefe oder Banknoten besaß, wurde angewiesen, sie vorzulegen und zu erklären, wie er sich solche Summen angeeignet hatte. Und wenn man zu dem Schluss kam, dass er sie auf unrechtmäßige Weise erworben hatte, dann drohten ihm hohe Strafgelder und die Konfiszierung eines großen Teils seines Besitzes. In welchem Ausmaß sich Laws Projekte ausgewirkt hatten, wurde offenbar, als insgesamt mehr als eine halbe Million Menschen – was zwei Dritteln der gesamten Einwohnerschaft von London entsprach – sich meldete und geltend machte, durch Laws Aktien und Banknoten Verluste erlitten zu haben. Fast zweihundert Investoren wurden bestraft und mussten eine Summe von insgesamt 200 Millionen Livre zahlen; das höchste Bußgeld wurde gegen die Witwe Chaumont verhängt: nicht weniger als acht Millionen Livre. Sie blieb aber trotzdem wohlhabend, weil sie, schlau wie sie war, viel Geld in Sachwerte investiert hatte. Andere, weniger glückliche, oder auch weniger gerissene Investoren mussten sich damit abfinden, dass ihr Vermögen drastisch schrumpfte. »Diejenigen, die Verluste hatten, sind schon ruiniert, und jetzt möchten sie, dass auch jene ruiniert werden, die Gewinne gemacht haben«, schrieb ein Journalist, als man begann, die großen Vermögen zu stutzen. In England war im »State of Europe« der Kommentar zu lesen: »Andere Minister vernichten jetzt das, was von jenem Projekt [Laws] geschaffen wurde«, und meinte dann: »Der französische Hof mag nach so vielen Versuchen und Anstrengungen, die nichts gefruchtet haben, zu der Überzeugung gelangt sein, dass eine öffentliche Bank eine jener Pflanzen ist, die nicht in jedem Boden gedeiht, und dass die Menschen nie einer Kompanie, die durch einen plötzlichen und zufälligen Windstoß hinweggefegt werden kann, ihr Bargeld zur Verwahrung anvertrauen werden.« In Wirklichkeit hatte der Staat, wie Law bereits deutlich gemacht hatte, gewaltig von seinem System profitiert. Die anwachsende Inflation, die sinkenden Aktienpreise und die Abwertung des Papiergeldes hatten die Gläubiger des Staates in den Ruin getrieben, aber die Schulden der Krone um zwei Drittel verringert.

Die Mississippi-Kompanie wurde ebenfalls von den Untersuchungsbeamten unter die Lupe genommen. Das Privileg, die Steuern einzunehmen und Münzen zu prägen, wurde ihr aberkannt, und die Gesellschaft behielt nur noch ihre Rechte auf den Überseehandel. Durch einen schmerzhaften Prozess von Konfiszierungen und Zusammenlegungen wurde die Anzahl der Aktien von 135000 auf 56000 reduziert. In dieser geschrumpften Form überlebte die Mississippi-Kompanie den Sturz ihres Gründers, und in einem gewissen Sinn ging ein glühender Wunsch Laws in Erfüllung, denn die Gesellschaft blieb bis zum Ende des achtzehnten Jahrhunderts aktiv.

Bei dieser ganzen finanziellen Misere kam Law als Prügelknabe gerade recht; er wurde beschuldigt, sich unrechtmäßig einen riesigen Besitz angeeignet und Schulden in großer Höhe nicht beglichen zu haben. Einem Bericht zufolge hatte er sich noch eine Woche, bevor er sich davon gemacht hatte, aus dem Kapital der Bank bedient und 20000 Livre eingesteckt. Ein später dem Duc de Bourbon zugesandtes Dokument zeigte aber, dass Law ein Guthaben von mehreren Millionen hatte.

Da er merkte, dass die Feindseligkeit ihm gegenüber immer stärker zunahm und er nicht in der Lage war, sich zu verteidigen, wuchs Laws Sorge um Katherines Sicherheit. Mitte April, als die Bedingungen für eine Reise besser geworden waren, wies er sie an, Vorkehrungen für die Beförderung ihrer Pferde, Kutschen und Einrichtungsgegenstände per Schiff in die Wege zu leiten, alle Schulden zu begleichen – der Mutter des Regenten zufolge schuldete sie allein dem Fleischer 10000 Livre – und sich für die Abreise bereitzumachen: »Ich sehne mich nach deiner Gesellschaft und danach, so zu leben, wie wir es taten, bevor ich mich mit öffentlichen Angelegenheiten befasste. ... Obwohl ich fürs Erste entscheide, dass du nach Venedig kommst, und ich die Stadt gerne mag, will ich nicht vorschlagen, dass wir für immer hier bleiben.« Er war fürchterlich besorgt bei dem Gedanken, dass sie die gefahrvolle Fahrt durch Europa ohne ihn antreten musste, und schickte ihr detaillierte Anweisungen, welche Reisedokumente sie sich beschaffen und welche Route sie nehmen sollte. In jeder Stadt, durch die sie und Kate kamen, würde sie ihre Gesundheitsbescheinigungen abstempeln lassen müssen, weil es wegen der Pest immer noch Reisebeschränkungen gab. Sie sollten nicht durch Tirol reisen, weil sie dort in Quarantäne kommen könnten. Sie sollten in jedem Fall inkognito bleiben: »Behaltet eure Reise für euch, es gibt boshafte Menschen… und obwohl mir auf der Reise kein Tort widerfahren ist, meine ich, ihr solltet es vermeiden, erkannt zu werden, weil jemand denken könnte, ihr hättet Geld oder Wertsachen bei euch.«

Katherine muss mitten in den Reisevorbereitungen gewesen sein, als die Untersuchungsbeamten zuschlugen und sie zu einer Geisel derer wurde, die nur danach gierten, Law Schaden zuzufügen. Ihre Bitte um Reisepapiere wurde abgelehnt. Alle Besitzungen Laws, darunter auch das Hôtel de Langlée, in dem Katherine zu jener Zeit lebte, wurden beschlagnahmt. Sie war gezwungen, sich mit einer bescheidenen Unterkunft in einer Herberge in St. Germain und mit nur einem Kammerdiener und einer Zofe zu begnügen. Dann, am 8. Mai 1721, wurde Laws Bruder William unter dem Verdacht, einen Fluchtversuch zu planen, festgenommen und im Fort l'Evêque eingekerkert. Vermutlich um ihrem Gatten weiteren Kummer zu ersparen, teilte Katherine ihm nicht mit, was alles geschehen war, und er wusste immer noch nichts davon – ein Brief von Paris nach Venedig war unter Umständen Wochen unterwegs –, als er ihr voller Enttäuschung schrieb: »Ich sehe, dass ihr keine Neigung zeigt, nach Italien zu kommen, ich gebe zu, dass England oder Holland besser wäre, … ihr könnt nach Holland gehen.«

Als Nachrichten über die Lage in Paris schließlich zu ihm

durchsickerten, war er außer sich vor Empörung, obwohl er noch nicht die ganze Wahrheit kannte, da Katherine ihm immer noch nicht mitgeteilt hatte, in welch eingeschränkten Verhältnissen sie lebte. »Mme. Law schreibt mir, man habe befunden, dass ich der Bank sieben Millionen schulde und der Gesellschaft fünf oder sechs Millionen und dass der König meine Effekten an sich gebracht hat und dass mein Bruder im Gefängnis sitzt und ihm seine Effekten ebenfalls weggenommen worden sind, alles ohne Angabe von Gründen. Ihr wisst, dass ich nicht meine eigenen Interessen im Auge gehabt habe, dass ich den genauen Zustand, in dem sich meine Geschäfte befanden, nicht gekannt habe. Meine Zeit wurde ganz und gar durch den Dienst an der Öffentlichkeit in Anspruch genommen.« Jetzt bezahlte er einen unvorstellbar hohen Preis für seinen Idealismus und dafür, dass er es versäumt hatte, sich um seine eigenen Angelegenheiten zu kümmern. Wenn er wollte, dass ihm Gerechtigkeit widerfuhr, dann blieben ihm, wie er jetzt deutlich erkannte, nur zwei Möglichkeiten: Er musste nach Frankreich zurückkehren oder sich nach England begeben, um mithilfe seiner Beziehungen zum englischen Hof Druck auf Bourbon und Orléans auszuüben.

Er versuchte es auf die eine wie auch auf die andere Weise: Er schickte an den Regenten neue Vorschläge, wie man aus der finanziellen Misere herauskommen könnte, weil er hoffte, sich damit den Weg zurück nach Paris zu ebnen. Gleichzeitig trat er an alte Londoner Freunde heran. Dem englischen Diplomaten Crawford zufolge wurden Laws Pläne in Paris wärmstens begrüßt: »Mr. Law … hat in Briefen dem Regenten ein neues Projekt zum Wiederaufbau der Finanzen unterbreitet, das großen Anklang fand; man zieht daraus den Schluss, dass jener Herr bald nach Frankreich zurückkommen wird.« Obwohl der Regent insgeheim darauf brannte, seinen alten Freund zurückzuholen, hatte er dennoch Angst, dass dies möglicherweise große Empörung im Volk auslösen könnte. Da er sich nach wie vor dem Druck von Laws Feinden ausgesetzt sah, weigerte er sich einzuschreiten. Die Pattsituation blieb bestehen. In London wurden Laws Annäherungsversuche von Lord Ilay und Lord Londonderry mit kaum weniger zwiespältigen Gefühlen aufgenommen. Vier Jahre zuvor hatte Law durch die Intervention Londonderrys von George I. einen königlichen Pardon und von den Wilsons eine Freisprechungsurkunde erhalten. Als Unterpfand für seine Loyalität gegenüber Frankreich hatte er den Gnadenerlass dem Regenten ausgehändigt – eine weitere spontane Geste, die er jetzt bedauerte –, und das andere Dokument war in Paris geblieben. Ihm war bewusst, dass die Entwicklungen der jüngsten Vergangenheit zur Konsequenz hatten, dass man ihn in Britannien jetzt mit anderen Augen sah. Deshalb hoffte Law voller Sorge, dass »Seine Majestät keine Bedenken haben wird anzuordnen, dass mir eine zweite Ausfertigung [des Gnadenerlasses] zugestellt wird«. Dennoch beunruhigte ihn die Frage, wie man ihn empfangen würde, so sehr, dass er seine politischen Muskeln spielen ließ und mit drohendem Unterton darauf hinwies, wie viel Schaden eine Weigerung, ihn nach England zurückkehren zu lassen, anrichten könnte. »Es liefe dem Interesse meines Landes sehr zuwider, mir die Zuflucht, die ich dort suche, zu verweigern… Ich habe Angebote von sehr mächtigen Fürsten erhalten, die einen Mann in Versuchung führen würden, der entweder das Verlangen oder den Ehrgeiz empfände, sich zu rächen. England kann sein Ansehen zurückgewinnen, wenn kein anderer Staat den Anspruch erhebt, sein Rivale zu sein; doch wenn ich mich fehlleiten lassen sollte, mit einem Fürsten zusammenzuarbeiten, der über Kapital, Autorität und Entschlossenheit verfügt, könnte ich die Verhältnisse in ganz Europa verändern.«

Seit seiner Abreise aus Frankreich hatte Law mit Sicherheit Angebote von Dänemark und Russland erhalten, in diesen Ländern tätig zu werden, was er allerdings fürs Erste abgelehnt hatte. Doch er hatte keineswegs nur eine leere Drohung ausgesprochen: Wenn England ihm die Einreise verweigerte und Orléans ihm weiterhin die Mittel vorenthielt, mit denen er seine Schulden tilgen konnte, dann würde ihm nichts anderes übrig bleiben, als anderswo »nach einem Protektor zu suchen, um einer Gefängnisstrafe zu entgehen, die bis zum Ende meines Lebens dauern könnte«. Der Schuldturm ragte ständig drohend vor seinem inneren Auge auf, und vermutlich verstärkten die Erfahrungen, die er in seiner Jugend im Newgate-Gefängnis gemacht hatte, seine Angst davor, wieder hinter Gittern zu landen. Bezeichnenderweise enthielt sein Antrag, man möge ihn zurückkehren lassen, auch die Forderung, dass ihm seine Gläubiger in Britannien ein paar Monate Gnadenfrist einräumen sollten, in denen er seine Angelegenheiten in Ordnung bringen konnte, bevor sie ihn um die Zahlung seiner Schulden bedrängten. An Londonderry hatte er bei einer in Paris geschlossenen riskanten Wette darum, ob der Kurs der Aktien der Ostindien-Gesellschaft fallen würde oder nicht, insgesamt fast 600 000 Pfund verloren, und weil er diese Summe nicht hatte zahlen können, war Middleton, sein Bankier, ungefähr um die Zeit herum, als Law aus Paris weggegangen war, gezwungen gewesen, seine Geschäfte einzustellen.

Londonderry und Ilay nahmen Verbindung mit Lord Carteret auf, der sich wiederum mit dem König beriet. Als jedoch im Spätsommer immer noch keine Entscheidung vorlag und seine Gläubiger ihre Stimmen immer drohender erhoben, beschloss Law mit für ihn typischer Impulsivität, einfach eine Reise nach England zu riskieren: »Ich hatte keine Einladung vom König oder seinen Ministern, doch die Lage, in der ich mich mit meinen geschäftlichen Angelegenheiten befand, ließ mich den Weg einschlagen, trotz aller Ungewissheiten dorthin zu gehen«, schrieb er später.

Law verließ Venedig Ende August und reiste, um Holland und bestimmte Regionen Deutschlands, wo wütende Gläubiger ihn festsetzen könnten, zu umgehen, durch Böhmen bis nach Hannover und dann Richtung Norden nach Kopenhagen. Er hatte vorgehabt, einige Zeit am dänischen Hof zu verbringen – der Diplomat Guldenstein war ein alter Freund von Law, der ihm seit seiner Flucht aus Frankreich schon mehrfach angeboten hatte, ein Amt in der Regierung zu übernehmen. Law hatte mit der Begründung abgelehnt, dass er vorhabe, ganz ruhig und zurückgezogen zu leben, »da ich auf dem schönsten Schauplatz der Welt und für den erleuchtetsten Fürsten gearbeitet und mein Projekt bis zu dem Punkt vorangetrieben habe, wo es eine ganze Nation glücklich machen konnte, und wenig Mittel besitze, um mich vor den

Kabalen des Hofes und den verschiedenen politischen Lagern zu schützen, werde ich kein weiteres Amt mehr übernehmen«.

Das englische Ostseegeschwader lag bei Elsinor vor Anker, und man war dabei, die Schiffe seeklar zu machen, damit man vor dem Beginn des Winters in die Heimat segeln konnte. Law blieb daher keine Zeit, sich mit Guldenstein am Hof zu treffen. Admiral John Norris, der Befehlshaber des Geschwaders, gestattete es Law, an Bord seines Flaggschiffes *Sandwich* die Reise nach England anzutreten. Das Schiff setzte am 6. Oktober 1721 die Segel und erreichte zwei Wochen später den Marinestützpunkt vor The Nore im Mündungsgebiet der Themse. Es war das erste Mal seit sechsundzwanzig Jahren, dass Law seinen Fuß auf englischen Boden setzte.

Seine Freunde Ilay und Londonderry erwarteten ihn und eskortierten ihn nach London, wo man, wie er gefürchtet hatte, die Rückkehr des verlorenen Sohnes mit gemischten Gefühlen aufnahm. Sofort nach seiner Ankunft in der Stadt schrieb er an Katherine: »Ich erwarte nicht, bei Hofe wohlwollend aufgenommen zu werden; deshalb, und da ich dort auch nichts erbitten kann, habe ich nicht vor, mich dorthin zu begeben.« Er wurde nicht nur von vielen für die Katastrophe, die der »Südseeschwindel« ausgelöst hatte, verantwortlich gemacht, sondern man fürchtete auch, dass »sein Aufenthalt in London nur Leuten mit bösen Absichten helfen könnte, Ressentiments wieder erwachen zu lassen«, mit anderen Worten, dass es das Missfallen Frankreichs erregen würde, wenn England Law ein Refugium gewährte. Die Kontroverse war heftig genug, um zweimal im Oberhaus zur Sprache gebracht zu werden. Der Earl of Coningsby klagte, dass »Law in einem benachbarten Königreich so viel Unheil angerichtet habe; und dass er, da er, wie berichtet wurde, so unermesslich reich sei, hier noch viel größeren Schaden anrichten könnte; indem er heimlich mit vielen verhandelte, die dadurch in Verzweiflung gestürzt worden sind, dass sie in die Kalamität verwickelt waren, welche durch die verhängnisvolle Nachahmung seiner Unheil bringenden Projekte verursacht wurde«. Vor allem aber, erklärte Coningsby, solle man Law meiden, weil er nicht nur »seine natürliche Zuneigung zu seinem Land und seine Loyalität gegenüber seinem rechtmäßigen Souverän« aufgegeben habe, »indem er sich in Frankreich habe einbürgern lassen und offen mit den Freunden des Pretenders verkehrt habe, sondern, was am schlimmsten sei und am stärksten gegen ihn ins Gewicht falle, weil er auch seinem Gott abtrünnig geworden sei, indem er den römisch-katholischen Glauben angenommen habe«. Carteret hingegen trat für Law ein. Er halte sich im Land auf, da er der Güte des Königs teilhaftig geworden sei; er flüchte nicht mehr länger vor der englischen Justiz, da er im Jahr 1717 begnadigt worden sei, und ein jeder Mensch habe das Recht, in das Land seiner Geburt zurückzukehren.

Gegen Anfang November hatte sich der ganze Aufruhr gelegt. Die einflussreichen Männer, die für Law eintraten, hatten Boden gewonnen und das Establishment davon überzeugt, dass seine Anwesenheit keineswegs die Beziehungen zu Frankreich beeinträchtigen würde, sondern Law sogar dazu beitragen könnte, das Verhältnis zu bessern. Der Diplomat Sutton hielt fest: »Dass Mr. Law sich nach England zurückgezogen hat, scheint dem Hof nicht zu missfallen … Law wird nichts tun, was das gute Einvernehmen und die Harmonie, die zwischen den beiden Höfen herrschen, zu stören.« Gegen Ende des Monats hatte dieses Argument sich durchgesetzt, und Law erhielt die Erlaubnis, wieder vor das Gericht von King's Bench zu treten, um um seine Begnadigung zu bitten; der Duke of Argyll, der Earl und mehrere andere einflussreiche Freunde begleiteten ihn dorthin. Das »London Journal« vom 2. Dezember 1721 enthielt folgenden Bericht über das bedeutsame Ereignis: »Am Dienstag, dem 28. November (dem letzten Tag der Sitzungsperiode), erschien der berühmte Mr. Law vor dem Gericht von King's Bench, und bat auf den Knien, dass man ihn für den Mord an Beau Wilson begnadigen möge.«

Nachdem er auf diese Weise offiziell Straferlass erlangt hatte, ließ Law sich in der Conduit Street nieder. Er sehnte sich immer noch danach, wieder mit Katherine vereint zu sein, und hoffte, dass sein letzter Schritt dies erleichtern würde. »Ich kann mir nicht vorstellen, dass der Regent euch zurückhalten wird, wenn er erfährt, dass ich schon hier bin. Ich glaube, Seine Königliche Hoheit und diejenigen, die ihm aufrichtigen Herzens dienen, werden erfreut sein, dass ich mich hier befinde, wo ich ihm nützlich sein kann, da ich weiß, wie sehr es in seiner Absicht liegt, in Freundschaft mit dem [englischen] König zu leben.«

Obwohl der Regent ihm eine bescheidene Rente ausgesetzt hatte und die Londoner Bankiers ihm wieder einen limitierten Kredit einräumten, kämpfte er immer noch darum, die Schulden begleichen zu können, die er im Interesse der Kompanie gemacht hatte und für die ihm viele die persönliche Verantwortung zuschrieben. Es betrübte ihn zu wissen, dass der Freund seines Bruders auf Grund der Verluste, die er wegen Law erlitten hatte, Bankrott gegangen war. Bereits von Venedig aus hatte er versucht, die Tilgung dieser Schulden zu beschleunigen: »Ich möchte gerne, dass du den Marquis de Lassay und meinen Bruder dazu bringst, sich mit dir zu treffen, damit ihr darüber abstimmt, was man tun kann, um M. Middleton zufrieden zu stellen. Ich habe M. le Duc geschrieben, der mit dem Regenten darüber sprechen wird, welches Geld vom König fällig ist, da nämlich Seine Hoheit zugestimmt hat, eine Million per Monat von den 15 Millionen zu begleichen, die die Kompanie zahlen sollte …«, hatte er Katherine geschrieben. Doch der Regent hatte sein Versprechen offensichtlich vergessen, und trotz vieler Briefe an Bourbon, den ersten Minister Dubois, Lassay und andere wurde nichts unternommen.

Peu à peu wurde Law in den Salons der Londoner Gesellschaft wieder willkommen geheißen. Die Leute waren fasziniert von seinem Ruf, brannten auf eine Gelegenheit, ihm persönlich zu begegnen – und waren immer entzückt von ihm, wenn es dazu kam. In einem Brief an den Earl of Oxford schrieb William Stratford:

Ich wurde gestern vom Audit House zu drei Herren geholt, die mir einen Brief von Dr. Cheyney überbracht hatten. Ich dachte kurz daran, nicht nach Hause zu gehen, als ich es aber dann tat, stellte sich heraus, dass es sich bei den Gentlemen um den berühmten Mr. Law und seinen Sohn sowie Lord Sommerville, einen jungen schottischen Adeligen, handelte. Obwohl Laws Charakter mir nicht fremd war, missgönnte ich ihm nicht eine Flasche Wein, um ein wenig mit jemandem zu plaudern, der für so viel Tumult in der Welt gesorgt hat.

Mit Anbruch des Jahres 1722 wurde Law zu einem regelmäßigen Besucher bei Hof. Er unterhielt sich häufig mit dem König, wahrscheinlich auf Deutsch, da George I. nur wenig Englisch sprach, und pflegte persönlichen Umgang mit dem Prince of Wales und anderen Mitgliedern der königlichen Familie. Katherine gegenüber beschrieb er die Kinder des Königs als »hübsch, höflich und wohlgestaltet. Wenn meine Tochter hier wäre, so glaube ich, würde sie ihnen gefallen«. Abgesehen von den gesellschaftlichen Visiten lebte er sehr beschaulich. Er ritt gern mit seinem Sohn auf einem der Pferde aus, die sie gerade erworben hatten. Katherine schrieb er, dass diese körperliche Bewegung ihn sehr belebe.

Doch die Monate vergingen, ohne dass sich konkret etwas zu seinen Gunsten veränderte. Seine finanziellen Probleme waren immer noch nicht aus der Welt geschafft, die Schulden der Kompanie immer noch nicht beglichen. Ein Gläubiger, ein Geldverleiher namens Mendez, an den Middleton sich hatte wenden müssen, hatte mittlerweile eine Verfügung gegen ihn erwirkt und hätte ihn jederzeit verhaften lassen können. Obwohl sie immer wieder einen Pass beantragt hatte, wurde Katherine nach wie vor die Ausreise aus Frankreich verwehrt. »Ich gestehe dir, dass die Gedanken daran mich manchmal in einem Maße aufwühlen, dass ich nicht Herr meiner selbst bin«, schrieb er ihr, und obwohl er sich in Wirklichkeit selbst ganz ohnmächtig fühlte, versuchte er mannhaft, neue Hoffnung in ihr zu entfachen, dass sie bald wieder vereint sein würden: Er ließ durchblicken, eine weitere Weigerung, ihr den Pass auszustellen, könne gut bedeuten, dass man ihn nach Frankreich zurückrufen werde. »Ich bin voller Hoffnung, bald zu hören, dass der Regent dir erlaubt, aus Frankreich herauszukommen; wenn nicht, dann nehme ich an, wird sein Trachten dahin gehen, mich herüberzuholen, denn ich höre, die Leute jenes Landes denken jetzt ganz anders, was meine Person betrifft.« Bei anderen Gelegenheiten, wenn das Gefühl der Verzweiflung ihn übermannte, brachte er seine Niedergeschlagenheit in Briefen an den Regenten und den Duc de Bourbon zum Ausdruck: »Ich bin mir der Behandlung, die mir von Seiten Frankreichs widerfahren ist, durchaus bewusst. Die Einkerkerung meines Bruders und jener, die eine gewisse Verbundenheit mit mir an den Tag gelegt haben, die Tatsache, dass Mme. Law und meine Tochter zurückgehalten werden, vor allem aber die Gleichgültigkeit, die Eure Königliche Hoheit mir gegenüber zeigten, haben mich mehr geschmerzt als die beschränkten Umstände, in denen ich jetzt lebe«, schrieb er an den Regenten, der – wie gewöhnlich – vergaß, ihm zu antworten.

Zu den Sorgen über seine finanzielle Situation und über Katherine kam noch erschwerend hinzu, dass sein Verhältnis zu seinem Bruder William inzwischen von starken Spannungen überschattet wurde. Sofort nachdem Law aus Frankreich abgereist war, hatte William ihm lange Briefe im nörgelnden Ton nach Venedig geschickt, auf die Law kurz und bestimmt geantwortet hatte: »Ich hätte es gerne, wenn du einmal darüber nachdächtest, dass du das, was du besessen, durch mich bekommen hast, und dass ich, wenn ich dich in Aktionen einbezogen habe, die du nicht billigst, diese Aktionen auch für mich selbst und für meine Kinder vollzogen habe; Vorwürfe sind gegenwärtig nicht angebracht, du solltest lieber Auswege vorschlagen.« Die Kluft zwischen den beiden vergrößerte sich nach Williams Verhaftung noch, als sein Bruder nämlich seine Frau Rebecca ohne Rücksicht auf ihre Gesundheit nach Venedig schickte, damit sie Law um Hilfe bat. Rebecca war damals schwanger gewesen, und Law hatte die Reise als eine *sottise*, eine Narrheit bezeichnet. Er hatte ihr jedoch Erklärungen übergeben, aus denen seine Beteiligung an den strittigen Geschäften genau hervorging, und das wenige Geld, das er besaß – ein Darlehen von Lassay – mit ihr geteilt. Seitdem Law sich wieder in England niedergelassen hatte, war der Zwist der beiden Brüder noch erbitterter geworden; Anlass dafür waren immer noch nicht beglichene Schulden und Differenzen über von Middleton angekaufte Immobilien. Zunächst hatte Law gemeint, das, was sein Bruder im Gefängnis erlebt habe, entschuldige sein Verhalten: »Mein Bruder muss verrückt geworden sein; vielleicht hat das Gefängnis ihn wirr im Kopf gemacht«, hatte er einem Freund gegenüber geäußert. Middleton hatte zu vermitteln versucht und William von einer Unterhaltung erzählt, die er vor kurzem mit seinem Bruder geführt habe: »Ich hatte den Eindruck, dass er Euch gegenüber ein wenig unfreundlich gestimmt ist; ich glaube, das liegt bis zu einem gewissen Grade daran, dass Ihr ihm auf eine Art oder in einer Weise geschrieben habt, die ihm nicht ganz gefällt.« Middleton drängte William, seine Differenzen mit dem älteren Bruder beizulegen: »Da er der bei weitem wertvollste Freund war, den Ihr überhaupt haben konntet und der immer noch bis vor kurzem sehr viel Fürsorglichkeit Euch gegenüber zu erkennen gab, verleihe ich in aller Bescheidenheit der Meinung Ausdruck, dass Ihr gut beraten wäret, wenn Ihr in Ruhe erwägtet, inwieweit es Euch gut ansteht, ihn gegen Euch einzunehmen, wie auch, wie viel Schuld die Welt Euch zuweisen wird.« Middletons Brief scheint aber, wenn überhaupt, nur wenig Wirkung gezeigt zu haben, und Law war außer sich vor Wut, als er herausfand, dass einige der bösartigen und jeder Grundlage entbehrenden Gerüchte über die geheimen Fonds, die er sich außerhalb Frankreichs angelegt haben sollte, von seinem Bruder in Umlauf gesetzt worden waren. »Was müssen meine Freunde denken, wenn sie sehen, wie mein Bruder sich gebärdet?«, fragte er sich. Sogar als die Situation in Frankreich sich etwas entspannte und die Entlassung seines Bruders kurz bevorstand, blieb das Verhältnis der beiden zueinander frostig, und wenn man sie mit Briefen an Freunde vergleicht, war der Ton, den er in seinen Schreiben an William anschlug, ausgesprochen distanziert: »Ich habe mehrfach an den Regenten und den Kardinal [Dubois] betreffs deiner Freilassung geschrieben. Ich nehme an, ich hätte es gehört, wenn du frei wärest. Ich erwarte, dass es bald soweit ist, da Seine Hoheit versprochen hat, mir und dir Gerechtigkeit widerfahren zu lassen.«

Jemand, der die Entwicklungen genauestens verfolgte, war Sir Robert Walpole, der Erste Schatzlord und Schatzkanzler, der im

Zuge des Südsee-Debakels an die Macht gekommen war und nun in jeder Hinsicht, nur nicht nominell, Britanniens Premierminister war. Walpole meinte, dass Law trotz seiner prekären finanziellen Lage möglicherweise bald wieder nach Frankreich gebeten werden würde. An den Diplomaten Sir Luke Schaub schrieb er:

> Wenn der Duc d'Orléans gesonnen ist, ihn [Law] zurückzurufen, wie dessen Freunde hier es sich innigst erhoffen, dann haben wir keinen Anlass, dies zu blockieren. ... Es kann kein Zweifel daran bestehen, dass, wenn Mr. Law nicht zurückgeht, die Macht dort in schlechtere Hände fallen könnte; und wenn solche, die weder Engländer von Geburt noch aus Zuneigung sind, den Sieg davontragen sollten, dann hätten wir wohl geringere Chancen, als wenn wir jemanden tolerierten, der auf Grund unterschiedlicher Bindungen Grund hat, dem Land seiner Geburt wohl zu wollen.

Die Überzeugung vieler, dass er bald in eine Machtposition zurückkehren würde, half ihm auch, von seinen Gläubigern weiteren Aufschub zu erhalten. Einige Geldverleiher hatten genug Vertrauen in seine Aussichten für die Zukunft, um ihm eine Art von »Optionsdarlehen« anzubieten: Für ein Darlehen von zehn Pfund würde er 100 Pfund zurückzahlen, aber nur, wenn er nach Frankreich zurückkehrte. Er gab zu, dass es ihn lockte, das Angebot anzunehmen, »wenn sie mir genug geben wollten, dass ich meinen Verpflichtungen nachkommen könnte«.

Laws Fortschritte kamen nur quälend voran. Im Oktober 1723, beinahe zwei Jahre nachdem er sich in London niedergelassen hatte, sah es so aus, als ob er bald in Begleitung von Walpoles Bruder nach Paris abreisen würde. »Ich habe angeordnet, dass mein Bruder mit ihm nach Paris reist, doch er denkt, dass dieser sich auf Grund des Rates, den er ihm gegeben hat, dorthin begibt«, schrieb Walpole. Doch sollte nichts daraus werden. Man war schon dabei, die entsprechenden Vorbereitungen zu treffen, und Law wartete nur noch auf letzte Anweisungen aus Paris, als am 2. Dezember eine Hiobsbotschaft in London eintraf. Der Duc d'Orléans, den sein ausschweifendes Leben und der psychische Druck, dem er als Regent ausgesetzt war, ausgelaugt hatten, war im Alter von neunundvierzig Jahren von einem schweren Herzanfall ereilt worden; er war zusammengebrochen und wenig später in den Armen einer seiner Mätressen, der Duchesse Marie Thérèse de Falaris, gestorben.

Mit dem Duc starben auch Laws Hoffnungen, nach Frankreich zurückkehren zu können. Bourbon hielt nun die Zügel der Macht in Händen, doch dessen ehrgeizige und intrigante Geliebte, Madame de Prie, dieselbe, die Law ihre Kutsche geliehen hatte, damit er aus Frankreich entkommen könnte, war ihm mittlerweile feindlich gesonnen. Der Ruf zurück, auf den er so sehnsüchtig gewartet hatte, kam nicht mehr, und die Zahlung seiner Pensionsbezüge wurde ausgesetzt. Was barmherzige Freunde ihm gaben und was er am Spieltisch gewann, war wieder einmal das, womit er seinen Lebensunterhalt bestreiten musste. In einem Brief an die Countess of Suffolk scheint durch, wie tief gedemütigt er sich damals vorkam: »Könnt Ihr nicht auf den Herzog einwirken, mir etwas länger als nur dieses halbe Jahr zu helfen? Oder gibt es denn niemanden, der Güte genug besitzt, mir eintausend Pfund zu leihen? Ich bitte, wenn nichts von beidem geschehen kann, dass dies dann zwischen uns bleibt, da ich Euch für meine große Freundin erachte.«

Aus einem scharfen Brief an den Duc de Bourbon, den er im Sommer des darauf folgenden Jahres, also 1724, schrieb, klingt seine Erregung über die Umstände, unter denen er leben musste, durch: »Es gibt kaum ein Beispiel, vielleicht sogar kein einziges, für einen Ausländer wie ihn [Law selbst], der in so hohem Grad das Vertrauen des Fürsten erwarb, der ein so großes Vermögen auf so gerechte Weise machte, und der, als der Frankreich verließ, nichts für sich und seine Familie behielt, nicht einmal das, was er mit in das Königreich gebracht hatte.« Im Lauf der Zeit wich die Erbitterung über diese Ungerechtigkeit einem Gefühl des Bedauerns über die Chancen, die er ungenutzt hatte verstreichen lassen:

Ich habe alles geopfert, sogar meinen Besitz und meine Glaubwürdigkeit, sodass ich jetzt nicht nur in Frankreich, sondern auch in allen anderen Ländern bankrott bin. Für sie habe ich die Interessen meiner Kinder geopfert, die ich zärtlich liebe und die meine ganze Zuneigung verdienen. Diese Kinder, die einst von den bedeutendsten Familien in Frankreich umschmeichelt wurden, sind jetzt ohne Vermögen und Besitz. Es hat in meiner Macht gelegen, meine Tochter durch Einheirat in den vornehmsten Fürstenhäusern von Italien, Deutschland und England unterzubringen, doch ich wies alle Angebote dieser Art zurück, da ich meinte, dass alles andere meiner Pflicht zuwidergelaufen wäre.

Dringend darauf angewiesen, irgendwie Geld aufzutreiben, voller Sorge, dass er in den Schuldturm geworfen werden könnte, aber auch voller Hoffnung, dass die englischen Behörden ihn vielleicht einstellen und sich dann womöglich seines Falles annehmen und ihn gegen Frankreich zu seinem Recht verhelfen würden, wandte Law sich jetzt an Walpole und bat um einen Regierungsposten. Obwohl er als Katholik keine offizielle diplomatische Position bekleiden konnte, willigte Walpole ein, ihn einzustellen. Law war begeistert: »Ich werde alles dafür tun, dass Seine Majestät und seine Minister mit meinen Diensten zufrieden sein werden«, schrieb er ein paar Tage bevor er England verließ, um sich auf den Kontinent zu begeben.

Nachdem er, vermutlich zu seiner großen Erleichterung, sein erstes Gehalt von der Regierung bekommen hatte, überquerte John Law am 9. August 1725 in Begleitung seines Neffen den Ärmelkanal. Er hatte die Order erhalten, sich nach Aachen zu begeben und dort eine Kur zu machen, während er auf das Eintreffen weiterer Anweisungen wartete. Seine Rolle war alles andere als gewöhnlich. Er sollte durch Europa fahren und vorgeben, ein ganz biederer Reisender zu sein, in Wirklichkeit aber als Geheimagent tätig werden und über alles Interessante, das ihm auffiel, nach Hause berichten. Frankreichs »Meteor« stand im Alter von vierundfünfzig an der Schwelle zu einer neuen Karriere als Spion.

18 Venezianischer Sonnenuntergang

Mir war es auf Venedigs Seufzerbrücke,
Wo ein Palast, ein Kerker vor mir lag,
Als ob die Stadt aus Meeresfluten rücke
Auf eines Zaubrers wunderkräftigen Schlag.
Jahrtausend flohn aus ihrem Sarkophag,
Der welke Ruhm verlacht die alten Zeiten,
Wo manch gebeugtes Land so manchen Tag
Gehorcht des Marmorlöwen Flügelspreiten,
Als sich Venedig konnt' auf hundert Inseln breiten.

LORD BYRON, *»König Harolds Pilgerfahrt«,*
Vierter Gesang, 1. Strophe

Law hatte es immer genossen, den von Geheimnissen umwitterten Mann zu spielen. Erleichtert darüber, von den Problemen in Frankreich abgelenkt zu sein, stürzte er sich mit dem für ihn typischen Enthusiasmus in seine neue Tätigkeit als Geheimagent. Wie geplant, stieg er Anfang September 1725 zunächst in Aachen ab, um dort das Eintreffen neuer Befehle abzuwarten. Aachen war damals einer der bekanntesten Kurorte Europas, wohin sich Mitglieder der höchsten Gesellschaftsschichten begaben, um in dem Schwefelwasser der heißen Quellen zu baden, angenehme Konversation zu betreiben und sich – was Law sehr entgegenkam – mit allen Arten von Glücksspiel zu vergnügen. Law unternahm keinerlei Versuche, seine Identität zu verschleiern, und die Besucher des mondänen Heilbades waren entzückt, einer internationalen Berühmtheit zu begegnen, die sie ordentlich ausfragen konnten. Wobei keiner von ihnen ahnte, dass Law sie, während sie etwas über sein *système* aus ihm herauszulocken versuchten, über politische Angelegenheiten ihrer jeweiligen Länder aushorchte. Der Kurfürst von Köln und Fürst Theodor, sein Bruder, reisten inkognito durchs Land, und als sie nach Aachen kamen und erfuhren, dass Law in der Stadt war, schickten sie sofort einen Boten zu seinem Quartier und luden ihn ein, sie aufzusuchen. Law lag noch im Bett, als sein Diener ihm mitteilte, »dass der Kurfürst mich zu sehen wünschte«, doch da er sich seiner Pflichten als Geheimagent bewusst war, kleidete er sich in aller Hast an und eilte zu ihnen, um ihnen seine Reverenz zu erweisen. Später meldete er dann alles über diese Begegnung nach Whitehall.

Einen Monat später wartete er immer noch auf Instruktionen, und sein Argwohn, dass seine Hilfe nicht ganz so wichtig für die britischen Regierungsstellen war, wie er zunächst angenommen hatte, verstärkte sich zunehmend. Um sie zum Handeln zu veranlassen, erinnerte er London schriftlich in barschem Ton daran, dass sein Ruhm in Europa unvermindert strahlte und ihm Einlass in die höchsten Kreise verschaffte. »Die Arbeit, die ich in Frankreich verrichtet habe, und das Vertrauen, das der Duc d'Orléans in mich gesetzt hat, erweckt allerorts Neugier. In Wien wollten Minister und sogar der Kaiser mit mir über die Geschäfte reden, deren Ausführung in meinen Händen lag.« Wenn auch das Geschehen am österreichischen Kaiserhof von den Engländern mit besonderem Interesse verfolgt wurde – Österreich hatte gerade die Allianz mit England und Frankreich aufgekündigt und neue Beziehungen zu Spanien angeknüpft –, war Law eine viel zu bekannte und umstrittene Person, als dass man ihn mit solch einem heiklen Auftrag hätte betrauen dürfen. Er erhielt stattdessen die weitaus weniger wichtige Aufgabe, München zu besuchen, um den Kurfürsten von Bayern nach Möglichkeit dazu zu überreden, seine Verbindungen mit Wien abzubrechen und dafür lieber eine Allianz mit England zu schließen.

Law reiste Anfang Dezember aus Aachen ab und machte in Augsburg Halt, wohin er sich seine Briefe aus Frankreich hatte schicken lassen. Erneut nahm er, da er sich seiner neuen Stellung sehr bewusst war, jede Chance wahr, sich in Politikerkreisen zu bewegen. Der Botschafter Savoyens in Frankreich, Monsieur de Courtance, war in der Stadt und brannte darauf, mit Law zu reden, welcher diese Gelegenheit eifrig zu nutzen wusste. »Ich machte ihm klar, dass die Allianz mit Spanien und Portugal dem Kaiser nicht viel nützen wird, dass seine britische Majestät heutzutage die einzige Seemacht repräsentiert und mehr Schiffe über die Meere segeln lassen könnte als alle anderen Mächte zusammen, dass Spanien und Portugal hinsichtlich Amerikas sehr viel riskieren, wenn sie in einen Krieg mit England eintreten.«

Wie jedermann sonst in Europa war Courtance gierig, das Geheimnis zu ergründen, wie Law eigentlich Geld »gemacht« hatte. Law hasste es, wenn die Leute ihn wie einen am Ende gescheiterten Zauberer ansahen, ließ sich aber selten die Gelegenheit entgehen, sich über sein Lieblingsthema auslassen zu können. Solche Diskussionen bedeuteten für ihn, dass er seine Handlungen rechtfertigen konnte – wahrscheinlich ebenso vor sich selbst wie vor anderen –, und außerdem konnte er in ihnen neue Ideen entwickeln.

Ich machte ihm klar, dass er irrte, wenn er der Meinung war, großer Luxus in England sei etwas, was man fürchten müsse. Luxus muss nicht gefürchtet werden, wenn er nicht den Staat zu einem Schuldner bei anderen Ländern macht, nämlich auf Grund eines Verbrauches von ausländischen Gütern, der mehr kostet als das, was sie uns für unsere Exportgüter schulden. Doch wenn das Gewerbe im Verhältnis stärker anwächst als der

Luxus, und wenn die Abrechnung zwischen den Ländern insgesamt umfangreicher ist, als sie je war, dann floriert der Staat sehr.

Am Neujahrstag 1726 verließ Law mit seinen Begleitern Augsburg und trat die kurze Reise nach München und an den Hof des Kurfürsten Maximilian Emmanuel II. von Bayern an. München hielt man damals allgemein für eine der angenehmsten deutschen Residenzstädte. »Die Pracht und die Schönheit der Gebäude, der öffentlichen wie der privaten …, übertrifft alles andere in Deutschland«, schrieb ein Reisender des achtzehnten Jahrhunderts. Als Law in die Stadt kam, gab es noch eine zusätzliche Attraktion: Der Fasching war in vollem Gang. Law, der nach wie vor ein starkes Pflichtgefühl empfand und sich ganz der Erfüllung seines Auftrags widmen wollte, ignorierte die vielfältigen Unterhaltungsmöglichkeiten und begab sich ohne Umwege zum kurfürstlichen Palast. Maximilian war seit ein paar Tagen leidend »an einer Art von Rheumatismus im Nacken, der ihn sehr quält und vom Schlafen abhält und ihn zwingt, das Bett zu hüten«. Die Nachricht vom Eintreffen des berühmten Law munterte ihn jedoch auf, und am nächsten Tag ließ er den Besucher zu sich in sein Schlafgemach bitten.

Maximilian begrüßte seinen Gast herzlich und fragte ihn, warum er ihn, als er vier Jahre zuvor Frankreich verlassen hatte und auf dem Weg nach England durch München gekommen war, nicht mit seinem Besuch beehrt habe. Law spielte vage auf seine Schwierigkeiten mit Gläubigern an: »Ich hatte damals Grund durchzureisen, ohne erkannt zu werden.« Doch die Tatsache, dass er sich jetzt in international bekannten Kurorten aufhielt und das Leben eines wohlhabenden Urlaubers führte, müssen die Gerüchte, er hätte irgendwo Geld verborgen, weiter genährt haben. Wie die meisten hatte auch Maximilian den Eindruck, dass Law immer noch märchenhaft reich wäre und brannte so sehr wie jeder andere darauf, mit ihm über das Thema Geld zu sprechen. Er klagte über die hohen Zinsen, die er für Darlehen zahlen müsse, und fragte, ob Law ihm nicht irgendwie aus der Misere helfen könne. Law antwortete ihm ganz offen. »Ich ergriff die Gelegenheit, ihm zu sagen, dass ich, wenn ich dazu in der Lage wäre, Seiner Exzellenz mit Vergnügen Geld leihen würde, und zwar zu einem vernünftigen Zinssatz, dass ich aber außerhalb Frankreichs nichts mein Eigen nennen würde und, da meine Angelegenheiten immer noch nicht geregelt seien, meine persönlichen Schwierigkeiten hätte.«

Nach einer anfänglich viel versprechenden Unterhaltung verabschiedete Law sich schließlich von dem kränkelnden Kurfürsten, ohne die Frage der Allianz mit England angeschnitten zu haben, doch beide Seiten waren der Meinung, dass man das Gespräch fortsetzen müsse. Am folgenden Tag schien Maximilian bei besserer Gesundheit zu sein, und er hatte »in der vergangenen Nacht besser geschlafen als in denen zuvor«, doch fühlte er sich immer noch nicht wohl genug, um Besucher zu empfangen. Law verbrachte die Zeit damit, einen sehr detaillierten Bericht über ihr Treffen am Vortag zusammenzustellen und nach London zu spedieren. Er wartete immer noch voller Nervosität auf Nachrichten aus Frankreich, und sein Brief begann und endete mit einer Bitte an den Duke of Newcastle und Walpole, sich für ihn beim Duc de Bourbon zu verwenden.

Eine Woche später verschlechterte sich der Gesundheitszustand des Kurfürsten. Die Schmerzen hatten jetzt von seinem Nacken in die Magenregion übergegriffen und waren so heftig, dass man Angst hatte, sein Leben könnte in Gefahr sein. Man wollte unbedingt weitere medizinische Ratschläge einholen und ließ die führenden Ärzte des In- und Auslandes kommen. Ein französischer Arzt erklärte, die Krankheit sei nicht lebensbedrohlich, und versprach, dass er den Patienten heilen würde, doch dieser optimistischen Prognose zum Trotz verstarb Maximilian zwei Wochen später.

Unsicher darüber, was er als Nächstes unternehmen sollte, blieb Law zunächst einmal in München und erfüllte weiter seine Rolle als Geheimagent, indem er Informationen über die Streitkräfte Bayerns und des benachbarten Kurfürstentums Hessen-Kassel nach London schickte und auf weitere Anweisungen wartete. Seine Anwesenheit in Bayern zog eine Reihe einflussreicher Männer dorthin, darunter war der Baron von Sinzendorff, ein österreichischer Minister, dem Law ein Exemplar einer Denkschrift überreichte, in der er darlegte, dass sein Plan »wohl begründet gewesen war und sich bewährt hätte, wenn nicht außerordentliche Ereignisse dazwischen gekommen wären«. Obwohl er all jene Niederlagen hatte einstecken müssen, blieb er nach wie vor Idealist in allen Gelddingen. Als von Sinzendorff ihn zu Staatslotterien befragte, erwiderte Law, dem immer noch jene Bilder des Tumults in der Rue Quincampoix lebhaft im Gedächtnis waren, voller Ablehnung, dass sie lediglich Ausschweifungen förderten und »Wohlstand durch Fleiß erworben werden sollte und nicht mithilfe von Glück oder Glücksspiel«. Wenn man bedenkt, dass Law neben seinem Gehalt von der britischen Regierung nur die Gewinne aus dem Glücksspiel hatte, um seinen Lebensunterhalt zu bestreiten, muss man zu dem Schluss kommen, dass er mit dem Leben, das er gezwungenermaßen führen musste, weder zufrieden noch glücklich war.

Als die Monate ins Land gingen, erschien ihm sein Aufenthalt in München zunehmend sinnlos. Der neue Kurfürst Karl Albrecht zeigte keinerlei Neigung, sich mit Britannien gegen Österreich zu verbünden. Law erhielt keine neuen Aufträge. Es gab keine Anzeichen dafür, dass irgendjemand in England seinen Berichten Beachtung schenkte. Als Law endlich des Wartens müde war und bei der britischen Regierung um seine Entlassung nachkam, wurde ihm dies ohne irgendein Zeichen des Bedauerns gewährt. Venedig, die Stadt, in der er sich immer zu Hause gefühlt hatte, winkte erneut.

Henry James hatte einmal geschrieben, dass man den ganzen Charme Venedigs nur dann empfindet, wenn man dort lebt. Er meinte, die Stadt sei »so launisch und nervös wie eine Frau« und man kenne sie nur, »wenn man alle Aspekte ihrer Schönheit kennt«. Im Jahr 1726, als Law zum dritten und letzten Mal in die Stadt der Kanäle, Kampanile und Kartenpartien zurückkehrte, muss er Ähnliches empfunden haben. Die Kunstschätze Venedigs, seine bacchanalischen Maskenbälle, Regatten, Umzüge und Prozessionen, die Katherine und ihn ein Vierteljahrhundert zuvor zum ersten Mal in ihren Bann gezogen hatten, waren ihm in beruhigender Weise vertraut, nahmen ihn aber immer noch gefangen. Als die Zeit verging, und seine Probleme in Frankreich immer noch nicht beigelegt waren, muss die ruhige Schönheit der Stadt die dunklen Wolken der Enttäuschung etwas aufgehellt und ihm Trost gebracht haben.

Gläubiger blieben seine Hauptsorge. Einige waren geduldig mit ihren Forderungen, andere drohten damit, ihm oder seinem Sohn etwas anzutun, wenn sie ihr Geld nicht wiederbekämen. Da er diesen finanziellen Forderungen hilflos ausgeliefert gegenüberstand und nach einer Möglichkeit suchte, seiner Familie unauffällig etwas zu hinterlassen, begann er damit, überschüssiges Geld aus seinen Gewinnen im Spiel in Kunstwerken anzulegen und sich ein wenig mit dem Gemäldehandel zu beschäftigen. Katherine hat wohl die Sammlung erweitert, indem sie einige der Gemälde, die sie in Paris besaßen, nach Venedig schickte, bevor alles, was sich in dem Haus befand, beschlagnahmt wurde. Innerhalb von zwei Jahren hatte Law an die fünfhundert Werke zusammengetragen, darunter waren Gemälde von Tizian, Raffael, Tintoretto, Veronese, Holbein, Michelangelo, Poussin und da Vinci.

Als er auf dem Kunstmarkt nach geeigneten Objekten fahndete, bewies Law erneut seinen höchst ausgeprägten Geschäftssinn. Damals waren Gemälde Statussymbole und galten als Zeichen für einen guten Geschmack, aber nicht als etwas, in das ein vernünftiger Mann sein Geld investieren sollte. Als typisch für die Zeit kann Burges gelten, der in Venedig ansässige Engländer (er war Regierungsagent); er erkannte nicht, welchen materiellen Wert ein Kunstwerk haben konnte, und schrieb abschätzig über den Handel, den Law betrieb. »Kein Mensch auf Gottes Erden glaubt, dass seine Bilder, wenn sie einmal verkauft werden, ihm auch nur die Hälfte der Summe einbringen werden, für die er sie erworben hat.« Er war überzeugt davon, dass Law betrogen worden war. »Ich glaube, alle stimmen überein, dass er seine Bilder sehr schlecht eingekauft hat und bei jedem Handel, den er schloss, fürchterlich getäuscht worden ist.« Die Zeit sollte jedoch zeigen, dass Law Recht gehabt hatte. Heute würde sich nur noch eine Hand voll Milliardäre eine solche Sammlung zulegen können.

Nach seiner Rückkehr nach Venedig gab Law, vielleicht damit Burges oder seine Familie ein Erinnerungsstück hatten, bei dem holländischen Maler John Verelst ein Porträt von sich selbst in Auftrag. Das Porträt, das sich heute bei einem unbekannten Sammler befindet, ist um Welten von dem Bild entfernt, das von ihm gemalt wurde, als er sich auf dem Höhepunkt seiner Macht befand. Er ist ganz schlicht gekleidet, in eine nicht zugeknöpfte Samtjacke, zu der er ein weißes Halstuch trägt, und nimmt eine klassische Pose ein: Der eine Arm ist angewinkelt, in der anderen Hand hält er einen Handschuh. Diese Haltung ist von dem venezianischen Maler Tizian übernommen. Die Augen schauen in beunruhigender Weise am Betrachter vorbei, das Gesicht mit dem grüblerischen Ausdruck ist voller geworden. Die Perücke ist nicht länger der gewellte, extravagante Haaraufsatz früherer Zeiten, sondern entspricht dem neueren Stil; sie ist das, was man eine *perruque à nœuds* nannte, mit kürzeren Haaren, die in Laws Fall blassgrau gepudert sind, um sein fortgeschrittenes Alter anzudeuten. Er war sechsundfünfzig Jahre alt, als dieses Bild entstand. Trotzdem wirkt sein Gesicht distinguiert und anziehend. Seine breite Stirn, die buschigen Augenbrauen und die Hakennase sind wie auf jedem anderen Porträt von ihm hervorgehoben; die Lippen wirken voll, und ein leichtes Lächeln umspielt sie, als ob er sich an einen vergnüglichen Vorfall aus der Vergangenheit erinnerte. Doch der Ausdruck ruhiger Zufriedenheit – der Zufriedenheit eines Wohlsituierten – täuscht. In die Lebensfreude, die Law trotz allem noch empfand, mischte sich im Lauf der Zeit immer mehr Verzweiflung. Doch bis zum Ende, als er die Fassade fallen ließ, nahmen wenige die Melancholie in seinem Inneren wahr. Als der berühmte Schriftsteller und politische Philosoph Montesquieu ein Jahr, nachdem dieses Porträt angefertigt worden war, Law einen Besuch abstattete – es war der 29. August 1728 – ließ dieser die frühen Tage der Bank Revue passieren und »behauptete, der Zusammenbruch seines Systems sei durch den Argwohn gegenüber seinem *arrêt* (mit dem der Wert der Noten halbiert wurde) herbeigeführt worden. Auf Grund dieses Argwohns sei der Erlass zurückgenommen worden, und die Öffentlichkeit habe kein Vertrauen mehr in ihn gehabt, nachdem er derart verhöhnt worden sei«. Montesquieu wurde durch Laws Streitlust in Erstaunen versetzt: »Die ganze Kraft seiner Argumente dient dem Versuch, die Antwort, die man gibt, gegen einen selbst zu drehen, indem er irgendeinen Widerspruch in ihr entdeckt«, erinnerte er sich. Montesquieu war Law nie gewogen gewesen: 1721 hatte er anonym die »Persischen Briefe« veröffentlicht, eine bissige Satire auf die Exzesse der Régencezeit, in der er auch Law heftig angegriffen hatte. Nachdem er sich in Venedig zwei Stunden mit dem Schotten unterhalten hatte, erklärte er zwar, dieser sei »mehr in seine Ideen verliebt als ins Geld«, sein Misstrauen ihm gegenüber aber hatte sich nicht gelegt. Law, schrieb Montesquieu, sei »immer noch derselbe Mann: mit geringen Mitteln, aber dennoch um hohen Einsatz und kühn spielend, im Geiste mit Projekten befasst, den Kopf mit Berechnungen erfüllt«.

Doch wenn Montesquieu es auch nicht bemerkte: Law hatte sich grundlegend verändert. Nach sieben langen Jahren schleppte sich die Überprüfung seiner Geschäfte in Frankreich immer noch erbarmungslos hin, und ein Abschluss schien kaum in Sicht. Nachdem er immer fest daran geglaubt hatte, die Gerechtigkeit würde eines Tages den Sieg davontragen, zwang ihn jetzt die Meldung über eine weitere Kommission, die eingesetzt worden war, um seine Rechnungsbücher noch einmal zu überprüfen, zu der deprimierenden Schlussfolgerung, dass die Angelegenheit zu seinen Lebzeiten niemals abgeschlossen werden würde. Mit dieser Erkenntnis befiel ihn eine große Depression, und seine Gesundheit verschlechterte sich. Als der Winter und ein weiterer Karneval sich ihrem Ende zuneigten, erkrankte Law an einer schweren Lungenentzündung. Er hatte seit einigen Jahren an Atembeschwerden, Rheumatismus und immer wiederkehrenden Fieberattacken gelitten, und die Feuchtigkeit, die während der Wintermonate überall in Venedig herrschte, musste seine Leiden noch verschlimmert haben. Ende Februar 1729 »wurde er von einem

Anfall von Schüttelfrost heimgesucht, der fünf und sechs Stunden dauerte, und dem ein heftiges hitziges Fieber folgte, das seitdem nie nachgelassen, sondern beständig geblieben ist«. Obwohl man ihn in der damals üblichen Weise behandelte, ihm Brechmittel verabreichte und ihn zur Ader ließ, verschlechterte sich sein Zustand. Jeder, der ihn kannte, sah, dass sein Leben zu Ende ging.

Der Tod machte ihm keine Angst. Im Gegenteil: »Es verlangte ihn sehr zu sterben, da er glaubte, dass sein Tod zu diesem Zeitpunkt seiner Familie einen größeren Dienst erweisen würde als alles andere.« Nur wenn er stürbe, so vertraute er Burges an, würde seiner Überzeugung nach die Hatz auf ihn und seine Familie enden: »Sie werden in Frankreich eher geneigt sein, ihm Gerechtigkeit widerfahren zu lassen, wenn sie erfahren, in welch armseligen Umständen er gestorben ist und dass er nirgendwo auf der Welt etwas besitzt, sondern nur das hat, was sich in jenem Land und in den Händen des Königs befindet.« Pragmatisch bis zuletzt, wies er seinen zweiundzwanzigjährigen Sohn an, sofort nach seinem Tod nach Frankreich zu reisen und sich dort der Gnade des Königs anheimzustellen.

Sowohl Burges als auch der französische Botschafter Gergy erkannten, dass das Ende nahe war, und wichen nicht von Laws Seite, da jeder von ihnen nach seinem Tod der Erste sein wollte, der seine Papiere durchsuchte. Er hatte in früheren Briefen nach Frankreich erwähnt, dass er damit beschäftigt sei, eine Geschichte seines *système* zu Papier zu bringen, und sowohl Burges wie auch Gergy nahmen an, dass sie das Manuskript unter seinen anderen Papieren finden würden. Der Franzose fürchtete, dass Bourbon und andere hoch stehende Mitglieder der Gesellschaft in seinem Land in Verlegenheit geraten könnten, wenn das Opus den falschen Leuten in die Hände fiele und damit bestimmte Einzelheiten bekannt würden. Außerdem glaubte man, dass sich in Laws Unterlagen Hinweise auf den geheimen Schatz finden würden, mit dem er nach Überzeugung aller aus Frankreich entkommen war. Gergy rief einige Jesuiten herbei, damit sie Law die Letzte Ölung spendeten und bei ihm wachten. Trotz einer leichten Besserung Anfang März, die »etwas Hoffnung auf eine Genesung Mr. Laws« gab, nahmen seine Kräfte weiter ab, und zwei Wochen später meldete Burges, er sei »so krank, dass niemand mit seiner Gesundung rechnet«.

Dennoch blieb er geistig wach genug, um ein Testament aufzusetzen, mit dem er seinen ganzen Besitz Katherine vermachte. Wenn auch die Tatsache, dass sie und Law niemals geheiratet hatten, nicht völlig geheim geblieben war, hatte man mittlerweile vergessen, dass Katherine damals ihrem Gatten davongelaufen war. Allgemein ging man davon aus, dass sie Laws rechtmäßige Ehefrau wäre. Weil sie es aber in Wirklichkeit nicht war und vermutlich um ihr irgendwelche Peinlichkeiten zu ersparen, hinterließ Law ihr alles, was er noch sein Eigen nannte in Form einer Schenkung an Lady Katherine Knowles – wie dem Gesetz nach ihr Name noch immer lautete. In diesem Dokument wurden weder die Kinder erwähnt noch die Tatsache, dass sie dem englischen »common Law«, dem Gewohnheitsrecht, zufolge, als seine Ehefrau galt.

Zwei Tage später, am 21. März 1729, einen Monat vor seinem achtundfünfzigsten Geburtstag kam für Law das friedliche Ende. »Mr. Law ist tot, nachdem er siebenundzwanzig oder achtundzwanzig Tage mit dem Leiden gekämpft hat, das von seinen Ärzten von Anfang an als unheilbar eingeschätzt wurde: Er verschied ganz ruhig und gelassen, und man spricht hier mit großer Wertschätzung von ihm«, hielt Burges fest, dessen Zuneigung zu dem Exilanten mit der schillernden Persönlichkeit über die Jahre hinweg stetig gewachsen war. In dem Nachruf in der Märzausgabe des »State of Europe« wurden dem Verstorbenen nicht so entschieden Tribut gezollt; Law wurde als »ein Gentleman« bezeichnet, »der sich durch das verhexte Mississippi-Projekt und andere fatale Unternehmungen, die dieses kopierten, Berühmtheit erworben hat, sodass man sich bis zum Ende der Welt an seinen Namen erinnern wird«.

Der junge John Law, der seinem Vater bis zuletzt beigestanden hatte, verspürte tiefen Kummer über den Verlust. Er schrieb einen eindringlichen Brief an seine Mutter, in dem er den Verstorbenen sowohl als Vater wie auch als Freund würdigte und erklärte, wie seine letzte Verfügung aussah: »Er schied am vergangenen Montag, dem 21. dieses Monats, aus dem Leben, nachdem er uns allen seinen Segen gegeben hatte; und er hat Euch, hohe Dame, zum Geschenk gemacht alles, was auch immer er besaß und worauf er Ansprüche erhob, zusammen mit der uneingeschränkten Vollmacht, darüber zu verfügen, damit tätig zu werden, Verträge abzuschließen etc., etc. …, kurz, alles damit zu tun, was Ihr für angemessen und richtig haltet.«

Um dem jungen Sohn den Schmerz zu ersparen, in dem Haus seines verstorbenen Vaters bleiben zu müssen, lud Gergy ihn ein, vorübergehend bei ihm zu wohnen. In Wirklichkeit war ihm weniger an dem Jungen als vielmehr an den »geheimen Papieren« gelegen, »von denen es heißt, Mr. Law habe sie einem Freund zu treuen Händen übergeben«, außerdem interessierte ihn der Inhalt des Testaments, und er hoffte, wenn John in seiner Nähe wäre, würde er bald die Gelegenheit erhalten, dieses Dokument in Augenschein zu nehmen. John händigte ihm gerne einige der Briefordner seines Vaters aus (von denen sich einer erhalten hat und sich heute in der Bibliothèque de Méjanes in Aix-en-Provence befindet), doch da er befürchtete, die Franzosen könnten versuchen, sich die Kunstsammlung anzueignen, bemühte er sich, den Inhalt der Schenkungsurkunde geheim zu halten. Als er sich in Gergys Residenz eingerichtet hatte und eines Tages außer Haus war, stöberte Gergy das Dokument auf, schrieb es ab und sandte die Kopie an den französischen Außenminister. »Ich verspürte den Wunsch, mich unauffällig über das Testament zu informieren, das der Verstorbene, wie jedermann sagt, gemacht hat, und es fiel mir eine Abschrift (die Euch zu übersenden, ich mir hiermit erlaube) einer Schenkungsurkunde in die Hände, die am 19. dieses Monats ausgefertigt wurde, der zufolge alles, was Mr. Law besaß, an diejenige fällt, die als seine Frau gilt, obwohl sie, wie Ihr sehen werdet, in dieser Urkunde nicht als solche bezeichnet wird.«

Einen Tag nach seinem Tod wurde John Laws Leichnam zu der alten venezianischen Kirche San Gemignano an der Piazza San Marco gebracht. Er wurde am folgenden Tag nach einem Requiem, das von dem päpstlichen Nuntius gesungen wurde, beigesetzt. Beinahe acht Jahrzehnte später, als Venedig unter der Herrschaft Napoleons stand, erging die Anweisung, die Kirche abzureißen. Durch eine merkwürdige Fügung des Schicksals war kein anderer als Alexander Law, John Laws Großneffe, einer der französischen Statthalter von Venedig. Bevor die Kirche geschliffen wurde, ordnete er an, dass die Gebeine seines berühmten Vorfahren in die nahe gelegene Kirche San Moise umgebettet wurden. Dort – nur einen Steinwurf vom Café Florian und dem Ridotto entfernt, wo er einst seine Tage verbrachte – befindet sich heute noch John Laws Grab: Es ist eine passende Ruhestätte für einen Mann, der einen so großen Teil seines Lebens damit zubrachte, die Annehmlichkeiten und Vergnügungen dieser Stadt auszukosten, und der am Ende selber zu einer Touristenattraktion wurde.

Sogar nach seinem Tod wurden Laws Wünsche nicht erfüllt. Der Groll seines Bruders war noch nicht erloschen, und die Nachricht von John Laws Tod und seinem außergewöhnlichen Testament war für ihn der Anlass, seiner Wut endlich freien Lauf zu lassen. Er focht die Gültigkeit der Schenkung an und forderte Laws Besitz für sich selbst. Seine Begründung dafür lautete, dass Katherine nie mit seinem Bruder verheiratet gewesen war, ihre Kinder damit nicht ehelich waren und er daher als nächster Verwandter Laws als rechtmäßiger Erbe galt. Die französischen Richter entschieden gegen Katherine, da aber William Law kein eingebürgerter Franzose war, befanden sie, dass seine Kinder, John Laws Neffen, die beide in Frankreich geboren waren und daher die französische Staatsbürgerschaft besaßen, das Erbe antreten sollten.

Man kann sich Katherines Reaktion auf die Nachricht von Laws Ableben und die anschließenden Aktionen seines Bruders kaum vorstellen. Zu dem Kummer um Laws Tod nach so langer Trennung kam noch hinzu, dass sie eine höchst peinliche Untersuchung ihrer privaten Lebensumstände über sich ergehen lassen musste – also genau das, was Law immer zu vermeiden gesucht hatte. Sie hatte William besucht und ihn in jeder Beziehung unterstützt, als er im Gefängnis gesessen hatte, und sie hatte auch ihrer Schwägerin geholfen, soweit es ihr möglich gewesen war. Dass man es ihr nun auf solche Weise vergalt, muss ihr einen ungeheuren Schlag versetzt haben. Doch sollte sie noch ein weiteres Unheil ereilen. Als die wertvolle Kunstsammlung ein paar Monate nach Laws Tod auf dem Seeweg von Venedig nach Holland transportiert wurde, braute sich ein Sturm zusammen, das Schiff schlug leck und musste in den Hafen zurückkehren; die Gemälde aber waren durch das eindringende Wasser schon so stark beschädigt worden, dass sie restauriert werden mussten; diese Arbeiten wurden erst nach mehreren Jahren abgeschlossen.

Bei allen immer größer werdenden Sorgen konnte Katherine doch aus Laws Tod und unkonventionellem letzten Willen einen bedeutenden Vorteil ziehen. Wie er vorhergesagt hatte, waren die Behörden endlich überzeugt, dass er kein Geld im Ausland versteckt hatte und ließen somit alle anstehenden Forderungen gegen ihn fallen. Katherine und ihre Tochter wurden mit Pässen ausgestattet und konnten, mit erbärmlich wenigen Besitztümern, Frankreich endlich verlassen. Der junge John hatte sich ein Offizierspatent erworben und diente in einem österreichischen Dragonerregiment. Um in seiner Nähe zu sein, ließ seine Mutter sich erst in Brüssel und später in Utrecht nieder. Tragischerweise zog sich John nur fünf Jahre nach dem Tod seines Vaters in Maastricht die Blattern zu und starb. Nachdem sie es geschafft hatte, sich irgendwie einen Teil der Kunstsammlung zu sichern, verkaufte Katherine fünfzehn Bilder und ging dann in ein Kloster, in dem sie bis zu ihrem Tod im Jahre 1747 lebte.

Mit Laws geliebter Tochter Kate ging das Schicksal freundlicher um. Sie heiratete ihren Cousin Lord Wallingford und führte in einem prächtigen Haus in der Grosvenor Street das Leben einer großen Dame der Londoner Gesellschaft. Der Schriftsteller Horace Walpole, Sohn des Premierministers Sir Robert, bewunderte ihr gutes Aussehen und meinte, dass sie ihrem Vater sehr ähnlich wäre, dessen von Rosalba Carriera angefertigtes Porträt seine berühmte Gemäldesammlung in seiner Villa Strawberry Hill bereicherte.

Epilog

Unser Zeitalter ist eines der parochialsten seit Homer. Ich rede nicht von geografischen Bezirken: Die Einwohner von Mudcombe-in-the-Meer wissen viel besser als zu irgendeiner früheren Zeit, was in Praha, Gorkij oder Peking getan oder gedacht wird. Wir sind in einem chronologischen Sinn parochial: So wie die neuen Namen die historischen Städte Prag, Nischnij-Nowgorod und Peking verhallen, so verbergen neue Schlagwörter vor uns die Gedanken und Gefühle unserer Vorfahren, sogar wenn sie sich von unseren eigenen nur wenig unterscheiden. Wir glauben, dass wir selbst auf dem Gipfelpunkt der Intelligenz stehen, und können uns nicht vorstellen, dass die merkwürdigen Kleider und unbeholfenen Sätze vergangener Zeit Menschen und Gedanken in sich bargen, die es immer noch wert sind, dass wir ihnen Beachtung schenken.

Bertrand Russell, »*On Being Modern-Minded*«

Als John Law starb, hielt Europa den Atem an. Er war als erfolgreicher und faszinierender Mann nach Frankreich gekommen, war voller Energie und Ehrgeiz gewesen und im Vertrauen darauf, dass er eine Neubelebung der Wirtschaft herbeiführen könnte. Solange es so ausgesehen hatte, als ob ihm das gelingen würde, war er der Held des Volkes gewesen, und mit Sicherheit einer der mächtigsten Männer Europas.

In seinen Augen war er auf Grund seiner eigenen Ungeduld gescheitert, nicht etwa weil irgendetwas an seinen Ideen falsch gewesen war: »Ich behaupte nicht, dass ich keine Fehler gemacht habe, ich gebe zu, dass ich welche begangen habe, und wenn ich von neuem beginnen könnte, würde ich anders handeln. Ich würde langsamer, aber auch sorgfältiger vorgehen, und ich würde weder den Staat noch mich selbst den Gefahren aussetzen, die eine Unordnung des allgemeinen Systems notwendigerweise begleiten.« Doch ist damit nur ein Teil der Ursachen beschrieben, die zu seinem Sturz geführt hatten. Wie das alte Sprichwort schon sagt, ist der Weg zur Hölle mit guten Vorsätzen gepflastert. In Laws Fall war seine grundlegendste Schwäche sein Idealismus; dies war jedoch etwas, das er sich nie einzugestehen vermochte. Bei seinem Traum von Utopia ließ er die menschlichen Schwächen außer Acht und konnte sich nicht vorstellen, dass er mehrere monströse Geister rief: das Verlangen des Menschen, so viel Geld wie möglich mit so wenig Anstrengung wie möglich zu verdienen, ihren Instinkt, der großen Herde zu folgen, etwas zu horten, wenn sie bedroht waren, sowie in Panik zu geraten, wenn ihr Vertrauen erschüttert wurde. Diese elementaren, unkontrollierbaren menschlichen Eigenschaften zusammen mit der Feindseligkeit des Establishments und der Tragödie der Pest hatten ihn letztlich zu Fall gebracht.

Nach seiner Flucht aus Frankreich und dem Zusammenbruch des Papiergeldsystems war es zu einer drakonischen Wiedereinführung der alten Münzwährung gekommen. Der reaktionäre Gegenschlag fegte nicht nur das Papiergeld hinweg, sondern auch den größten Teil der Steuerreformen, die Law durchgeführt hatte. Die nachhaltige Wirkung seines Systems aber ließ sich nicht gänzlich zerstören. Er hatte eine rasante, für die Krone aber äußerst Gewinn bringende Inflation ausgelöst, welche die Staatsschulden um zwei Drittel herabgesetzt hatte und damit die Notwendigkeit einer hohen Besteuerung beseitigte. Frankreich verfügte wieder über eine lebensfähige Wirtschaft, die es der Mo-

narchie ermöglichte, noch ein paar weitere Generationen lang zu
überleben. Die Kosten mussten jene tragen, die Wertpapiere wie
Staatsanleihen, Rentenbriefe oder Aktien der Mississippi-Kompanie besaßen; viele von ihnen sahen sich in den Ruin getrieben.
Laws Eingriff in das Finanzwesen hatte zwei weitere bedeutsame
Folgen: Auf der einen Seite bildete sich ein tiefes Misstrauen, das
es vor der Revolution unmöglich machte, eine Staatsbank einzu-
richten, zum anderen wurde ein immer größeres Verlangen nach
mehr Transparenz geweckt. Bis zum Erscheinen von Jacques Ne-
ckers »Rechenschaft, dem Könige abgelegt« im Jahre 1781 wurden keine Staatsbilanzen veröffentlicht, und diese Schrift wurde
daher zu einem Bestseller. Indem Law einen finanziellen Boom
ausgelöst und Aktien allgemein zugänglich gemacht hatte, hatte
er den Boden für finanzielle Gleichheit bereitet, und das *Ancien
Régime* hatte dies nie wieder vollständig ungeschehen machen
können. Signifikanterweise gab es erst siebzig Jahre später wieder
Banknoten in Frankreich, als nämlich von der Nationalversamm-
lung in den frühen Tagen der Revolution Geldscheine ausgegeben
wurden, die man als »Assignaten« bezeichnete und für die konfiszierte Ländereien der Krone und der Kirche als Sicherheiten
diente.

Im Rückblick nimmt Law einen auf Grund seiner Schwächen
sowie seiner Naivität ebenso für sich ein wie durch seine Brillanz.
Das war nicht immer so. Jahrelang überschattete sein Scheitern
die Tatsache, dass es eine zukunftsweisende Vision war, die er zu
verwirklichen suchte. Große Nationalökonomen wie Adam Smith
und Sir James Steuart haben seine Bedeutung erkannt, doch seine
Vorgehensweise missbilligt. Smith nannte Laws System »das ext-
ravaganteste Bank- und Börsenprojekt, das die Welt jemals gekannt hat«, und Steuart meinte »der beste Weg sich davor zu
schützen, [dass es wiederholt wird,] ist es, über die zu Grunde liegende Verblendung in Kenntnis gesetzt zu werden und die Ursachen und Motive zu durchschauen, auf Grund derer die Mississippi-Kompanie betrieben wurde«. Der Philosoph und Essayist
des achtzehnten Jahrhunderts David Hume muss etwas aus Laws
Fehlern gelernt haben, denn er schrieb: »Ob die Menge des Gel-

des größer oder geringer ist, ist ohne Belang, da die Preise der Waren immer im Verhältnis zur Menge des Geldes stehen, und eine Krone* diente zur Zeit Henry VII. demselben Zweck wie heute ein Pfund.« In den folgenden zwei Jahrhunderten betrachtete man Law voller Argwohn. Charles Mackay, ein Schriftsteller des neunzehnten Jahrhunderts, schloss eine anschauliche Darstellung von Laws Leben in sein Buch mit dem Titel »Memoirs of Extraordinary Popular Delusions« (»Erinnerungen an außergewöhnliche volkstümliche Täuschungen«) ein, in dem andere Kapitel beispielsweise Karl Marx gewidmet sind oder das Tulpenfieber und das Duellwesen behandeln. Marx sah Law mit etwas mehr Sympathie, für ihn war er »vom Charakter her eine angenehme Mischung aus Schwindler und Prophet«.

In unserem Jahrhundert ist aus Verunglimpfung eher so etwas wie Nichtbeachtung der Person John Laws geworden, auch wenn im Lauf der Zeit unter den Wirtschaftshistorikern der Respekt für ihn gestiegen ist. Norman Angell, Verfasser des berühmten, 1930 erschienenen Buches »The Story of Money« nannte ihn jemanden, der wie »ein Zaubermeister mit Aktien, Prämien, Raten und Emissionen jonglierte«. J. K. Galbraith, emeritierter Professor für Wirtschaftswissenschaft an der Universität Harvard, meinte in den Siebzigerjahren, Law habe vielleicht besser als irgendjemand nach ihm gezeigt, was eine Bank mit Geld vollbringen und Geld antun kann, während der Mann, der sich als Letzter ausgiebig mit Law befasst hat, Professor Antoin Murphy, ihn als vor Ideen »übersprudelnden Geist« bezeichnete, »der in Bezug auf die Wirtschaftstheorie Quantensprünge vollführte«. Doch außerhalb der Welt der Spezialisten und Fachwissenschaftler ist Law mehr oder weniger in Vergessenheit geraten.

In einem Zeitalter, in der die Vision und die Energie des einzelnen Mannes jede Barriere überwinden und die Welt ändern konnten, tat John Law genau dieses. Er war das, was man heutzutage einen »Macher« nennt. Viele seiner Ideen waren avantgardistisch.

---

* 1 Krone (Crown) waren 5 Schillinge; ein Pfund hatte 20 Schillinge. (Anm. d. Ü.)

In unserer Zeit sind Konzerne mit einer Vielfalt von geschäftlichen Interessen und Einnahmequellen in einem Maß selbstverständlich wie sie damals ungewöhnlich waren. Die Marketing- und Propagandastrategien, die Law einsetzte, waren damals ähnlich innovativ. Die Erkenntnis, dass Kunstwerke dem Besitzer nicht nur Status verliehen, sondern auch Geld einbringen konnten, war für die damalige Zeit ebenfalls außergewöhnlich. Vor allem aber nahm Law, indem er eine Papiergeldwährung erfand, die unabhängig vom Gold war, etwas vorweg, das heute für selbstverständlich gilt.

Oft lässt sich die Botschaft vergangener Ereignisse erst nach einer gewissen Zeit entziffern. Wenn man drei Jahrhunderte später Laws Geschichte aufrollt, hat man unweigerlich das Gefühl, »plus ça change plus c'est la même chose« – dass sich eigentlich nichts geändert hat. Heutzutage werden Papier und Plastik, ohne dass man darüber nachdenkt, als Zahlungsmittel akzeptiert, und mit einem Knopfdruck kann man Millionen von Dollar von einem Ende der Erde zum anderen transferieren. Doch hat dieser Fortschritt anscheinend wenig dazu beigetragen, dass wir durch die gigantischen Institutionen, die durch Investitionen der Öffentlichkeit entstanden sind, weniger verwundbar sind. Obwohl es mittlerweile Regulatoren und Zentralbankreserven gibt und die Fachleute über äußerst weit reichende Erfahrungen verfügen, kommt es immer wieder zu einem Börsenkrach, zum Kollaps einer Bank oder eines Wirtschaftssystems, wodurch die Stabilität von vergleichbaren Einrichtungen in zahlreichen anderen Ländern bedroht wird. Der ökonomische Zyklus, den unsere Vorfahren wahrscheinlich mit dem Rad der Fortuna verglichen, hat in der jüngeren Vergangenheit den meteorhaften Aufstieg und anschließenden Absturz asiatischer Wirtschaftssysteme gezeitigt, den finanziellen Zusammenbruch Russlands hervorgerufen und Unsicherheit gesät, was etwa die Zukunft Chinas oder Brasiliens betrifft. In der Welt des Bank- und Finanzwesens ragt das Gespenst eines finanziellen Desasters nach wie vor so bedrohlich auf wie im Paris der Régencezeit oder im georgianischen London. Finanzleute, die irgendwelche verrückten Alleingänge wagen, können immer noch Regierungen erschüttern, finanzielle Erdrutsche gigantischen Ausmaßes ereignen sich nach wie vor – in den vergangenen Jahren hat es Megaverluste bei unregulierten Deckungsgeschäften gegeben sowie große Verluste der Art, wie sie Nick Leeson der Barings Bank bereitet hat.

Und ganz ähnlich werden in periodischen Abständen große Teile der Bevölkerung immer noch vom Spekulationsfieber befallen. Wie in den Tagen der Mississippi-Kompanie sind Aktien nicht mehr länger eine elitäre Möglichkeit der Investition. Heutzutage hat jeder, der Geld in einem Pensionsfond anlegt, in steuerfreien Sparverträgen, Versicherungspapieren oder Bausparverträgen ein ureigenes Interesse an dem, was auf dem Aktienmarkt geschieht, und wird direkt oder indirekt die Auswirkungen starker Kursschwankungen spüren.

Am erstaunlichsten ist jedoch, dass sich an jenen Triebkräften wenig geändert hat, die zum maßlosen Anstieg bestimmter Werte und schließlich zum Platzen der Seifenblase führen. Auch in dem Universum der Hightechinformationsmöglichkeiten, in dem wir heute leben, verlässt sich der Experte auf sein Gefühl, auf seine Ahnung, und der allgemeine Herdentrieb führt vielleicht sogar zu noch beängstigenderen Schwankungen des Marktes als in früheren Zeiten.

John Law wäre wohl erstaunt festzustellen, wie sehr das monetäre Utopia sich uns entzieht wie eh und je.

DANKSAGUNG

Ich möchte folgenden Freunden und Fachwissenschaftlern danken, von denen viele mich geduldig an ihrem Wissen teilhaben ließen und Vorfassungen meines Buches gelesen und kommentiert haben: Nicholas Carn von Alliance Capital; Antoin Murphy vom Trinity College, Dublin; David Bowen; Virginia Hewitt, Lorna Goldsmith und Dr. Barrie Cook vom Coins and Medals Department des British Museum, London; Dr. Francis Harris vom Department of Manuscripts der British Library, London; Professor Walter Eltis, Exeter College, Oxford; Sophie Angonin, CICL; Guy Holborn, Bibliothekar von Lincoln's Inn; Gavin Kealey QC; Christine Battle; Al Senter; den Angestellten, vor allem John Keyworth, vom Bank of England Museum, London, Amanda Straw, Kuratorin von Knowsley Estate; Jacob Simon von der National Portrait Gallery, London; dem Börsenhistoriker David Schwartz; Peter Furtado von »History Today«; Dr. Munro Price vom Department of European Studies, University of Bradford; Dr. Peter Campbell, Department of European Studies, University of Sussex; den Angestellten von der Bibliothèque Méjanes, der Bibliothèque Nationale, dem Public Record Office, der West Hill Library, der London Library, der British Library, dem Heinz-Archiv an der National Portrait Gallery, meinen enthusiastischen und effizienten Herausgebern von Transworld Publishers, vor allem Sally Gaminara; meinem unvergleichlichen Agenten Chris Little sowie meinem Mann Paul Gleeson, dessen Karriere auf den Finanzmärkten mein Interesse an John Law überhaupt erst geweckt hat.

QUELLEN

John Law hat schon vor langer Zeit die Aufmerksamkeit von Biografen und Wirtschaftshistorikern auf sich gezogen. Viele seiner wichtigsten Schriften sind von Paul Harsin im Rahmen der Ausgabe »Les Œuvres complètes de John Law« wieder veröffentlicht worden. Die früheste Lebensbeschreibung Laws wurde 1721 von W. Gray vorgelegt, die erste detaillierte Biografie, die nach seinem Tod erschien, war die von J. P. Wood, die 1824 entstand. Die Aktivitäten Laws auf dem Finanzsektor wurden von mehreren Nationalökonomen des achtzehnten Jahrhunderts erörtert, unter anderem auch von Marmont du Hautchamp, Sir James Steuart und Du Tot. Die Zeit der »Régence«, John Laws Karriere sowie die gesellschaftlichen Auswirkungen seiner Unternehmungen werden durch die zahlreichen Briefe, Tagebücher und Zeitungsartikel jener Epoche anschaulich dokumentiert, wie zum Beispiel durch die Korrespondenz der Mutter, des Regenten, Elisabeth Charlotte d'Orléans, genannt Liselotte von der Pfalz, und die Aufzeichnungen und Memoiren des Duc de Saint-Simon, E. F. J. Barbiers, J. Buvats, des Marquis d'Argenson sowie Mathieu Marais'. Die Auswirkung von Laws Strategien spiegelt sich auch in den Schreiben von Diplomaten wider, die im Londoner Public Record Office (PRO) archiviert sind. Über Laws Flucht aus Frankreich und seine letzten Lebensjahre im Exil geben seine Briefe, die in dem in der Bibliothèque Méjanes, Aix-en-Provence, aufbewahrten Ordner enthalten sind, besonders anschaulich Auskunft.

Da das vorliegende Buch sich nicht an Fachleute, sondern an den ganz normalen Leser richtet, habe ich die Darstellung der manchmal verwirrend komplexen finanztechnischen Feinheiten bewusst vereinfacht und alle Zahlenangaben auf ein Minimum reduziert. Die Zahlen, die im Text zitiert werden, sind in der Hauptsache der vor kurzem von Professor Antoin Murphy veröffentlichten Untersuchung der Wirtschaftstheorien und -strategien Laws entnommen. In den folgenden Anmerkungen sind die Quellen für den erzählerischen Rahmen meines Buches im Einzelnen aufgelistet. Genauere Angaben zu den Quellen enthält die Biografie, wo auch weitere relevante Publikationen aufgeführt sind.

1 Ein Mann für sich

Zu Laws Glücksspielaktivitäten in Paris: du Hautchamp, *Histoire du systeme.*
Die Regeln des Faro-Spiels bei: Wykes, *Gambling.*
Zu d'Argensons Persönlichkeit: Saint-Simon, *Memoirs.*
Zu Laws Ausweisung aus Paris auf Grund der geplanten Einführung von Papiergeld und dem Interesse des Marquis de Torcy daran: Hamilton, *John Law of Lauriston.*

2 Jeunesse dorée

Zu Laws familiärem Hintergrund: Fairley, *Lauriston Castle;* Wood, *Life of John Law of Lauriston.*
Zur Stadt Edinburgh: McKean, *Edinburgh;* Defoe, *Journey Through the Whole Island of Great Britain.*
Zur Bankierstätigkeit von Goldschmieden: Chandler, *Four Centuries of Banking;* Williams, *Money: A History;* Galbraith, *Geld – Woher es kommt, wohin es geht.*
Zur Lithotomie: Lister, *A Journey to Paris in the Year 1698;* Pepys, *Tagebücher.*
Schilderung von Laws Erscheinung bei: du Hautchamp.
Laws Erklärung, die Arbeit gehasst zu haben: MS Méjanes.
Lockharts Erinnerungen an Law, in: Lockhart, *Memoirs.*
Zu Laws Reise nach London: Hibbert, *The English.*

3 London

Zum Leben in London: Ward, *London Spy.*
Die Geschichte von Bloomsbury Square bei: Chancellor, *The History of the Squares of London.*
Zu Mrs. Lawrence: *Proceedings of the King and Queen's Comissions.*

Zu Thomas Neale: Ward, *London Spy;* Hyde, *John Law: the History of an Honest Adventurer* und *Dictionary of National Biography.*

Wahrscheinlichkeit und Wahrscheinlichkeitsrechnung: Bernstein, *Wider die Götter;* Asthon, *History of Gambling in England* und Wykes, *Gambling.*

Zur Königlichen Münze: Chandler, *Four Centuries of Banking.*

»Öffentliche Lotterien sind weniger schlimm als private …«: AS Turin, Law an den Duca di Savoia, 7. Dezember 1715, zitiert bei Hamilton, *John Law* und Murphy, *John Law: Economic Theorist.*

4 Das Duell

Die Vorfälle, die zu dem Duell führten, sind dargestellt in: *Proceedings of the King and Queen's Comissions.*

Zu Edward Wilson: Evelyn, *Diary.*

»… sich ein großes Haus nahm …«: Gray, *The Memoirs, Life and Character of the Great Mr Law and His Brother at Paris.*

Schilderungen des Lebens im Gefängnis bei: Ward, *London Spy* und Anthony Babington, *The English Bastille.*

»Die Mixtur der Gerüche …«: Ward, *London Spy.*

Zu Lovells Persönlichkeit: *The Life and Surprising Adventures of Daniel Defoe.*

Eine Erläuterung der gerichtlichen Prozeduren bei: Baker, *The Legal Profession and the Common Law* und Beattie, *Crime and the Courts in England 1660–1800.*

»… eine zufällige Sache gewesen, Mr. Wilson habe als Erster den Degen gegen ihn gezückt …«: *Proceedings of the King and Queen's Comissions.*

5 Auf der Flucht

»Mr. Law weiß selbst am besten, wie er seine Flucht bewerkstelligte …«: Public Office (im Folgenden abgekürzt PRO) SP 35/20.

Zum Duellwesen: Kiernan, *The Duel in European History.*

Warristons Briefe, in denen der Prozess gegen Law und seine Flucht in allen Einzelheiten dargestellt sind: PRO SP 35/18fo 118; PRO SP 35/20–21.

Protokolle des Einspruchsverfahrens bei Leach, Skinner, Carthew und Comerbach.

Herkömmliche Darstellung von Laws Flucht bei: Gray, *The Memoirs, Life and Character of the Great Mr Law and his Brother at Paris.*

Zum Fluchtversuch: Luttrell, *A Brief Historical Relation of State Affairs.*

Theorien zu Laws Flucht: *The Unknown Lady's Paquet of Letters;* Hyde,

John Law: the History of an Hones Adventurer. Eine andere Version wird von Murphy in seinem *John Law* erörtert.

6 Im Exil

Zu Laws Reisen: du Hautchamp, Gray und Wood.

Geschichte der Bank von Amsterdam bei: Williams, *Money: A History;* Galbraith: *Geld – Woher es kommt, wohin es geht;* und Angell, *The Story of Money.*

Zum Bankwesen in Schweden: Williams, *Money: A History.*

Zum Bankwesen in Amerika: Angell, *The Story of Money.*

»...der gegenwärtigen Armut und der Kalamitäten dieses Landes...«: *ebd.*

Zu Paris im späten siebzehnten Jahrhundert: Lister, *A Journey to Paris in the Year 1698;* J. Black, *The British Abroad* und C. Hibbert, *The Grand Tour.*

»...hierorts eine ständige Vergnügung...«: Lister, *A Journey to Paris in the Year 1698.*

»Es ist ein großes Unglück für einen Fremden ...«: Andrew Mitchell zitiert bei Hibbert, *The Grand Tour.*

»...nie weniger als zwei Beutel mit sich herumtrug ...«: du Hautchamp.

Zu Katherine Knowles: Gray, *The Memoirs, Life and Character of the Great Mr Law and His Brother at Paris;* Wood, *Life of John Law of Lauriston;* Hyde, *John Law: the History of an Honest Adventurer;* Murphy, *John Law* und Saint-Simon, *Memoirs.*

»...einen Mann gewöhnlich mehr freut...«: Samuel Johnson zitiert bei Hibbert, *The Grand Tour.*

Zu Laws Problemen mit den Behörden sowie seiner und Katherine Knowles' gemeinsamer Flucht: Gray, *The Memoirs, Life and Character of the Great Mr Law and His Brother at Paris.*

»Frauen, Männer und die Angehörigen aller Stände...«: Evelyn, *Diary.*

»Sie schicken die Spieler fort...«: zitiert bei Hibbert, *The Grand Tour.*

Laws Petition an die Königin Anne: HMC Portland, Vol. III, S. 320f. *Money and Trade Considered:* abgedruckt in Harsin (Hg.), *Les Œuvres complètes de John Law.*

Gregs Report und der Bericht über das Duell: HMC Portland Vol. IV, S. 195 und 208 f.

Miniatur des John Law: In der Sammlung des Earl of Derby, Knowsley; interessanterweise geht aus Aufzeichnungen hervor, dass die Miniatur bei der berühmten Versteigerung der Sammlung Horace Walpoles in Strawberry Hill erworben wurde (Los Nr. 46), bei der auch eine Pastellzeichnung Laws von Rosalba Carriera zum Verkauf gelangte, die heute als verschollen gilt. Siehe hierzu: George Scharf, *Catalogue of the Collection of Pictures at Knowsley Hall*, 1875.

7 Die Wurzel allen Übels

Zu den Bedingungen in Frankreich: Cronin, *Der Sonnenkönig;* Perkins, *France Under the Regency* und Elizabeth Charlotte, *Letters.*

Zu Louis' XIV. finanziellen Problemen und seinen Schwierigkeiten, Darlehen zu erhalten: Murphy, *John Law.*

Laws Besuche in Paris und seine Briefe: Harsin (Hg.), *Les Œuvres complètes de John Law.*

Zum Charakter des Duc d'Orléans: Pevitt, *The Man Who Would Be King;* Elizabeth Charlotte, *Letters* und Saint-Simon, *Memoirs.*

Dummonds Brief: April 1713, HMC Portland, Vol. V, S. 287.

Zu Lotterien in Holland: Hamilton, *John Law of Lauriston.*

Desmartes' Briefe bei: Harsin (Hg.), *Les Œuvres complètes de John Law.*

»Ein Schotte namens Law…«: zitiert bei Hamilton, *John Law of Lauriston.*

Zu Stairs Besuch und seinen Eingaben, Februar 1715: Murray, *Stair Annals,* S. 265 und Hardwicke, *State Papers.*

Lord Halifax' Briefe, 14. Februar 1715: Murray, *Stair Annals,* S. 264. Über Stanhopes Wut: MS Méjanes, S. 79 verso – 80.

8 Die Bank

»Eure Königliche Hoheit wird keine Schwierigkeiten haben…«: Harsin (Hg.), *Les Œuvres complètes de John Law.*

Zur Meinung der Öffentlichkeit über die Bank: Barthélemy, *Gazette de la Régence.*

»…einen Eindringling, der durch die Hand des Regenten…«: Saint-Simon, *Memoirs.*

Zu den wirtschaftlichen Problemen und Schulden: Murphy, *John Law.* »Wir fanden den Besitz der Krone abgetreten…«: zitiert bei Pevitt, *The Man Who Would Be King,* S. 180.

»Die Annehmlichkeit wird derart sein…«: Saint-Simon, *Memoirs,* Vol. IV, S. 68.

Unterstützung durch d'Antin: zitiert bei Murphy, S. 143.

»Der Nutzen von Banken…«: Harsin (Hg.), *Les Œuvres complètes de John Law.*

»Ich könne dem Staat immer noch von Nutzen sein…«: *a. a. O.,* S. 245.

»Ich benötige nichts, da ich genügend besitze…«: *ebd.*

»…wenn Spanien die indischen Inseln…«: *a. a. O.,* S. 265.

302

Zu den »visa«: Perkins, *France Under the Regency;* Murphy; *John Law;* Hyde, *John Law: the History of an Honest Adventurer;* Mackay, *Memoirs of Extraordinary Popular Delusions.*

Zur Neubewertung der Währung: Murphy, S. 152 f., Mayhew, *Coinage in France from the Dark Ages to Napoleon.*

Zum Leben der Galeerensträflinge: Perkins, *France Under the Regency* und Evelyn, *Diary.*

Zum Aufbau und zur Entwicklung der Bank: Saint-Simon, *Memoirs;* Murphy, *John Law* und Hyde, *John Law: the History of an Honest Adventurer.*

»Die Bank verspricht, dem Inhaber…«: zitiert bei Wood, *Life of John Law of Lauriston.*

Zu den Versuchen, die Reserven der Bank zu erschöpfen: Hyde, *John Law: the History of an Honest Adventurer* und Murphy, *John Law.*

9 König von halb Amerika

»Doch die Bank ist nicht der einzige und größte meiner Einfälle…«: Harsin (Hg.), *Les Œuvres complètes de John Law.*

Zum »Pitt-Diamanten«: Saint-Simon, *Memoirs.*

Zur Geschichte der Kolonie am Mississippi: Heinrich, *Louisiana* und Perkins, *France Under the Regency.*

Zur Gründung der Mississippi-Kompanie: Hyde, *John Law: the History of an Honest Adventurer,* Murphy, *John Law,* Wood, *Life of John Law of Lauriston* und Mackay, *Memoirs of Extraordinary Popular Delusions.*

»…ihm von Natur gegebene Liebe…«: Saint-Simon, *Memoirs,* S. 137.

»Das Parlament tut immer noch alles, was es kann…«: HMC Stuart, Vol. VII, 24. August 1718.

»…den sofortigen Befehl an die Garden zu Fuß und zu Pferde…«: HMC Stuart, Vol VI.

10 Der Stein des Weisen

Zur Übernahme der Bank durch den Staat: Steuart, *Principles of Oeconomy;* Murphy, *John Law* und Shennan, *Phillippe, Duke of Orleans.*

Zu Laws Erwerbungen: Buvat, *Journal de la Régence.*

Zur Person William Laws: Healey, *Coutts & Co.* und Wood, *Life of John Law of Lauriston.*

Zum Tabakanbau in den Kolonien: Minton, *John Law, Father of Paper Money.*

»…eifersüchtig auf das gute Ansehen…«: Harsin (Hg.), *Les Œuvres complètes de John Law.*

»Montagnacht konnte ich nicht schlafen...«: *ebd.*

Zum Steuersystem: Shennan, *Phillippe, Duke of Orleans;* Murphy, *John Law* und Black, *Dictionary of Eighteenth Century History.*

Zum Widerstand gegen Law: Murphy, *Cantillon.*

»Die Öffentlichkeit hat sich mit einem solchen Furor...«: Hardwicke, *State Papers.*

Schilderungen der Rue Quincampoix und Anekdoten über das Geschehen dort bei: Defoe, *His Life and Recently Discovered Writings;* Buvat, *Journal de la Règence;* Barbier, *Journal d'un Bourgeois,* Saint-Simon, *Memoirs;* Elizabeth Charlotte, *Letters,* Wood; *Life of John Law of Lauriston;* Cochut, *Law* und Mackay, *Memoirs of Extraordinary Popular Delusions.*

»Es ist gewiss, dass der Betrieb der Menschen...«: PRO SP78 166/88a.

11 Der erste Millionär

Anekdoten über Law vor allem bei: Wood, *Life of John Law of Lauriston;* Saint-Simon, *Memoirs;* Elizabeth Charlotte, *Letters* und Mackay, *Memoirs of Extraordinary Popular Delusions.*

»Jeden Tag erhielt ich einhundert unverschämte Forderungen...«: MS Méjanes, S. 195 verso.

Gerüchte über Laws Untreue bei: Soulavie, *Piéces Inèdites,* Barbier, *Journal d'un Bourgeois* und Buvat, *Journal de la Régence.*

»...niemals zwischen den Betttüchern mit einer Hure...«: zitiert bei Pevitt, *The Man Who Would Be King.*

»Law ist in Mlle. De Nail verliebt...«: HMC Stuart Vol. VI.

»Wenn Sie eine Auswahl von Herzoginnen haben wollen...«: Wood, *Life of John Law of Lauriston.*

Law als freier Bürger Edinburghs: *Political State,* September 1719.

Zu Laws Investitionen: Buvat, *Journal de le Régence;* Barbier, *Journal d'un Bourgeois* u. a.; zu seinem Ankauf von Diamanten: Healey, *Coutts & Cos.*

Zu Laws Interesse für Kunst: *Journal de Rosalba Carriera.*

Zum Deckengemälde in der Bank: Buchan, *Frozen Desire.*

Zu den Wirtschaftsreformen: Buvat, *Journal de le Régence,* Shennan, *Phillippe, Duke of Orleans* und Perkins, *France Under the Regency.*

»Die Leute werden im Allgemeinen durch die Steuern niedergedrückt...«: Veryard, *An Account of Diverse Choice Remarks.*

»Wenn es Eurer Majestät gefällt, ein Amt zu kreieren...«: zitiert bei Cronin, *Der Sonnenkönig.*

Zur Abschaffung von Ämtern: Shennan, *Phillippe, Duke of Orleans.*

»...den reichsten Untertanen von ganz Europa«: Law beschreibt sich selbst häufig so im MS Méjanes, so z. B. auf S. 149 verso.

Zum mehrfachen Anstieg der Aktienpreise: Murphy, *John Law.*

»...hatte ein sechsstöckiges Gebäude auf einem Fundament errichtet...«: zitiert bei Perkins, *France Under the Regency.*

Zu der Begebenheit, bei der Law Geld unter die Menschen wirft: Soulavie, *Pièces Inédites.*

Zu Stairs wachsender Feindseligkeit: Hardwicke, *State Papers* und Murray, *Stair Annals.*

»Der Regent hat schon viele massive Vorteile...«: Brief von Bladen an Stanhope, 16. Oktober 1719, PRO 78/166/38.

»Er ließ keine Gelegenheit aus, ohne jegliche Zurückhaltung...«: PRO SP 78/166.

Zu Laws Freundschaft mit den Jakobiten: Briefe in HMC Stuart, Vol. IV und V.

Laws Porträt wurde Sotheby's bei einer Auktion in Wollton House am 6./7. Dezember 1993 angeboten (Los 584); es wurde dort Herman Vandermyn zugeschrieben.

12 Mississippi-Fieber

Zur Kolonie am Mississippi: Heinrich, *Louisiana* und Steuart, *Principles of Political Oeconomy,* Buch IV.

Zu Cantillon und Law: Murphy, *Cantillon* und Minton, *John Law.*

Bericht über die Ankunft von Laws Expeditionstrupp: Bibliothèque Nationale MS 14613.

»Was meine Kolonie Louisiana betrifft...«: MS Méjanes, S. 192.

Pulteneys Bericht über die Entwicklung der Mississippi-Kompanie: PRO SP 78/166 92.

Zu den Deportationen: Buvat, *Journal de la Régence,* Saint-Simon, *Memoirs* sowie die veröffentlichten Erinnerungen zahlreicher weiterer Autoren.

Zu der Gewährung von Konzessionen, den Deportationen sowie Laws Ernennung zum Generalkontrolleur: PRO SP 78/166 95.

13 Der Abstieg

»Ich habe mit einem Franzosen gesprochen, der vor kurzem...«: PRO 78/166.

Zu den Aktienpreisen und der Einführung von »Primes«: PRO SP 78/166 110; die Bedeutung von »Primes« erörtert bei: Murphy, *John Law.*

»Man sagt mir, dass die meisten Dinge wesentlich teurer sind...«: PRO SP 166/78 176.

»Zwang läuft den Prinzipien...«: zitiert bei Shennan, *Phillippe, Duke of Orleans.*

Zum Ankauf von Aktien aus königlichem Besitz: *a. a. O.*
»Der Zorn der Leute auf Law ist so gewaltig…«: Hardwicke, *State Papers.*
Zu Laws Zusammenbruch: *a. a. O.*

14 Die Stürme des Schicksals

»Das Silber soll für solchen Handel mit dem Ausland eingesetzt werden…«:
PRO SP 78/166.
Über die Verbrechen und die öffentlichen Unruhen in Paris berichten Defoe
und zahlreiche französische Verfasser von Memoiren wie Buvat, Marais,
Saint-Simon.
Zu Laws monetären Strategien: Murphy, *John Law* und du Hautchamp, *Histoire du système.* Pulteneys Briefe: PRO SP 78/166.
»Als M. le D. die Zurücknahme des *arrêt* vom 21. Mai mit solcher Wut verlangte…«: MS Méjanes, S. 130.

15 Aufschub

»*Lundi j'achetai des actions*…«: Anonymer Verfasser, zitiert bei Hyde, *John Law: the History of an Honest Adventurer.*
Zu Laws Verhaftung und seiner Audienz beim Regenten: Fauré, *La Banqueroute de Law;* Murphy, *John Law* und Hyde, *John Law: the History of an Honest Adventurer.*
»…den einzigen Mann, der in der Lage war…«: Memoiren des Duc d'Antin, zitiert bei Fauré, *Banqueroute de Law.*
»Wir waren heute Zeugen eines seltsamen Vorkommnisses…«: *a. a. O.*
Zu den Änderungen nach Laws Wiedereinsetzung: Marais.
»Man meint, dass er die Kommissare dahingehend beeinflussen wird…«:
PRO SP 78/166.
Zum so genannten »Südseeschwindel« (»South Sea Bubble«): Carswell, *The South Sea Bubble.*
»Die Betriebsamkeit unserer mit Aktien spekulierenden Schaumschläger…«:
zitiert bei Angell, *The Story of Money.*
Zum Verbrennen von Banknoten und dem Verlangen der Öffentlichkeit
nach Münzen: Buvat, Marais u. a.
Zum Fallen des Wechselkurses: Murphy, *John Law.*
Zu den Ausschreitungen in der Bank: PRO SP 78/166 266 sowie Buvat,
Defoe u. a.
Zum Ausbruch und der Verbreitung der Pest: PRO SP 78/166 420 sowie
Defoe, Buvat, Marais.
Zu den Quarantänenbestimmungen: Carswell, *The South Sea Bubble.*

»Man kann nicht sagen, was für eine Wirkung das Verlangen nach Silber hatte...«: Harsin (Hg.), *Les Œuvres complètes de John Law.*

16 Im Strudel der Zeit

Zu den satirischen Drucken: British Museum, *Catalogue of Prints & Drawings, Political and Personal Satires.*

»Mir kam damals der Gedanke, dass man sich weniger unglücklich fühlte...«: MS Méjanes.

Zu den neuen Bauvorhaben: Buvat, *Journal de la Régence.*

Das anonyme Pamphlet und Laws Einschätzung seiner Leistungen: Murphy, *John Law.*

Pulteneys Brief: PRO SP 78/166, zitiert bei Murphy, *John Law.*

Zu Cantillon: Murphy, *Cantillon;* Pulteneys Brief: PRO SP 78/166 420.

»O Regent, viel versprecht Ihr...«: zitiert bei Lemontey, *Histoire de la Régence,* u. a.

Zu Bedrohung von Laws Sicherheit: PRO SP 78/166 420.

»Die Not, die viele Leute auf Grund der exzessiven Preise...«: PRO SP 78/166 301.

Anekdoten Laws Familie betreffend bei: Barbier, Marais und Buvat.

Darstellung neuer Anordnungen und Zwangszahlungen betreffend in der diplomatischen Korrespondenz: PRO SP 78/166.

»Der Regent schlägt diesen Kurs nur ein, um sich zu amüsieren...«: Brief vom 27. November 1720, PRO SP 78/166 436.

Zu den Gerüchten über Laws Abreise: PRO SO 78/169 311.

»...er sehe in den Reihen der Franzosen niemanden...«: zitiert bei Fauré, *La Banqueroute de Law.*

Zur Ernennung von de la Houssaye und zur Durchsuchung der Bank: PRO SP 78/166 450.

Zu Laws letzten Tagen in Paris: PRO SP 78/169/315.

17 Die Rückkehr des verlorenen Sohnes

»Es fällt schwer, zwischen dem Verlangen, welches ich verspüre...«: MS Méjanes, S. 13.

»Ich kann meinem Kummer über Eure Abreise nicht genügend Ausdruck verleihen...«: zitiert bei Murphy, *John Law.*

»Meine Feinde gehen voller Inbrunst gegen mich vor...«: MS Méjanes.

»Vielleicht wird es sie milder stimmen, wenn eine Entfernung zwischen uns liegt...«: *a. a. O.*

Crawfords Bericht: PRO SP 78/169 321-325.

»Ich habe heute erfahren, dass man mich beschuldigt hat…«: MS Méjanes.

Zu Laws Abreise aus Frankreich: PRO SP 78/169 327.

Über Laws Finanzen bei seiner Abreise: Harsin (Hg.): *Les Œuvres complètes de John Law.*

Einzelheiten über Laws Reise nach Brüssel: MS Méjanes.

»Ich hatte gehofft, es würde mir möglich sein, hier durchzureisen…«: MS Méjanes, S. 17–19.

»Dieses Gebaren… wird Aufmerksamkeit erregen«: PRO SP 78/169.

Gerüchte, Laws unrechtmäßige Abneigung von Geldern betreffend: Barbier, *Journal d'un Bourgeois.*

»Was diese Gerüchte vielleicht hat aufkommen lassen…«: Harsin (Hg.), *Les Œuvres complètes de John Law,* S. 253.

Zu Laws Problemen mit seinen Gläubigern: Hyde, *John Law: the History of an Honest Adventurer* und Elizabeth Charlotte, *Letters.*

»Es ist mir bewusst, dass du in extremer Weise leidest, weil ich mich entschlossen habe…«: MS Méjanes.

Burges über Laws Eintreffen in Venedig: PRO SP 99/62 561.

»Es ist besser, zu dem alten Geldsystem zurückzukehren…«: MS Méjanes.

»Wir denken oft an dich, dein Bruder und ich…«: a. a. O.

»Mir gefällt es gut, für mich allein zu sein, ohne Diener, Pferde und Kutsche…«: a. a. O.

»Was geschehen ist, ist sehr ungewöhnlich, überrascht mich aber keineswegs.«: a. a. O.

»…vom frühen Morgen bis tief in die Nacht«: zitiert bei Murphy, *John Law.*

Zu Spielen, die von Law erfunden wurden: Hamilton, *John Law of Lauriston;* Murphy, *John Law* und Hyde, *John Law: the History of an Honest Adventurer.*

»Ich kann nur darauf trauen, dass Ihr dem zustimmen werdet…«: Barbier, *Journal d'un Bourgeois.*

Zu den Untersuchungen und der Verhaftung von Laws Bruder: Soulavie, *Pièces Inédites,* Buvat, *Journal de la Régence,* Barbier, *Journal d'un Bourgeois* und Marais, *Journal.*

»Ich sehne mich nach deiner Gesellschaft und danach, so zu leben…«: MS Méjanes.

»Mme. Law schreibt mir, man habe befunden, dass ich der Bank…«: MS Méjanes.

»Mr. Law… hat in Briefen dem Regenten ein neues Projekt zum Wiederaufbau der Finanzen…«: PRO SP 78/166.

»Seine Majestät keine Bedenken haben wird, anzuordnen…«: MS Méjanes, S. 92 verso.

»Es liefe dem Interesse meines Landes sehr zuwider…«: a. a. O.

»Ich hatte keine Einladung vom König oder seinen Ministern...«: *a. a. O.*

»...da ich auf dem schönsten Schauplatz der Welt und für den erleuchtesten Fürsten...«: *a. a. O.*

Zu seiner Rückkehr nach England und dem Widerstand des Oberhauses: *The Political State,* Vol. XXII, Oktober 1721, S. 393 ff.

»Ich erwarte nicht, bei Hofe wohlwollend aufgenommen zu werden...«: MS Méjanes.

»Dass Mr. Law sich nach England zurückgezogen hat...«: PRO SP 78/166.

»Ich kann mir nicht vorstellen, dass der Regent dich zurückhalten wird...«: *a. a. O.*

»Ich möchte gerne, dass du den Marquis de Lassay und meinen Bruder dazu bringst...«: *a. a. O.*

»Ich wurde gestern vom Audit House zu drei Herren geholt«: HMC Portland, Vol. VII.

»...hübsch, höflich und wohlgestaltet. Wenn meine Tochter hier wäre...«: MS Méjanes.

»Ich gestehe dir, dass die Gedanken daran mich manchmal in einem Maße aufwühlen...«: *a. a. O.*

»Ich bin mir der Behandlung, die mir von Seiten Frankreichs widerfahren ist, durchaus bewusst...«: *a. a. O.*

Zu Rebecca Laws Reise nach Venedig: PRO SP 78/170.

»Mein Bruder muss verrückt geworden sein...«: MS Méjanes.

»Ich hatte den Eindruck, dass er Euch gegenüber ein wenig unfreundlich gestimmt ist«: zitiert bei Healey, *Coutts & Co.*

»Ich habe mehrfach an den Regenten und den Kardinal [Dubois] betreffs deiner Freilassung geschrieben...«: MS Méjanes, S. 204.

»Wenn der Duc d'Orléans gesonnen ist, ihn zurückzurufen...«: Sir Robert Walpole an Sir Luke Schaub, 10. April 1723, zitiert bei Wood, *Life of John Law of Lauriston,* S. 173–175.

Zu den Darlehensangeboten: MS Méjanes, S. 198 verso.

»Ich habe angeordnet, dass mein Bruder mit ihm nach Paris reist...«: Walpole an Lord Townshend, 12. Oktober 1723, zitiert bei Wood, *Life of John Law of Lauriston,* S. 175.

»Könnt Ihr nicht auf den Herzog einwirken, mir etwas länger...«: *Letters to and from Henrietta, Countess of Suffolk, 1712–1767,* Vol. 1.

»Es gibt kaum ein Beispiel, vielleicht sogar kein einziges, für einen Ausländer wie ihn...«: Harsin (Hg.), *Les Œuvres complètes de John Law.*

»Ich habe alles geopfert, sogar meinen Besitz und meine Glaubwürdigkeit...«: *a. a. O.*

»Ich werde alles dafür tun, dass Seine Majestät und seine Minister...«: PRO SP 81/91.

18 Venezianischer Sonnenuntergang

Die Depeschen nach Whitehall: PRO SP 81/91.

»Die Pracht und die Schönheit der Gebäude, der öffentlichen wie der privaten…«: Hibbert, *Grand Tour.*

Zu Law und dem Kunstmarkt: Murphy, *John Law* und Hamilton, *John Law
of Lauriston.*

»Kein Mensch auf Gottes Erden glaubt, dass seine Bilder…«: Burges an Lord
Londonderry, 21. Oktober 1729; PRO SPc108/415, zitiert bei Murphy,
John Law.

Das Porträt Laws von Verelst wurde am 16. Dezember 1966 von Christie's
versteigert (Los 291). Es ist signiert und mit 1727 datiert und stammt aus
der ehemaligen Sammlung von Sir H. Steward.

Montesquieus Besuch bei Law: *Voyages de Montesquieu*, vol. 1, S. 59.

»…wurde er von einem Anfall von Schüttelfrost heimgesucht…«: Burges,
Venedig, 4. März 1729, PRO SP 99/63 95.

»Mr. Law ist tot, nachdem er siebenundzwanzig oder achtundzwanzig Tage
mit dem Leiden gekämpft hat…«: Burges, Venedig, 25. März 1729, PRO
SP 99/63 95.

»Er schied am vergangenen Montag, dem 21. dieses Monats, aus dem Leben…«: Brief von John Law dem Jüngeren an Katherine Knowles, zitiert
bei Murphy, *John Law.*

»Ich verspürte den Wunsch, mich unauffällig über das Testament zu informieren…«: Brief von de Gergy an den französischen Außenminister,
26. März 1729, zitiert bei Hyde, *John Law: the History of an Honest Adventurer.*

BIBLIOGRAFIE

Angell, Norman, *The Story of Money*, 1929.

Argenson, Marquis d', *Journals et mémoires*. Hg. von E. J. B. Rathery, 1859.

Ashton, J., *History of Gambling in England*, 1989.

Babington, Anthony, *The English Bastille*, 1971.

Baker, J. H., *The Legal Profession and the Common Law*, 1986.

Barbier, E. F. J., *Journal d'un bourgeois de Paris sous le règne de Louis XV*, 1857.

Barthélemy, E. de, *Gazette de la Régence, janvier 1715–juin 1719*, 1887.

Beattie, J. M., *Crime and the Courts in England 1660–1800*, 1986.

Berkeley, George, *Works of G. B.*, Hg. von A. C. Fraser, 1871.

Bernstein, Peter L., *Wider die Götter. Die Geschichte von Risiko und Riskmanagement von der Antike bis heute*, 1997.

Black, Jeremy, *The British Abroad: The Grand Tour in the Eighteenth Century*, 1992.

Ders. und Roy Porter (Hg.), *Dictionary of Eighteenth Century History*.

British Museum: Catalogue of Prints & Drawings, Political and Personal Satires, vol. II, 1689–1733, 1873.

Buchan, James, *Frozen Desire*, 1997.

Buvat, J., *Journal de la Régence*, 1865.

Calendar of State Papers Domestics, 1694–1699, 1906.

Campbell, Peter R., *Power and Politics in Old Regime France, 1720–1745*, 1996; ders., unveröffentlichte Dissertation, 1985.

Carriera, Rosalba, *Journal de R. C.*, 1865.

Carswell, John, *The South Sea Bubble*, 1960.

Carthew, Thomas, *Report of Cases Adjudged in the Court of King's Bench*, 1728.

Chancellor, Beresford, *The History of the Squares of London*, 1907.

Chandler, George, *Four Centuries of Banking*, 1964.

Cochut, P. A., *Law: son système et son époque*, 1853.

Comerbach, Roger, *The Report of Several Cases Argued and Adjudged in the Court of King's Beach at Westminster*, 1724.

Cronin, Vincent, *Der Sonnenkönig*, 1965.

Daridan, Jean, *John Law, père de l'inflation*, 1938.

Davies, Glyn, *A History of Money,* 1994.

Davies, Norman, *Europe: A History,* 1997.

Defoe, Daniel, *His Life and Recently Discovered Writings.* Hg. von William Lees, 1869.

Ders., *Journey Through the Whole Island of Great Britain.* Hg. von P. Rogers, 1971.

Duclos, *Mémoires Secrets sur les Règnes de Louis XIV et de Louis XV,* 1829.

Du Tot, *Réflexions politiques sur les finances et le commerce,* Hg. von P. Harsin, 1935.

Elizabeth Charlotte, *The Letters of Madame.* Übers. und hg. von Gertrude Scott Stevenson, vol. II, 1925. (Dt. Ausgabe: Elizabeth Charlotte d'Orléans, »Briefe aus den Jahren 1676–1722«, Hg. von W. L. Holland, Reprint d. Ausgabe Stuttgart u. Tübingen 1867–1881, 1988.)

Evelyn, John, *The Diary of J. E.,* Hg. von E. S. de Beer, 1955.

Fairley, John A., *Lauriston Castle,* 1925.

Fauré, Edgar, *La Banqueroute de Law,* 1977.

Galbraith, John Kenneth, *Geld – Woher es kommt, wohin es geht,* 1976.

Giraud, M., *Histoire de la Louisiane française,* 1953.

Grant, James, *Cassell's Old and New Edinburgh,* 1881.

Gray, W., *The Memoirs, Life and Character of the Great Mr Law and his Brother at Paris,* 1721

Green, E., *Banking: An Illustrated History, 1989.*

Hamilton, John, »John Law«, In: International Encyclopedia of the Social Sciences, vol. IX, 1968.

Ders., »John Law of Lauriston: Banker, Gamester, Merchant, Chief«. In: *American Economic Review,* vol. IVII, 1967.

Ders., »The Political Economy of France at the time of John Law«. In: *History of Political Economy,* vol. 1, 1969.

Hardwicke, S. (Hg.), *Miscellaneous State papers from 1501–1726,* 1778.

Harsin, Paul (Hg.), *Les Œuvres complètes de John Law,* 1934.

Hart, Albert Bushnell (Hg.), *American History told by Contemporaries,* vol. II (1689–1783), 1898.

Hautchamp, Marmont du, *Histoire du système de finances,* 1739.

Healey, Edna, *Coutts & Co: The Portrait of a Private Bank,* 1992.

Heinrich, Pierre, *La Louisiane sous la Compagnie des Indes, 1717–1731,* 1907.

Hibbert, Christopher, *London,* 1997.

Ders., *The English, A Social History, 1066–1945,* 1987.

Ders., *The Grand Tour,* 1987.

Historic Manuscript Commission, Portland, vol. IV, V, VII, VIII, 1897–1907; Stuart, vol. IV, V, VI, VII, 1916–1923.

Hume, David, *Essays, Literary, Moral and Political*, 1875.

Hyde, H. Montgomery, *John Law: the History of an Honest Adventurer*, 1969.

Kent, W., *An Encyclopedia of London*, 1951.

Kiernan, V. G., *The Duel in European History*, 1988.

Lande, L., *The Rise and Fall of John Law, 1716–1720*, 1982.

Leach, Thomas, *Modern Reports or Select Cases Adjudged in the Court of King's Bench*, vol. IV, 1793.

Lemontey, P. E., *Histoire de la Régence et de la minorité de Louis XV*, 1832.

Levasseur, Emile, *Recherches Historiques sur le Système de Law*, 1854.

Lister, Dr. Martin, *A Journey to Paris in the Year 1698*; wieder abgedruckt in: *A General Collection of the Best and Most Interesting Voyages and Travels*. Hg. von J. Pinkerton, vol. IV, 1809.

Lockhart, George, *Memoirs concerning the affairs of Scotland*, 1707.

Lord Byron, *Sämtliche Werke*, Band 9 (dt. von Adolf Böttger), o. J.

Lough, John, *France Observed in the Seventeenth Century*, 1984.

Luttrell, Narcissus, *A Brief Historical Relation of State Affairs*, 1857.

Mackay, Charles, *Memoirs of Extraordinary Popular Delusions and the Madness of Crowds*, 1841.

Marais, Mathieu, *Journal et mémoires de M., M.*, Hg. von M. de Lescure, 1863.

Mayhew, Nicholas, *Coinage in France from the Dark Ages to Napoleon*, 1988.

McKinnon, *The Jacobite Rebellion*, 1973.

McKean, Charles, *Edinburgh: Portrait of a City*, 1991.

McCusker, John J., *Money and Exchange in Europe and America, 1600–1775*, 1978.

Mémoire sur la Louisiane ou le Mississippi; abgedruckt in Recueil A., 1745.

Meyer, Jean, *La vie quotidienne en France au temps de la Régence*, 1979.

Minton, Robert, *John Law, Father of Paper Money*, 1975.

Montesquieu, Charles S., *Persische Briefe* (dt. von Fritz Montfort), 1947.

Ders., *Voyages*, 1896.

Murphy, Antoin, *Cantillon: Entrepreneur and Economist*, 1986.

Ders., *John Law: Economic Theorist and Policy Maker*, 1907.

Murray, Graham John, *Annals and Correspondence of the Viscount and the First and Second Earls of Stair*, 1875.

Norwich, John Julius, *Venice: a Traveller's Companion*, 1990.

Oudard, Georges (Übers. und Hg.): *John Law: a Fantastic Finacier; 1671–1729*, 1928.

Pepys, Samuel, *The Diary of S. P.*, Hg. von R. C. Latham und W. Matthews, 1970 (Dt. Ausgabe: *S. P.'s Tagebuch aus dem London des 17. Jahrhunderts*,

Ausgew., übers. und hg. von Helmut Winter, 1997.

Perkins, J. B., *France Under the Regency*, 1892.

Pevitt, Christine, *The Man Who Would Be King*, 1998.

Piper, David, *Catalogue of Seventeenth-century Portraits in the National Portrait Gallery*, 1625–1714, 1965.

Plumb, J. H., *England in the Eighteenth Century*, 1963.

Political State, vol. VIII, September 1719; vol. XXII, Oktober 1721.

Poellnitz, Baron Carl Ludwig von, *Memoirs*, vol. 1, 1737.

Price, Jacob M., *France and the Chesapeake*, 1973.

Proceedings of the King and Queen's Commissions. 18.–20. April 1694.

Saint-Simon, Du de, *Memoirs*, Übers. von K. P. Wormley, 1909.

Shennan, J. H., *Phillippe, Duke of Orléans*, 1979.

Skinner, Robert, *Reports of Cases Adjudged in the Court of King's Bench*, 1728.

State of Europe, 1720, 1721, 1729.

Steuart, Sir James, *An Inquiry into the Principles of Political Oeconomy*, 1770.

Soulavie, *Pièces Inédites sur les Règnes de Louis XIV, Louis XV et Louis XVI*, 1891

Suffolk, Countess of, *Letters to and from Henrietta, Countess of Suffolk, and her second husband, the Hon. George Berkeley*, 1712–1767, 1824.

The Unknown Lady's Paquet of Letters. In: Mme. d'Aulnoy, *Memoirs of the Court of England*, 1707.

Veryard, Ellis, *An Account of Diverse Choice Remarks*, 1701.

Vilar, Pierre, *Gold und Geld in der Geschichte. Vom Ausgang des Mittelalters bis zur Gegenwart*. 1984.

Voltaire, *Correspondence*, 1977.

Ders., *Essays on Literature, Philosophy, Art, History*, vol. XIX, 1931.

Ward, Ned, *London Spy*, 1703.

West, Richard, *The Life and Surprising Adventures of Daniel Defoe*, 1998.

Williams, Johnathan (Hg.), *Money. A History*, 1997.

Wodrow, Robert, *The Life of Rev. James Wodrow*, 1828.

Wood, John Philip, *The History of the Parish of Cramond*, 1794.

Ders., *Memoirs of the Life of John Law of Lauriston*, 1824.

Wykes, Alan, *Gambling*, 1964.

NAMENSREGISTER

317

Certain DIOGENE moderne ,
Cherchant dans tout le genre humain
Quelqu'un que la raison gouverne ,
Vint à PARIS un beau matin :
Il portoit en main sa lanterne .
Quel spectacle s'offre à ses yeux !
QUINQUENPOIX un fourbe odieux
Qui merite qu'un coup de berne
Lui montre le faubourg des Cieux .
Je trouve , dit il, dans ces lieux
Des foux de plus d'une maniere .
Il fut surpris d'une chaudiere :
Elle bouilloit sur un foïer :
Un Diable y bruloit du papier ,
Billets d'ETAT, et de MONNOIE ,
Primes du WEST, Primes du SUD ,
PAPIERS plus faux que le TALMUD ,
Il en faisoit un feu de joie .
Dans la CHAUDIERE , à pleine main ,
Un fou jettoit , sur l'esperance
d'Une ambitieuse opulence ,
Son or et l'argent du prochain .
Quand la matiere étoit fondue ;
Qu'en sortit il ? PAPIERS nouveaux ,
Billets de banque des plus beaux ,
Marchandise bien cher vendue .
L'Extravagante VANITÉ
Montroit pour devise un icare ,
Vrai symbole du sort bizarre
d'Un QUINQUENPOIX decredité .

No 1. AUT CESAR AUT NIHI
2. Je dois ma Couronne a
3. La joye des Actions a p
4. J'ai fait FORTUNE par
5. Et j'ai tout perdu par
6. CHAUDIERE des Actions